Rolewinck Werner

Fleurs et manieres des temps passes. Trad. Pierre Farget

Rolewinck Werner

Fleurs et manieres des temps passes. Trad. Pierre Farget

ISBN/EAN: 9783742801067

Manufactured in Europe, USA, Canada, Australia, Japa

Cover: Foto ©Andreas Hilbeck / pixelio.de

Manufactured and distributed by brebook publishing software
(www.brebook.com)

Rolewinck Werner

Fleurs et manieres des temps passes. Trad. Pierre Farget

A L'honneur de dieu tout puissant / et de la glorieuse vierge marie / et de toute la court celestielle de paradis / et a l'utilite de tous feaulx crestiens ce present livre intitule le petit fardelet des faitz a nouvellement este dit petit / non pas pource que la matiere soit petite / mais pource que grandes et diverses choses sont subtilement comprises en petit volume / et a este translate de latin en commun langaige / a celle fin que les hommes devotz puissent en brief stille reduyre a memoire les faitz de noz anciens predecesseurs / et qu'ilz puissent par leurs exemples devotement vivre et saintement / et que par les maulx qu'ilz firent puissent eviter les dommages et perilz qu'ilz survindrent a male vie. Et pour ce exceptez les saintz docteurs lesquelz pour eviter la faulcete de escripture et pour le regime de l'eglise les hystoires estoient necessaires les ont mys au plus brief stille a eulx possible comme clerement l'on pourra veoir au present. Fasciculus ainsi la maniere de proceder est difficile / car elle est quasi comme une paincture painte en la marge / car facilement elle se presente a l'entendement de ceulx qui diligemment la veullent regarder et lire / car premierement au milieu du fueillet tu pourras veoir les rondeaux avec les noms des personnes devotes pour ung chascun temps avec le nombre de leurs regnes et lignes dessus et dessoubz / et la ligne dessus mise avec son nombre descend depuis adam jusques a jhesucrist / signifiant les ans des choses dessus dictes affin que soit veritable tout ce que sera escript contre le dit nombre / soit tire au bas de la ligne puis en hault et que l'on congnoisse ce qui a este fait entre deux temps. ¶ La seconde ligne est dessoubz le rondeau et monte depuis la nativite de nostre seigneur jhesucrist en montant jusques a la creacion du monde / affin que regardant ung seul nombre l'on saiche en quel temps ce que ou cela a este fait devant la nativite de jhesucrist et ainsi l'avons ordonne / car le nombre du regne de jhesucrist est plus solennel entre nous et plustost se quiert. ¶ Apres jhesucrist les deux lignes descendent et vont jusques a nous temps en croissant petit a petit / tellement que la superieure tousjours monstre l'eage du monde / et la inferieure l'eage de jhesucrist laquelle chose clerement appert en ces lieux / et pourtant que de plusieurs livres mensongiers ont mensongierement escript / nous avons corrige et reduyt a la ligne de verite. Nous prions et requerons pour l'onneur de nostre saulveur jhesucrist tous ceulx qui ce present traicte liront que de legier ne veullent corriger le nombre dessus mys si non que premierement ilz ayent veu toute l'oeuvre la quelle chose nous ne disons pas pour nous excuser que ne soyons reprehensibles ains pour la grande diversite des docteurs lesquelz diversement ont escript en ceste matiere. En semblablement supplions ceulx qui ce present traicte liront que se aucune erreur ilz trouvent leur plaise de pardonner au translateur et au predecesseur qui estoyent et qu'ilz leur plaise de benignement corriger. Car facilement on erre aux nombres et souventesfois negligentement sont les faitz nombres escriptz et plus negligentement entendus comme dit nostre pere saint augustin au xv. livre de la cite de dieu a laquelle cite nous vueille conduyre le pere et le filz et le saint esperit. Amen.

Qui ce present livre lira considere le nombre qui est note es lettres qui s'ensuyvent. i. ung. v. cinq. x. dix. xx. vingt. xl. quarante. l. cinquante. lx. sexante. xc. nonante. c. cent. mais d. vault cinq cens. dc. six cens. m. mille mais se le c. precede m. il en oste cent / et ainsi pourra congnoistre le nombre comme il appert en la table cy dessoubz signee.

[illegible]	ij	iij	iiij	v	vi	vij	viij	ix	
[illegible]	xx	xxx	xl	l	lx	lxx	lxxx	xc	
c	cc	ccc	cccc	d	dc	dcc	dccc	dcccc	ou.cm
m	ij.m	iijm	iiij.m	v.m	vi.m	vij.m	viij.m	x.m	

a ij

Le .i. iour. — Auquel dieu fist la lumiere et diuisa la lumiere des tenebres.

Le .ii. iour. — Auquel dieu fist le firmament et diuisa les eaues dauecques les eaues

Le .iii. iour. — Auquel il assembla toutes les eaues en ung lieu et toutes celles assemblees il appella les mers

Le .iiii. iour. — Auquel dieu fist le soleil et la lune et les estoilles et les mist au firmament

Le .v. iour. — Auquel dieu fist les poissons et les oyseaulx et les grandes balaines dedans la mer.

Le .vi. iour. — Auquel dieu fist les bestes et hommes

Le .vii. iour — Auquel di[eu] ... cessa de tous ses oeu[ures] ... qu'il auoit commencees

Adam le premier homme vesquit .ix.c.xxx. et

Eue mere de tous viuans ...

... iusques au deluge Icy comm[encent] la premiere eage du monde ...

Au nom de dieu tout puissant. ¶ Cy en apres sensuyt ung traicte intitule ung petit fatz de temps contenant en brief les anciens croniques depuis le temps de adam iusques a Alexandre pape. Diuise et distingue aux iours de la premiere creation comme pourra ung chascun speculer cy en apres.

Au commencement crea dieu le ciel et la terre. Dit saint augustin sur le genese que lauctorite de ceste escripture est plus grande que la clarte de tout humain engin. Et pour tant que icy principalement entendons a parler du temps auons delibere a toucher le commencement de cellui temps pour quoy nous fault considerer selon les docteurs que quatre choses ensemble en ung temps de dieu ont estees creees et en icelles est demonstree la souueraine puissance du createur. Ces quatre choses sont le ciel imperial nature angelique la matiere des quatre elemens et le temps et ceulx appellent les docteurs oeuure de creation et fut fait auant que nul iour. puis apres sensuyt loeuure de la distinction en laquelle est demonstree la sapience du createur et a este faicte es .iii. premiers iours, puis apres sensuyt loeuure de lournement auquel est demonstree la bonte du createur tellement et a este faicte es .iii. iours ensuyuans comme il appert au premier c. de genese. Le .vii. iour il reposa de toute euure nompas quil fust las ou trauaille/mais cessa de faire nouuelle creature et nauoit parauant este aultre matiere.

Lan de la creacion

[illegible]

Au commencement du monde et le seiour comment fourma adam au champ de damascene et eue de la coste de adam et les mist en paradis terrestre affin quilz le gardassent et ouurassent et leur deffendit sur la peine de mort quilz ne goustassent du fruit de larbre de vie. mais eulx tous pecherent pour quoy dieu les getta dehors et les mist en la terre de malediction affin quen sueur et peine ilz deseruissent iusques a la mort. De genesi .i.c. ¶ Dieu constitua lumain lignage en ung homme pour demonstrer que a plusieurs vnite luy est agreable laquelle consideration moult est prouffitable aux chrestiens pour soy accompaignier en terre moyennant paix auec les anges comme dessus par grant auctorite darche les hommes ont demonstre tellement que les bestes brutes en plus grant paix ensemble habitent que les hommes: car iamais les lyons entre eulx et les dragons ne firent tant grans guerres comme fait nature humaine dieu appreuue paix et concorde comme dit saint augustin au .vii. liure de la cite de dieu.

¶ La cite terrienne a prinse son commencement de cayn iusques a lamech.

Delbora. — seur de abel

Abel.

Caym. — femme de cayn

Calmana.

Abel fut homme de saincte vie et cultiua champs et possessions et fist grant prouffit et presenta en present a dieu et donna a ses enfans commandemens de iustice et commanda a ses enfans quilz eussent la compaignie de cayn et de ses enfans et aussi quilz ne contrahissent mariage auec eulx et cestuy fut une premiere partie le quel pour ung seul peche nous de chassa de paradis / mais par sa saincte conuersation et innocence nous donna exemple pour retourner es lieux du royaulme des cieulx pourueu que cellui qui est de innocence nature ne se peult mye complaindre de dieu pacient et parent.

Jusques a maintenant] ... Don sinistre de po[2] tant est il dit iohannis. v. Pater meus vsq[ue] modo operatur et ego operor. Cest sentence de ladministracio de toutes creatures car il ne cesse de gouverner ses creatures et en ce relupst la perfectio du createur car il na pas mestier de creatures/mais p le creature ses creatures ont mestier de luy/car la vertu du createur soubtient toutes creatures/et po[2] cecy demonstrer la septiesme iournee na point de vespre/et de cecy traicte se maistre plus a plain au secord des sentences/pareillement sont plusieurs aultres docteurs et obien que le temps qui sensuyt nous demonstre dieu quant es quatres choses dessusdictes .cestassavoir souveraine puissance/sapience/bonte/et p consequence souveraine perfectio. Toutessoys plus specialement nous demonstre la divine misericorde et iustice/ainsi le dit du psalmiste. Misericordiam et iudicium cantabo tibi domine, et de ce chief Universe vie domini misericordia et veritas et pecele/misericorde tient le septre royal en tant que nous sommes viateurs / car elle ne nye point pardon a celluy qui le demande.

¶ Qui ce present livre lira doit noter que lauteur prent depuis adam a inferer et prins le commencement en ses calculacions deux ceuvres merveilleuses qui ont estees faictes ou temps de diverses roys et princes depuis adam iusques au temps dalphonce et ce commencement de temps qui est de renomee dancienne estaces depuis ou manuals est appelle aera/et de ce terme usent les astronomiens en leurs calculacions/et aussi commencent en usons aux instrumens quant nous disons Datum anno etc. Et sont les temps donnes pour parvenir a la vraye congnoissance des &c.

Lan xxx. du monde ccccxxxvi. deux cens xxxv.

Seth. vescquit. deccccxii | enos vescquit. dcccc.v | Caynan vescquit. dcccc.x

¶ Cestuy seth naquist lan de adam xxx. Methodius martyr en la lisle e. eslauelles plora abel en la vallee de plouratio pres de ebron/aussi al la il a la porte de paradis terrestre pour demander de loyle de misericorde pour garir son pere adam.

¶ Cestuy enos commenca a invocquer le nom de dieu en trouvant aulcunes belles paroles pour louer le createur ou pour advenir fut pria/ges en remembrance de ce en come lon fait a leglise.

¶ Sainct augustin dit au quatorziesme livre de la cite de dieu quilz furent deux cites/cest a dire deux dilections/lune dilection de soy mesmes iusques a mespriser dieu/et ceste dilection est appellee la cite terrienne. et la cite celestielle signifie la dilection de dieu iusques a mespriser soy mesmes. La premiere prent sa gloire en soy mesmes la seconde en dieu et la tierce gloire es hommes. lautre dieu tesmoing selon sa conscience/et est tresgrande en gloire. La premiere appartient a cain qui est le premier ne/et lautre appartient a abel second ne a fut en ce monde come pelerin et po[2] tant quil estoit predestine po[2] grace fut citoyen de la haulte cite. Abel de quoy dessus est faicte mention fut le premier martyr et commenca leglise: car il mourut en lestat de grace et de ce leglise fut encommencee de adam elle nestoit pas continuee. Et comme dit saint augustin Cestuy abel fonda la cite de dieu et fut le premier citoyen/et pourtant quil fut iuste dieu accepta son oblacio

Enoch

¶ En cestuy enoch capitre fonda la cite combien que lescripture dit que alors ne fussent que quatre hommes:car aussi ne nombra pas tous ceulx qui povoyent estre / mais tant seullement a voulu nommer ceulx qui estoient necessaires pour monstrer lordinne commencee. Cestuy cayn seclere premierement fonda la cite terrienne en laquelle pour craincte il mist ses fiens pourtant quil faisoit de grandes violances et pensoit que ainsi quil faisoit quon luy rendroit/pourquoy se voulut mettre en lieu seur. Cestuy seyn tua so frere abel po[2] so envie dieu le punyt et fut vacabunt et fut occis p la mai de lamech

Irath | Maviaiel | Mathusael

¶ Pour cau tant parlons des eages du mõde fault noter que sõt eages dictes par similitude selon les eages de lomme / selon diuers docteurs sõt assignees diuerses raisõs et en diuerses manieres dont donnẽt raisons pourquoy aussi ou ainsi ilz cõmencẽt ou terminẽt les eages du mõde / dont le premier procede a la creatiõ du mõde / et dure iusques au deluge / et selon la verite des hebrieux des ans .m.vj.c.lvj. Et selon les .lxx. interpres cõe met ysidore et plusieurs autres lesquelz nous ensuyuõs a le nombrer de .ij.m.ccxlij. et ainsi sont les docteurs differẽs du nõbre .dc.lxxxvj. lesquelles annees les hebrieux en leur nombre ont moins Et selon ce compte manifeste moire deuant le deluge / toutesfoys cela fut lan du dit deluge. La secõde eage prĩcipa des le deluge et dura iusques a la natiuite de abraham / et eut cest eage selon les hebrieux .ccxcij. ans. Et selon les septante interpres .dccc.xlij. et ainsi sont differẽs de .dcl. ans / lesquelz de rechief les hebrieux ont moins / mais q̃ est la cause de ceste diuersite ie ne le peu trouuer. ¶ La tierce eage procede a la natiuite de abrahã et dure iusques au cõmencemẽt du regne de dauid / et contient selon les hebrieux ans .dcccc.xlj. Et selon les septante interpres .dcccc.xl. ¶ La quarte procede des le cõmencemẽt du regne de dauid / et dure iusques a la transmigratiõ de babiloine / et dure .ccc.lxxiiij. ans selon les hebrieux mais selõ les interpres .ccccl.xxxv. ¶ La quinte procede des la transmigracion de babiloine / et sassauoir quãt la cite de iherusalẽ fut destruicte / et le tẽple brusle / et dura iusques a la natiuite de ihesucrist / et dura selon le nombre dessusdit lequel sacorde ensuyt .dxc. Et ainsi cõme dessus est dit trouuõs grãde al creatiõ sur le nõbre du tẽps de cest eage car diuers docteurs parlent en diuerses manieres pour ce quil ne se trouue pas grãdemẽt different / pour quoy chose le lisent de ce liure ce q̃ bõ luy semblera ¶ La vj. procede a la natiuite de ihesucrist et dure iusques a la fin du mõde et le terme de cest eage nul ne congnoist sinõ dieu tãt seullemẽt et ceste sappelle viellesse ou la derniere heure.

Lan du monde	dccvj.	dcccclxx.	m.cxxij.

¶ Adam mourut et fut sepuely en ebron.

malalee l ans dccc xcv. | Iareth ans .dcccc. clxij | enoch chist. .ccc. clxv.

m.cccc.xc.iiij	m.dcc.x.iiij	[illegible]

¶ Curiosite

¶ Deuons noter que tous ars ou sciẽces seculieres liberalles ou mecaniques ou phisicales seruẽtes a la nature humaine selon les escriptures furẽt trouuees par les filz de lamech / excep nostre maistre q̃ les bastars ont estez plus subtilz q̃ les aultres / et pour tant quilz doubtoyt du deluge au temps aduenir / et pource tubal escripsit deux colonnes en peu les ars dont lune estoit de terre cuyte cõme tuylles et lautre cõme marbre

¶ Cestuy enoch fut iuste q̃ pleut a dieu et pour la grãde sainctete dieu le translata en paradis terrestre ou il vit auec helie a ou en grande transfiguree de corps et despit iusques a ladueniemẽt de lantecrist / et adonc sauldront hors pour preschier les esleuz et serõt couronnez glorieux martyrs. Enoch laissa les choses escriptes

¶ Bigamie

¶ Ainsi fut flagelle lamech de ses femmes / car par ce q̃ peche lõmme par ce doit estre puny.

¶ Cestuy lamech fut le premier qui contre nature et bonnes meurs institua bigamie en cõmettãt adultere / et aussi tua caym non pas de fait a pencee.

Ada | Iabel | lamech | tubal | sella | tubalcain | noema

¶ Cestuy iabel trouua premierement aux pasteurs les pauillons et a faire tentes contre les pluyes et chaleurs.

¶ Congnoissãce des orgues.

¶ Cestuy tubal est appelle pere des chãtans aux ars et orgues / et fut inuẽteur de lart de musique et trouua les proporcions de lart de musique auec le son du marteau.

¶ Congnoissãce des pensees

¶ Cestuy tubalcain maschant et fourre en tout ouurage de arain et de fer / trouua lart de grauer.

¶ Congnoissãce de la chere

¶ Ceste noema trouua la sciẽce de filler et de tysser la laine et lin et fist drapz de linge pour ung ornemẽt et vestemẽt car premierement estoiẽt vestuz de peaulx de bestes.

¶ Notez deuo[ti]s selon les docteurs q̃ en celluy temps
dieu illigre iuste pouoit po[ur] les pechez/car semblablemẽt a[u]sd
da/laisse perir les corps/& po[ur]tãt la terre fut lauee p
eaue/& a la fin du mõde abondera comme il est laq̃lle sa
purgee par feu comme est purge lo[r] & largent

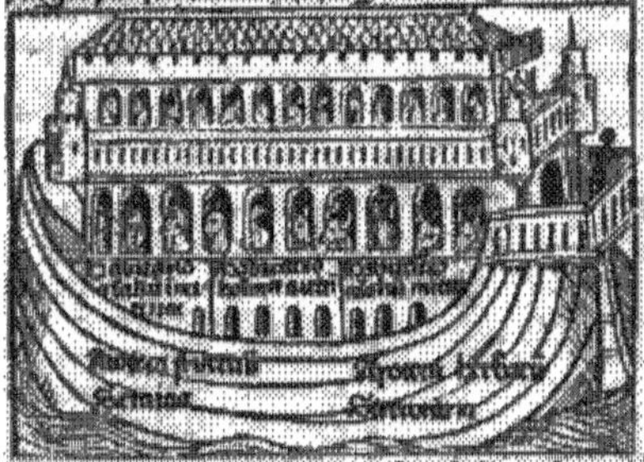

¶ Larche de noe eut .CCC. coudees de lõg/& large .l.
en haulteur .xxx. & fut conformee en ceste costé com
me il appert au sixiesme chapitre de Genese.

m.CClxxxvij m.CCCClxij. ij.m.CClij

¶ Cy est le signe de paix entre dieu & le peuple

Larc pluuial lequel
a deux couleurs lesquelles
representẽt deux iugemẽs/lu[n]
ne signifie le deluge p la couleur
affin q̃ nous ne craignons plus cel iu
gemẽt. La couleur de feu signifie
le dernier iugemẽt espouuentable/lequel
certainement deuons attendre.

¶ Le temps du deluge.

¶ Lan

¶ Mathusale vesquit long temps
& fut alors en viuant/car il cõme
ca sa vie dauãt quãde il eut .d.
ãs dieu luy dit sil ne plaist faire
vne maison/car tu viuras .d.ccc.
& .d.ãs. Et il respõdit pour si peu de
temps ie ne feray ia maison/mais
vesquit & dormit dessoubz les ar
bres & buissons cõe auoit acoustu
me.

¶ Lamech quãt il deuint vieulx
les yeulx luy troublerẽt & faillit
q̃ vng enfãt le menast/lequel enfant
cuydãt veoir p luy le beste vne
beste sauluage luy dit de tirer
de vostre arc tout droit deuãt vo[us]
& cuydãt frapper vne beste il tua
caym & quãt il sauoit homme tue
il batit si fort lẽfãt q̃l en mourut.

¶ Noe fut hõme iuste &
merita la grace de dieu/
& quãt il eut .d. ãs il egẽ
dra/sem/cham/& iaphet
& p le cõmãdemẽt de dieu
il edifia larche & larche
fut en .c. ãs/& le centiesme
ã larche acõplie dieu luy
apparut vne aultre fo
ys/& luy cõmãda q̃ luy sa
femme ses enfans & leurs fẽmes entrassent dedẽs ladicte arche/& auec bestes deux & deux masle & fe
melle/& quãt ilz furẽt dedãs leaue vint du ciel sur terre en tant grãde inũdaciõ q̃ elle surmõta
les aultres mõtaignes de .xv. coudees cõe il appert au Genes. vij. ¶ Et notez q̃ilz entrerẽt en
larche au moys de may & le io[ur] du dimẽche/et luy renoilu a cel io[ur] il saillit de ladicte arche auec
toute sa cõpaignie/& apres le deluge noe planta la vigne & sen enyura/& po[ur] celle occasiõ ho
yãt la hõnestete de sem & iaphet qui le couurirẽt le[ur] dõna sa benedictiõ paternelle/& mauldit chã
pour sa irreuerẽce & mocquerie. Et sur ce pas dit saint augustin q̃ icy cõmẽca noblesse & seruitu
te & si ne fault pas pẽser q̃ to[us] ceulx qui sõt descẽdus de chã ayẽt estez inobles & serfs & nõ puissans
car ilz furẽt les premiers puissans sur terre/cõe il appert de nẽroth & des roys de chanaam & aul
tres/& aussi to[us] ceulx de sem et iaphet nõt pas estez vertueulx & nobles ne puissans car q̃ la plus
grãde ptie de le[ur]s roys tõberẽt en ydolatrie & souuẽtesfoys furẽt opp[ri]mez des aultres/mais cel
le malediction & benedictiõ regardẽt les biẽs & dõns/p les q̃lz ou biens lesme est dit noble ou
serf/toutesfoys ilz eurẽt aulcũs especiaulx priuileges po[ur] les merites de le[ur] pere & de sa benedictiõ de

saba.

De saba sont dit sabiens & arabiens.

nemroth

¶ Cestuy nemroth fut geant & eut .x. coudees de haulx & commenca a estre puissant en terre & estoit fort veneur/ & par sa tyrannie fut commence la tour pe che de lague re du quel le monde fut infect & fut babilon le ...

¶ De ce chus disons que sont venus les ethiopiens.

De cestuy mesraym sont descendus les egypciens.

chus

euila

¶ De cestuy est euile la dernière partie de egypte.

regma.

Ceulx cy ont prins leur nom.

De dan.

saba tha

De saba sont les sabiens

saba taca

Ethiopiens occidentaulx

saba.

champo sseda aff rich. xxx

generations

Mesraym

¶ De cestuy canaan sont engendrez les affricans & les feniciens & cananees.

¶ De saba sont sabiens

... consideremet de son regne ce arach & archat & chalanne en la terre de sennaar

¶ Sydon ¶ Aracheus.
¶ Etheus. ¶ Cyneus.
¶ Jebuseus ¶ Aradius
¶ Amoreus ¶ Samarites
¶ Gergezeus ¶ Amatheus.
¶ Eueus Tous peuples chananeens

¶ De cha desquelz que voyant les parties honteuses de son pere en son dormant les monstra a ses freres pource il fut mauldit

Canaan.

¶ De cestuy sont les lybiens dont le fleuve mauritien est appelle fut & toutes les regions q sont a lenuiron sont appellees futeanes.

futh.

¶ Lan du monde.

Sem de saint ans .c.

¶ Cestuy sem deux ans apres le deluge engendra arphaxat/ et tenons que ce fut melchisedech lequel apres le deluge commenca la cite de salem laquelle est maintenant appellee iherusalem/ & de luy descendirent .xxvii. generations

¶ Pour entendre les paroles dessusdictes devons noter que des troys enfans de noel furent procreez .lxxii. come il appert au .x. c. de genese Et pour declarer ce mystere nostre redempteur iesus crist ya denunce la face .lxxii. disciples come il appert Luc .x. Et de ceste matiere traicte saint augustin au .xvi. de la cite de dieu Et entre les aultres choses il dit que plusieurs aultres sont nez q ne sont pas nommez entre ceulx cy/ car ilz perdirent les aultres gens en nativite q nont pas peu souffrir et aultres gens & de ces gens les paroles en partie sont demourees ainsi come il appert au iour duy en la dominacion ainsi come de assur sont ditz les assyriens. Et de heber les hebrieux/ mais en multiplication de temps ont estez muez les noms tellement que a grant peine les plus grans hystoriens ne peuent comprendre toutes leurs hystoires/ neantmoins en ont prins la plus grand partie/ & se bien nous voulons tout considerer trouverons quil ya plus de noms muez q de ceulx qui sont demourez en leur premiere domination

¶ Cestuy iaphet receut la benediction de son pere par la vertu de honnestete & merita davoir multiplicatio de biens & de luy descendirent .xv. generations

Japhet obtient europe.

¶ Japhet eut sept filz lesquelz firent sept generations.

Gomer.

¶ De cestuy gomer descendirent les galaciens & apres les gallois q ordonna trois generations.

Magog

¶ De magog les sites et gogz selon que dit saint ierosme sont descendus.

¶ De cestuy asscenes sont venuz les sarma...

asscen

Rip

¶ De cestuy riphat descendi...

togor.

¶ De togorma descendirent les phrigiens

¶ De ces troys filz de noe/cestassavoir Sem Cham & Japhet furent/encores vivans/nasquirent vingt & quatre mille & cent hommes sans les femmes & les petis enfans selon lhystoire de phi lon/et eurent troys princes/cestassavoir Nemroth Jectan & Suphene

Hesbry | Arphaxat | Aram | Laab | Phil. (?) [roundel names, uncertain reading]

¶ De ceulx cy sont par les philistins & capadociens/& les autres aucuns seigneurs

¶ De cestuy aram sont yssus les syriens la cite metropolitaine a este damasce dont en ebrieu syrie est dicte Aram

¶ Engendra ces .vi. filz

Nepbaym | Phetrusim | Cesluym

Araz.

¶ Araz engendra ces quatre

Hus.

¶ Cestuy obtint la seignourie de tracomtides et de damas & fut iob de la terre de Hus.

Lud.

¶ De cestuy lud sont les lidiens

Hul.

Mes

Ces deux furent filz de sem freres de arphaxat

Assur

¶ De cestuy assur ponetat

Gether.

¶ De cestuy elam furent les elamites princes de persides.

Elam

quant le vouloit edifier contre dieu en la edification de la tour babel avec nemroth il sen fouyt de la terre senaar en une aultre terre laquelle navoit poit este habitee/laquelle selon son nom fut appellee assyrie/& edifia une cite qui fut appellee Ninive/& fut metropolitaine a tout le royaulme/et peuple

¶ Lan du monde .ij.m.ccxliiij | .ij.m.cccxxix. | (fut infamee par sa crimaulte.

Arphaxat ... (roundel)

Sales ... (roundel)

¶ Lan ... La nativite de ... ij.m. ... [line printed upside down]

¶ Cestuy Jonichus filz de noe du quel moyses ne parle point fut apres le deluge qui trouva astronomie & predit aucunes choses a advenir & mesmement du commencement & de la fin des quatre royaulmes/& quant son pere luy eut donne dons il sen alla en la terre de etham & y habita & la constitua gens & selon que lors dit il donna conseil a nemroth comme il pourroit regner. Saint augustin dit au seziesme livre de la cite de dieu que apres la benediction des enfans de Noe jusques a Abraham mille mentions est faicte de aucun juste/toutesfois na pas este deffaillance de justes/mais sil les falloit tous racompter seroit trop long & seroit plustost hystoriale diligence que providence prophetique

Jonichus obtint etham

¶ De cestuy sont venus les medes/composes ...

Ma dap.

¶ De cestuy les ioniens qui sont engendres grecs dont la mer est dicte ionne

Peri an

¶ De cestuy les hyberiens qui sont dicts espagnols/comme aucuns dient

e lisa

Mos och.

Thy ras.

¶ De mosoc les capadoces & la cite est dicte mazacha

¶ De cestuy thyras les traces ou thyras ces sont dicts

Heli sa.

¶ De cestuy les helisiens et apres les colsiens.

Thar sis.

¶ De cestuy les siliciens ou est la cite de tharse

Cetim.

¶ De cestuy les cethiens cestassavoir les cypres

Dod anim.

¶ De cestuy les rodiens

¶ De la malice de nēroth nē fault pler car les liures en sōt tous plains/p̄ cōuēcion ce a este la diuine ordōnāce ordōne q̄ son nō a este lēblable au nō d' nero p̄ similitu de de infamie/car apres la cōfusion des lāgues il alla au pays de perse et a p̄it aux habitās a adorer le feu qͥ il eut regne aucun tēps/ affin q̄ il pūst auoir les abitās de babilone a sō filz bel/ le q̄l fut sō successeur z despuis sa posteri te a tenu ce royaulme iusques au tēps d' cirus. Il fut le p̄mier q̄ dit qͥ celluy qͥ est dit nēroth d' nemrotz. Et mesmemēt dit augustin que quāt il fut dechasse de babilone les chaldees affin obeirent ce royaulme z le tindrent iusques aux ans. M.CCC.V.

nēroth peruer d' Cham.

Iectan. frere p̄h alech.

de babel La tour

Suphene prince de laphet.

¶ Ces troys princes auec le peuple fais blerēt au chāp de sennaar voulans faire v̄ne tour haulte comme le ciel pour euiter le deluge z dirēt ensēble faisons vne cite z vne tour grāde qui louche au ciel. cōe il appert Ge. xi. c. mais dieu voyāt leur fosle entreprinse/ miraculeusement confondit leurs langues par diuersitez de langaiges/ z fut en ce demonstree la peine de leur peche/ z aussi furent disperses par tout le mōde.

¶ De cestuy heber sōt nōmes les hebreux/car en la diuision des lāgages en sa maisō tant seullemēt demoura la langue hebraicq̄ la q̄lle par auant estoit appellee langue humaine/car de celle toutes gēs communement vsoient.

¶ Lan du monde. ij. M. dcxv · ij. M. dcc xxi.

¶ Lignee de iesucrist

heber de ste aage. cccclxiiij

¶ Cestuy selō les hebrieux eut epheren ſ p̄ pheren z eut deux filz/cest assauoir iectan z phalech.

phalech vesquit ccxxxix.

· M· · M·

¶ Cestuy iectan a lexēple de nēroth print la principaulte sur les filz de sem z eut xiij. enfans q̄ furēt comme generations principales mais ces peuples nous sōt incōgneus cōe dit saint hierosme ou po' la grādeur des distāces des terres/ou pour la mutatiō des peuples ou po' destructiō de guerres: ou subuersions z aultres inconueniēs

Iectan

Elmodad · Saleph · Asarmoch · Iare · Adhiram · Iazal · Ioab · les enfans · Ocdal · Hebal · Abimael · Saba · Ophir · Euila ☞ Peuples incōgneus.

¶ Cestuy phalech filz heber est ainsi appelle car en ses iours fut faicte la confusion des langues/q̄ est diuise des aultres/car en sa maison demoura la premiere langue Et selon saint augustin y apparut la grāde iustice de dieu en ce que ceste maison fut exēpte de la peyne cōe silz ne fussent pas coulpables en la coulpe ¶ Et note selon le dit saint augusti que le nōbre des lāgues fut selō le nōbre des generatiōs/cestassauoir. lxxij. toutesfois plus est accreu le nōbre des gens q̄ des lāgues/car en vne lāgue nous cōgnoissons plusieurs gēs ¶ Enuiron ce temps noblesse comēca ¶ Et note quelle fut trouuee par plusieurs causes ¶ Premierement po' necessite/car croissant humain lignaige les hōmes estoient prompts a mal pourquoy failloit deffendre les bons des mauuais pourquoy on eslisoit aulcun hōme bō z plus iuste z prudent q̄ les aultres pour presider a la cōmunite affin q̄l prenist les bons deffendist les mauuais z corrigist les maluais/z cestuy estoit dit noble/cest a dire plus que les aultres en vertus notable. Et de ce dit saint hierosme. Je ne voy aultre chose dappetr a noblesse se non q̄ les nobles sōt contrains de non degenerer ☞

¶ Ce royaulme côbien quil soit tres anciés/toutesfoys car il est des barbariés il est moins côpte entre les principaulx royaulmes et pour la rudesse et grosse de ce peuple/la region est appellee Barbarie que est grât pays/car elle prés et côméce entre le fleuve de Danube et la mer occeane septentrionale/et dure iusques en germanie et est la premiere part de europe auquel pays premierement regna tanus de la lignee iaphet les gotz cest a dire les Hugres et ceulx icy sont les Danes.

¶ Icy côméce le regne des egyptiens lequel p diverse alteration fon necessayre a estre mise et de ceulx font mencion il est faicte mencion en la saincte escripture et a dure iusques a lempereur auguste.

le reg ne

des scitariens côméce pres du fleuve de Danube

ama zoni

On magesactés royaulme est côméce des femmes entre les sites et aséa/nes devers septentrion et ont leurs naissances des sites

¶ Selô q dit eusebe le princi pal temps fa ment de genealogie des cal deens/comme les plus anciens temps premierement côméce roy a copter

¶ Ce royaulme a grant prince iusques en pays

¶ Icy commence le royaulme des assiriens

Des roys.

Belus t̄ps cayn tau o.l.v.

¶ Cestuy belus fut le premier roy des assiriens le quel aucuns appellent saturnus: car assauvant et qui a este petite seignorie et fut le premier pour lequel le peuple cessa auquel il fut dieu pour quoy dune de ses gens le nommerent diversement: cest assavoir bel bel baalym belphegor belzebuth Et aussi ceste creé dura en simal lignage plus de deux mille ans.

Fen del eagamé o.ccci

Marue ybesche a o.cccp.

de la prudence et vertus des anciens ¶ La seconde cause fut la ignorance du peuple lequel ignorant droit iugement combien que entre eulx desquelles parlé souvent/toutesfoys furent tant parens deffeus quilz ne pouvoyent plus faire en raisô si non tant seullement selon lopinion du peuple. Pour quoy leur fut expedient pour eslever paix entre eulx que de la generation des nobles ilz eussent ung prince ¶ La tierce cause fut pour aucune singuliere force car aucunes foys leurs ennemies furent grevés p la force des aucuns pour quoy fut fait ung edict que quicôques delivreroit le pays de tel grief il obtiendroit droit de noblesse perpetuellement pour soy et pour les siens. Et en ceste maniere plusieurs ont estez anoblis ¶ La quarte fut p habondance de richesses/car aucunesfoys le peuple p trop grande povrete ont soubmys eulx et leurs biens aux riches/et aussi pour temperer leur povrete tousiours ont recogneu telz riches côme nobles et leur seigneurie. Aussi est trouvee aucune noblesse p lordonnance divine combien que de ceulx en ont/des quelles aucunes sont demourees côe en David et les aultres que tantost sont deffaillies côe en saul et hierobod et aucûs aultres ¶ Icé nous lisons plusieurs noblesses estre introduictes p violence et tyrannie des quelles les biens sont tantost passees et faillies/et les aultres sont demourees stables et fermes. ¶ Et note selon les anciennes histoires que entre les payens la lignee des nobles ne demeurerét perpetuelle pour la tyrannie et orgueil qui est entre eulx. Pareillemét entre les crestiés sont effacees par ceste cause dont il est escript en lecclesiastique ou x.c. Le siege des ducz orgueilleux dieu destruit et en leurs sieges a mys les humbles ¶ Item note que nul ne doit hair noblesse/car cest ung bien qui de soy est agreable avec vertu ou religion/toutesfoys moult de saincts sont fouy pour grant peril qui est mixte et pesle/ce qui est assez apparu au sainct prophete David lequel dieu de bas estat eslevat. Concluisons que peu de gens pa quilz soyent dignes de vertu et telle sublimite

¶ Icy com-
mence le re-
gne des egi-
ciens .

Agi-
leus.

¶ Cestuy agileus fut le premier roy des egipciens ¶ Note comme dit saint augustin au .xviii. de la cite de dieu q ce royaulme estoit petit. tout le tressaige dacres anciennement partie / puis peruint a athenes puis apres aux latins / et puis aux romains / cestuy succeda europe second roy des egipciens / et dura iusques au temps de iesu pastre a roy de israel.

¶ Icy com-
mence le re-
gne des ba-
ctriens

Zoro-
astres

¶ Cestuy zoroastres selon aucuns dit fut chams filz de noe / et cestuy selon que dit saint augustin rist a sa natiuite / et ce q il ne fut pas signe de bien deu que cest commune chose de plorer a la natiuite.

¶ Les roys assiriens.

¶ Cestuy zoroastres fut magicque et ninus le conquesta en bataille et destruit ses liures

Ninus roy
le .i. monar
che regna
ans .liiii.

¶ Dit saint augustin que entre plusieurs royaulmes terriens et commune societe ont este diuisez mortellement commoyse la dicte societe nous appellons cite mondaine par une commune parolle nous regardons deux royaulmes entre les autres plus clers dont le premier fut des assiriens / puis apres des romains lesquieulx en leur temps et lieux ont estez ordonnez et distinctz . Le premier fut en orient / puis se leua en occident et dessoubz ces deux nommes disons que dependent tous les autres .

m.M.iiii.v. — ¶ Lan du monde — m.M.xciiii

nachor
aage .c.
xlviii. ans

thare re
gna lxx
ans

lui.c.iiii.M.iii — .xcvi.M.iii

Cestuy thare apres la mort de son filz aram par ur de hur des caldiens et sen ala en charran auec ses filz et ses nepueux et p les iniures q luy furent faictes p les voisins. Car il ne vouloit adourer le feu il sen ala. Et premierement dient les ebreux que en ce lieu regna nemroth q autrement fut appelle draphel roy de sennaar / lequel puis apres par succession de temps abraham le frappa / et dechassa comme il appert au genese .xiiii.

Idolatrie commence ¶ Note se tu veulx auoir recordance des histoires tu trouueras q troys choses principalement ont induyt les hommes a ydolatrie / cest assauoir affection aux mors amour / et adulacion enuers les roys et diligence des artisens les deables mucez es ydoles donnans responces aux hommes / confermerent ceste erreur tellement q celuy q ne vouldroit consentir a ydolatrie perdroit la teste

¶ Puis apres furent la fraudulente louange des poetes lesquieulx faisoient dictiers a louenge a honneur des miserables dampnez. Et en cestuy temps que les deables commencerent a parler nostre doulx createur enuoya ses anges lesquieulx visiblement parlerent a aulcuns estans a celle fin que toute humanite ne perist en erreur.

¶ Le temps cinq .v. gros esquieulx humain lignaige deffaillit en la clarte de la lumiere naturelle pourquoy fut necessaire de instituer loys positiues a celle fin que par les quelles lumiere retournast a sa naturelle intelligence. Sur ceux pourrons veoir saint thomas en la premiere de la seconde. et note que moult de loys iniques par les hommes furent instituees contre toutes raisons / et mesmes de hommes plus saiges / et plus puissans que les autres estoient appellez dieux / et tout cela qui estoit institue estoit repute quasi chose diuine

¶ Ceste cite grāde nommee Niniue et ample a la nomma selon son nom & est metropolitaine aux assiriens.

melchisedech roy de salem

¶ Cestuy melchisedech dux gar ancie estoit dit iuste roy pour la grāde saincte & offrit a abraham pain & vin en si gne de grant mistere estoit prestre du treshault dieu Genes. xiiii.

¶ Cestuy ninus a celle fin qu'il pouyst mieulx regner fist grāde guerre a ses voisins & pourtant que le peuple estoit gros & ru de nō cōgnoissāt faitz darmes leur mist tantost subiuga asye & fut faic le premier partie oriental/puis apres que son pere bel fut mort fut cempsy de douleur & pour son soulas fit faire une ymage en remēbrāce duquel pe re pardōna a toute psonne vicieuse q̄ se retourneroit a la dicte ymage pardon luy fut donne et a le peuple de cestuy en plusieurs aultres gens doulourent de la mort de leurs parens cōmencerent a faire semblables ymages a leurs mauluais espritz voyās la curiosite du peuple se mussoiēt en pelles et donnoiēt respōce en disans estre dieux/& ainsi le mauldit crime de ydolatrie fut in troduit & la magesté diuine fut offendue en tāt comme celle rage que ceulx qui disoiēt telz ydoles auoir estes hommes & estoiēt pūpiees a mort

¶ Cestuy moab fut pere des mo
¶ Cestuy aramoan caldeus. deuāt so pe thare en une place q̄ lapelle ur des caldeens.

Moab

ii. aaulle. C lxxxvii

¶ Aulcu nes fat les des nes disēt qui fut grece au feu avec abraham/mais cō me dit le maistre des hystoires cest chose aperite.

aram filz de thare frere de abraham

Engendra

Seb.

¶ Abraham special amy de dieu ... icy ... fut ou moys de... David & Jesus... ... plus

abraham filz de thare vec quit ans.c. lxxv.

... v. iii. ... ii.

¶ Cestuy loth quant il p tit des sodomites s'enyura & de ses deux filles engēdra ces. ii. filz & fut bōc fait & incesta auoir visiō āgeliq̄ cōe abrahā

Melcha.

¶ Ceste melcha fut fille de aran & femme de na chor & engēdra hus/bus & bathuel avec ii aultres cōe il appt au genese. xxii. mais de luy ce sera lacion bathuel est faicte mencion pour laban & de rebecca femme de ysaac.

Ammō.

¶ Cestuy ammon est pere des ammo nites.

Zaban

Ysa.

Engendra

Rachel

Hus

¶ De cestuy hus descendit iob le son aulcuns

¶ Cestuy nachor avec so pere thare partit de caldee & fut dure en carrā de meso potamie & la de moura.

nachor filz de thare frere de abrahā

Engendra

Bathuel.

Hus

¶ Cestuy bathuel fut filz de na chor & de son ame melcha/cestuy apres la mort de sō pere demoura en car ram avec sa lignee.

¶ De cestuy descendit balaam et heliu.

rebecca

Faukes de Jacob

¶ Treues cite ancienne en alemaigne sur le fleuve de muse.

Roys de assiriens

iii Semiramis.

¶ Treues fut edifice devant commencans .iii.ccc.

¶ Abraham pour lamour de loth rua une terre roys comme il appert Genese .xiiii. desquelz ung fut nemrothus est cestuy dit amraphel.

¶ En cestuy temps pmierement les anges sapparoyent en forme humaine.

iiii Ninus

¶ Ce ninus fut filz du grant nin[us] lequel comme son pere tua sa mere

¶ Ceste semiramis femme z relaissee de ninus apres la mort du roy assaillit les indes z les obtint z aussy p toute asye le royaulme des assiriens fut augmente / z repara la grande cite de babilone z environna de murailles / ceste femme fut tuee de son filz ninus pourtant quelle le provoca a luxure ussienne de luxure come recite saint augustin au .xviii. chapitre de la cite de dieu / z le maistre des anciennes hystoires quelle espousa son pp filz duquel eut ung enfant lequel fut chief de babilone.

Teserod

¶ Cestuy teserion fut le .v. roy des cretiens z en son temps furent grans freres z grades habundances / mais quant il fut mort le peuple le adoura come dieu en luy celebrant grans sacrifices / z a cestuy succeda thuracthe auquel semblablement furent sacrifice.

¶ Lan du monde iii.m.CC.lxxxiiii. iii.m.CC.lxxxiiii.

¶ Note diligemment que la vie de abraham levite fut dicte la pareille de grande gloire de la magnificence diuine fut lemain lignage / car aucuns pmierement estre faictes les promesses de lalienement de dieu e terre z furent aucuns posses in vostre douleurs de

Ysaac de sauve de chair

¶ Icy commence la devote hystoire de nos patriarches lesquelz adorerent z prescherent le vray dieu come appert au livre de Genese au .xii. chapitre iusques a la fin.

iii.M.CCC.lx iii.M.CCC.lx

Des gracieuses comme dit saint augustin au .xvi. de la cite de dieu z au Genese .xv. chapitre

Sarra femme de abraham

¶ Ceste sarra long temps fut sterile / z puis apres p grace divine receupt z enfanta ysaac en leage de .xc. ans z fut femme saincte autrement iecha fut nommee

¶ Sodome z gomorre ho. reblement sont perilz es pour lamour de leurs grief peches.

¶ Ceste cecthura abraham espousa apres la mort de sa femme sarra laquelle eut beaucoup de filz desquelz vindrent plusieurs gens come il appt au Genese .xxv.

madi am

cetura 2 espouse de abraham

Madan

¶ De ceste sont agarenes z ismaelites de abraham

Ce dar

agar egiptienne chambriere fut

¶ Cestuy ismael fut filz de abraham z engendra ces deux actre deux autres

isma hel.

homme fier.

naba ioth.

¶ La femme de loth tournee en statue de sel pourtant quelle regarda derriere elle signifiant grant mystere / especialement quon ne doit point desirer de retourner es choses passees.

¶ Icy deulce le royaulme des grecz anciennement dictz argiues auquel par premierement regna ina chus / et regna iusques au temps de Ascora.

Ina- chus

¶ Ceste ysis premierement fust dicte yo fille de inache / laquelle vaiga iusques en egypte / et la enseigna lectres et fust appellee isis et le peuple sol adoura comme deesse ¶ Les poetes dient que iupiter ayma et yencupa charnellement auec ceste isis dont print generatio dunte selo la folle opinio des gens et anciens malchauces delouls ceux ont voulu com.

Isis

S. Acrius.

Sey. Perses

Sey. arma- mitre.

¶ Cestuy persus anciennement premierement son sappel- loit balens delouls le- quel nasquit iacob / adonc regnat entre les ricions ceus thuriacque lesql auecunes escrip- uent thiramachus.

inte seme legitre et excriser.

¶ Cestuy est selon saint Augustin sey. roy des assyriens delouls lesql bien ap- parut a ysaac sup promectant ce quil auoit promis a son pere quant entre les cheminens Louenge. sey. roy.

¶ Cestuy est le. S. roy des assyriens desouls lequel fut ne ysaac comme dit saint augustin

¶ Abraham est mort et enseuely en ebron

¶ En cellu temps prometheus frere athlantis est dit auoir fait les hommes pource que les gros et rudes il fist saiges et clercz / car nous lisons quil fist les ymages des hommes par aucun art chemmier / il trouua aussi premierement lanneau auquel mist vne pierre et commanda quil fust porte au quart doy pource que delec vient la veyne du cueur

iij. m. CCC. xliiij. | iij. m. CCC. xxxviij.

iacob de fils de. c. lxxviij.

iudas fils de iacob le quart

¶ De cestuy descendit la lignee royalle / et en apres le redempteur ihesus

Ru- ben

Fait lignee / et perd lonneur pa ternel.

m. ccxxx.

m. ccxlvj. lan quelle il mourt.

¶ Cestuy derniere filz de iacob nomme du prouuerbe et est pere des ydumiques / et possessa la montaigne de seyr et premierement regne ensemble auec eulx et iniques dont son pareilz sup- mises.

Esau

Sy- meo.

Leui

Fait lignee sa- cerdotale de luy descendirent les leuites.

Fait le gnee

Bala fil- lie de ra- chel serv

Dan

Fait lignee de la- quelle fut ne sampson

Ga

Fait li gnee

nepta- lim

Aser.

Fait li gnee

Rebecca femme ysa- ac espouse

lia femme de iacob fille de laban

Ysac har.

zelpha fil de lie pere de iacob

Fait lig- nee.

Fait double lignee cest a dire premierement

man- asses

¶ Ceste lya estoit chassieuse et engendra. vi. filz et vne fille

zabu- lon

Fait li gnee

Rachel femme ia- cob aymee

¶ Jo- seph.

Fait lignee de laquelle saint pol fut ne.

Ben- iamin.

Efra- ym

¶ Et note que de la natiuite de ysaac iusques a lissue degypte passerent. cccc. ans. Voiez Delyra sur le Genese. vii. c.

Dy- na

¶ Ceste fille ne fait pas lignee de israel seulement car ce fut la premiere escripture qui fut la Veon les femmes du pays.

¶ Cestuy ordonna premierement en grece ingenieusement/ et escripre les loys/ et auoit ung frere il appartenoit a obseruer les mo ys et les ans/ et ordonna petiz lieux pour adorer les dieux/ pour laquelle chose fut entre le peuple eu de nuic entre les dieux et luy sacrifi oient beufz/ et fut appelle phegons

Phoroneus.

¶ Cestuy serapis fut le tiers roy des egipciens/ et fut dit apis quant il vint par mer en egipte/ et mesme ment quant il fut mort fut du peuple aueugle appelle le tres grant des egipciens. Adonc ceulx mettoient en suspicion comme ca du lieu dessoubz lore ilz appellerent apis/ pour tant que ilz cestoit adoree/ et cestuy estre mort les dy ables prouenoient en ce lieu ung veau semblable pour decepuoir le gros peuple/ et de la dire que les enfans ... tant creoient quelle chose entre les hommes raisonnables est plus mesfable que de adorer telles creatures

Serapis.

¶ Roys des assyriens

Beloc.

¶ Les cochinnes edifierent rhodes.

¶ Dessoubz cestuy belocus pla dieu a iacob luy repromettant ce que par auant auoye promis a ses peres/ cestassauoir deux choses/ possession de la terre de promission (qui est chanaan)/ et benediction de toutes gens en sa semence (ce qui est ihesucrist)

Baleus.

¶ Dessoubz cestuy mourut ysaac adonc reguant entre les ... cioniens Messapus .xv. roy.

¶ Ou temps de ogigius roy de ... fut fut deluge en achaye Cestuy pas du lac triticonide apres le deluge apparut et en ce lieu trouua plusieurs ars/ especialement a faire drapz/ et le ... seruit des gens fut deesse

Minerua.

Pharao.

¶ Cestuy pharao roy degipte receupt ioseph et leslieua pour lamour de sa exposition des songes

¶ Lan du du monde ... iii.m.CCCC.lx.

¶ Ligne de crist

Phares

[illegible]

¶ Filz de iuda ... manifestes sut frappe de dieu

Her.

Thamar.

¶ Ceste vefue de ses deux filz her et onam engendra de iudas deux filz/ cest assauoir.

¶ Phares est mort.

¶ La semme de ... da engendra ces troys ...

Sue.

Honam.

Sela.

¶ La ligne des euesques

Leui filz de iacob pere de tous les leuites ...

¶ De ce leui les leuites receuerent le grant don neur de prestrise pour la mort de moyse et aaron aussi ihesucrist descendit de ceulx pour lamour de lassinite des signees/ de iuda et pour le mystere/ car le roy eternel ... (Gene. xxxviii. ... aro) aussi deust naistre et auoir estre manifeste

Zara.

Merary.

Caath.

Gerson.

¶ Cestuy sela filz de iuda quant il estoit petit iudas ne le bailla pas a Thamar/ mais lenuoya a la maison de son pere vefue/ et quant fut creu il la retint de le donner a celle luy quil ne fust ... comme ses freres. En apres ceste thamar dist ... estre folle femme conceupt en ung car seule de iuda et enfanta phares et zara comme il appert Genes. xxxviii. chapitre

¶ Cestuy ioseph fut homme fait et gloire de la maison disrael filz de iacob/ et fut ne lan .xc. Et quant il eut .xvi. ans il fut vendu/ et ... an il demoura deuant pharao in terpretant les songes/ et fut en grant honneur esleue et aprins de sa ... pour tant quil estoit ... et chaste.

¶ Joseph.

¶ Athalas fut en ce temps grant astrologien/ & pour pelle grande science fon dit quil porta le ciel sur ses espaules.

¶ Mercure fut expert en plusieurs ars liberaulx et donna aux hommes pourquoy ilz le reputerent dieu.

¶ Hontegyus fut le premier qui dompta les beufz & les fist labourer

¶ Conterbe fut fondee.

Arg⁹

¶ Cestuy argus fut le iiii. roy des argyuiens & print ce cognoiscent de la nomination de luy/ & apres sa mort le cuyderent estre dieu & luy firent temples & offrirent sacrifices

En ce temps en grece estoient diuerses plantes apportees de diuers pays

Amithus

¶ Cestuy fut xii. roy des assyriens du temps duquel mourut ioseph regnant pleinement et roy des sichyniens

¶ Apolo de phisique fut homme dattendu & apres sa mort fut repute dieu & trouua lart magique & fut appelle phiton/ & ainsi cette science est dicte phitonique de la quelle est faicte mention en la saincte escripture

¶ Jacob sait patriarche voyant sa mort estre prochaine appella tous ses filz & leur annonca des choses a aduenir especiallement de la redemption de iesucrist en disant Nō auferetur sceptrum de iuda &c. puis mourut & fut glorieusement sepulchre en ebron par ioseph son filz. Genesis .xlix.

Pharao

¶ Amenophis ignoroit Joseph & commanda a noyer les enfans des hebrieux

¶ Memphis cite de egypte fut construicte

iii.xx.deluge. [illegible]

Efron.

[illegible] ¶ Lan deuant la natiuite [illegible]

¶ Cicrops fonda la cite dathenes & par son nom de minerue estoit regna premierement ledit cicrops/ ceste cite fut nourrice des ars liberaulx & de moult de philosophes/ toutesfois par la deception des dyables fut moult superstitieuse. Et de ce y dit saint augustin au .xviii. de la cite de dieu ou trouuerez merueilleuses hystoires

¶ Athenes.

¶ Joseph est mort en leage de .cx. ans & enseuely en egypte auec choses aromatiques.

¶ Enuiron ce temps commenca hystoire du liure de iob

Ysaac

¶ Deffault ans .cxxvii.

Amram

¶ Cestuy amram fut filz caath filz leui et print femme de sa lignee de laquelle en egypte il engendra Aaron moyse & marie

Hebron

Oziel

La seruitute du peuple disrael commenca et dura .cxliiii. ans

¶ Icy commence le regne de athenes

cecrops premier roy dathenes

¶ Cestuy cecrops fut premier roy de atheniens et icy institua moult de superstitions lesquelles iamais navoient este veues en grece car premierement il prescha et fist prescher iupiter estre dieu et luy offrir ung beuf

¶ En egypte avoit ung fleuve duquel partoit ung beuf le iour de la feste serapis lequel estoit esleve en lair et de rechief tournoit en leaue et plus ne sapparessoit et le fol peuple laouroit comme dieu

¶ Les roys assyriens.

Bafel

¶ Cestuy [illegible] fut .xviij. roy des assyriens soubz lequel naquit moyses en egypte regnant orthopole .vii. roy des [illegible] et des argiens le [illegible]

¶ En thessalie fut faict deluge regnant le prince deucalio et pourtant est appelle deluge deucalion car specialement fut en cestuy regne.

Pharao bochoris

¶ Cestuy pharao despuis nephre fut le neufviesme et ne voulut ouyr la voix de dieu et ne voulut laisser aller le peuple disrael pourquoy fut persecute de dix playes/cest assavoir de dix persecutions/puis apres fut noye en la mer rouge.

Lan du monde iii.M.de.lxiiij.

¶ Linee de crist.

Aram

Aage iii

moyses

Est ne et mys en leaue et dessus de egip

¶ Les enfans disrael sont en grant servitute et tribulation

Aaron

Est ne devant moyse ans trois

Job homme saint

¶ Cestuy Job mirouer de patience nasquit environ ces temps du lignage nachor filz de thare frere de abraham et vesquit ans .ccxl. Et ceci est lopinion de saint augustin et de saint gregoire. Et apres la tierce generation de iacob. Et aussi fut du temps de moyse combien quil deservist long temps apres de cestuy list saint augustin au .xviij. livre de la cite de dieu.

Marie

¶ Ceste marie fut prophetisse et chanta ung dittier et fut ladre sept iours pour sa murmuration et mourut au desert et la fut sepvelye

¶ Rabbi salomon expositeur au livre qui est intitule cathedra[illegible] au chapitre [illegible] dit que de six mille qui partirent degypte avec moyse et passerent la mer rouge/nulz nentra en la terre de promission fors deux/cest assavoir caleph et iosue/mais moururent tous au desert pour lamour du peche de murmuration et leurs enfans obtindrent celle terre/et moyses la vit mais il ne entra pas dedans.

¶ Lacedemon est fonde.

¶ Note selon saint augustin que environ ces temps les hystoriographes des grecz commencerent a escripre mōlt de mensonges, et de fables car il y avoit bien moins daffaire que de parolles/car ung petit de besoigne disoient grandes choses.

¶ Liberpater trouva premierement le vin en grece/et fonda athenes/cest dyonisius bachus filz jovis le roy des thebeiens et adore comme dieu.

¶ Hercules dalmatie enthemus et selon saint augustin furent plusieurs hercules et plusieurs liberi patres lesquelz le peuple ignorant cuydoit ou vouloit estre dieu.

Asther/ sbes.

¶ Dessoubz cestuy moyses mena le peuple degypte et marathus adoncques gouvernoit le peuple des cicioniens et cecrops regna aux argios et en la fin du temps cecrops premier roy dathenes

¶ Apteros roy de crethe trouva premierement la facon de cueillir le miel et sa fille conceupt dung de ses parens de quoy choses merveilleuses sont racomptees et la regina et mesme filz et fut appelle aurbis et fit loys et premierement fist labourer beufz

¶ Cestuy aminadab tempsde de loy fut le premier qui entra en la mer rouge apres moyse les autres doubtans/pourquoy il merita porter le lignaige royal

Lan du monde iij.M.vj.c.xx.iiij.

Aminadab

¶ Prince de la lignee dire et au desert

Naasō.

M.D.xi. 1511

¶ Cestuy aaron fut appelle de dieu et dignement receupt loffice de souverain prestre et ordonna a soy et a ses filz le testament eternel et mourut en laage de .cxxiij. ans et fut ensepvely en la montaigne de hor et son filz eleazarus succeda a sa dignite.

Aaron premier evesque des juifz

quant ans cxxiij.

phinees

Ele/azar.

¶ Balam prophetisa fut tire

Nadab

Abiu

¶ Ces deux offrirent feu estrangier pourquoy furent frappes de dieu

Moyses premier juge de Israel

¶ Cestuy moyses duquel le ciel et la terre chantent louenges entre les prophetes hystoriographes fut exellent et vit eternellement dieu face a face/et ce privilege ne eut aultre comme dit lescripture saincte selon saint pol mesme/ment durant en ceste chair fragille et est la raison dire de sung et de lautre/car ilz sont deux peres de famille cestuy en circoncision/cestuy en prepuce. Moult de tesmoignage de la divine essence et gnas a adorer ung seul dieu pourquoy les deux specialement devoient premierement veoir dieu et puys apres legitimement par ce tesmoignage et les autres par figure et image charnel et de

¶ La loy est donnee en la montaigne de synay.

¶ Le livre du levitique est escript

¶ Le livre des nombres est annonce

¶ Le tabernacle est prepare.

¶ Le livre deuteronome est escript

¶ Chore avec .ccl. hommes perit

¶ Dathan et abyron la terre transgloutit.

¶ Mose de murmures de gens pourlesquels murmuracions sont cinq ans.

¶ Environ ces temps les roys commencerent a regner en ytalie / et mourust de roys les noms sont variez desquelz est sortie la noble lignee des rommains

¶ Cestuy ianus filz de noe fut le premier roy en ytalie et constitua ung palais quil appella ianiculum et le reputerent comme grant dieu / et en sa ligne luy faisoient des faces sa feste celebroient au commencement de luy comme sil veist la fin de lannee passee et commencement de celle qui estoit a advenir et des la fut nomme le moys de ianuier

Janus le premier roy de ytalie.

¶ Les roys dytalie.

¶ Roys des assiriens

Amintas

¶ Cestuy amintas fut .viii. roy des assiriens dessoubz lequel mourut iosue regnant aux ceteomiens cecrops roy .i. de. ...se les argiens danao ...et entre les atheniens Erictonie quart

Erictonius

prince quart des atheniens premierement monstra aux grecz a faire les charretes.

¶ Lan du monde iii.m. decxxiii

Salomon

M.CCCC.lxxiii.

¶ Icy commence lystoire du livre de iosue auquel sont receptees merveilleuses batailles des enfans disrael et la distribution de la terre de promission

¶ Evesques Eleazar ¶ Icy selon aucuns est ordonnee lystoire de la lignee de leviauins de la cite dyabaon pour le cause de luy iure.

¶ Juges. Josue ¶ Cestuy eleazar fut second evesque et divisa aux enfans disrael la terre de promission / et de cestuy sont descendus quasi touz les evesques iusques a ihesucrist

¶ Despuis iosue iusques a aioth ans xl

¶ Moyses est mort.

¶ Cestuy iosue fut vaillant en armes et premierement batailla contre amalech au desert et apres la mort de moyse par voulente divine fut ordonne iuge sur israel pour diviser la terre a icelluy peuple et en son livre sont escriptes ses batailles et oeuvres et sa religieuse devotion

¶ Le fleuve de iordain fut desseche.

¶ La cite de iherico est prinse.

¶ Le soleil miraculeusement demoura au ciel immobile a celle fin que les enfans disrael persecutassent leurs ennemys.

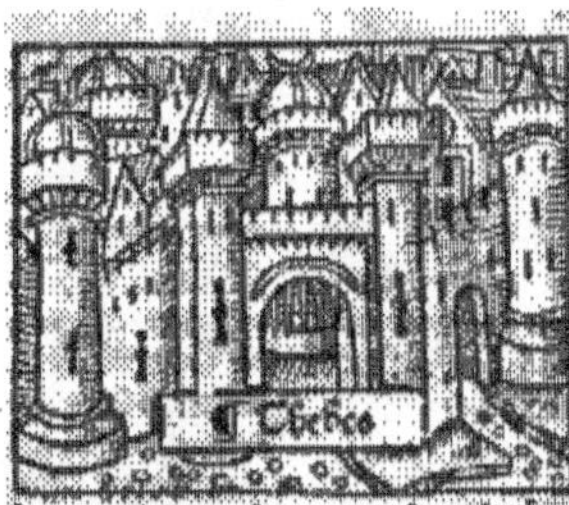

¶ Le roy phase fonda vne cite pres dung fleuue q̄ se appelloit alcuda / maintenant suppose elle qu'elle ait este apres abolie fut fondee / duquel phaleus toute phasie est nommee.

¶ Sebille hermice en babilone prophetisa du regne des iuifs / & de la subuersion de troye & lincarnation de ihesucrist / & de la vierge marie.

latinus.

¶ Cestuy saturnus de ysle de crethe ou pays de ytalie / & y regna / gardemi lequel les maufdiz ydolatres feurent estre hōme cō dieu filz disent quil ait regne / & fut le premier qui enseigna a respandre les fiens sur les champs pourquoy il fut appelle sterq̄lin / & aussi furent appellez le communs / & aussi saturnicus et pourtant disent quil fut pere de iupiter.

Picus.

Cestuy picus / fut filz de saturne & pere de faunus des fauniers / il fut vaillant en armes & devineur / et trouua entre les dieux.

¶ Troys regna en dardanie & fonda troye / de ceci les grecs racomptent grans fables.

¶ Cadmus fonda thebes & illec regnant trouua les lettres grecques.

¶ Fenix frere en crete & sidon illec regna & feist barbarie langage des lettres fondz conferer & temps.

¶ Sibille samie ancienne fut femme eloquente prophetesse de lincarnation de la pouure mere.

Lampetes.

¶ Cestuy fut .xxiii. roy des assiriens soubz lequel fut esleue histoire de troye selon saint augustin / & le regne des argiens faillit.

¶ Iacob duquel descendit generation enfigurise / est creu estre de ce temps / & descendit de terre cortil de aloes / & fut conuerty au iudaisme.

¶ Lan du monde. iii.m.ccc.xl.viii. iii.m.ccc.xl.viii.

Booz

Booz

¶ Lan deuant la natiuite de crist. M. cccc.xxxviii. M.CCCC.xxviii.

Iaab

¶ Cest raab par qui fut estreceuz les messagiers des enfans disrael quant ils vindrent pour espier la cite de iherico & pourtant quelle fut sauluee elle et sa maison furent sauluez / & puis fut femme de salmon & engendra & enfanta Booz.

¶ Icy les euangelistes faisant mencion a Booz & obeth / car entre ceulx cy passerent maintes annees / et toutesfois il nest pas a croire a vng homme, et pourtant plus pour denoter le temps q̄ la chose fut / car / come ceulx qui disent q̄ apres & le verite de lhistoire furent troys appellez Booz successeurs les vngs des aultres & en la saincte escripture pourquoy ainsi fut il nappert point / ainsi pour ce.

Icy commence lhistoire du liure des iuges.

Phinees.

¶ Cestuy phinees estant ieune occist deux / & tua deux qui pechoient en luxure pour laquelle chose dieu fut appaise.

Othoniel

de iuda .iii.

Aoth / Iepp

de beniamin .iii.

Sangar.

S.

¶ Cestuy othoniel frere de caleph le plus ieune deliura israel de loppression du roy de mesopotamie / car il le tua & print Axam pour femme qui demanda vouloir dessus et dessoubz a son pere caleph ou partir des vignes.

¶ Cestuy aoth frappa eglō roy de moab & deliura israel et fut homme ambidextre / & se seruoit de la main senestre comme de la main dextre. Apres cestuy fut sangar lequel auec vng fossoir ou coultre tua .vi.c. philistiens ou .iii. des iuges.

¶ Cestuy sangar fut enumere entre les iuges / & nest pas entreposé / car il na pas annees.

¶ Lhistoire de sibille erichee selon les expositeurs aucune apres

Iosue en iauxit sept ans / mais les croniqueurs disent que ce fut au temps de Othoniel.

¶ Loccasion des batailles des troyens fut tele petite q elle est ꝑ raconte a la scintille. car seulement ne receupt hercules et iason en honneur cõe il devoit. et de ceste petite chose sont procedez grãs maulx forterent a quoy doit bien chascun adviser.

¶ Sebelle Alphique devant les batailles des troyens prophetisa en disant que le filz de dieu predroit chair humaine sans pourriture. Donc se ces choses sont vrayes. ce mystere plus clerement fust revele aux gentilz que aux iuifz semblablement fault dire de iob.

Jan ymo.

Ce roy .ii. des laurētes erre ... fut receu ... ine bien ... ce aussi le vouloient ou entendoient.

Laomedon roy de troye est tue et sa fille Jesiona est prise et menee en grece pour la quelle chose sourdirent grandes batailles et ocisions ... des grecs et troyens.

¶ Les roys assyriens

Tantanis.

Cestui teutamus est dit .xxvi. roy des assiriens de sous lequel troye fut assiegee par les grecs ... affermēt mais y a ... semble fut le premier siege et destruction ... et en cestuy temps thola iuge israel.

¶ Hercules gasta troye avec iason laquelle tantost fut reedifiee par priamus. cestuy mesmes hercules fut ... et institua agone olimpiacum et fist moult de batailles et de luy moult de mensonges sont escriptes et en apres quil y eut moult de gens ... en grande maladie et celle non povant porter se iecta au feu et mourut et entre les dieux fut translate.

¶ Lan du monde. .iii.m. dcccc ...

¶ Ligne de iesu crist

Booz.

... ne laissons ... / toutesfoys cecy est chose certaine que entre le commencement de la lignee de ... faison partie ... engendra Booz iusques a la nativite de david passerent environ .CCC. ... toutesfoys les evangelistes ne mectent que troys generacions

¶ Tuesche (?)

Abesan.

Dessraein. De la lignee de manasse. ...

¶ Juges

Delbora.

... xl.

Gedeon.

... xl.

abimelech

¶ Ceste delbora fut femme et prophete ... pourquoy luy fut donne honneur de iuger israel et dit ... de dieu estre appella barach affin quil frappast les ennemys disrael/ pour ... les enfans disrael contre ... roy de chanaam ... la chevalerie et ... destruicte

¶ Cestuy gedeon tua ... roys cest assavoir ... et salmana/ ... au ... israel ... iuges ... chappe.

Cestuy Abimelech filz naturel de gedeon ne fut pas appelle de dieu a ... / mais la ... de ses freres pour ... quoy il mourut de mau ... aux iuges ... q nō royal luy fust ...

¶ Sebille sergie comme lon dit prophetiza a Anchises de la signifiance des puissans & la cense & du descendement de dieu en terre/ Anchises dedle engendra eneas lequel regna en ytalie/ les poetes deceptiues escripvirent ces choses au gros peuple pour couurir leurs aduoultere & stupres.

¶ Carmentis fut fille euandre laquelle trouua les lettres latines

¶ De cestuy eneas a este nomme le regne des latins / & cessa des laurentes faillit.

Lati-
nus.

¶ Priame roy de troye filz de laomedon puis que la cite merueilleusement eut co[n]struite eneas batailles pour les grecz a so[n] gra[n]t dommaige

¶ Helene fut rauie de paris filz de priame / & fut royne & femme de menelaus roy

Anchi-
ses.

¶ La fameuse guerre de troye dura .x. ans.

¶ Hector premier ne de priame fut tout loyal preudomme seulle bataille en armes et de force incomparable

¶ Dessoubz cestuy anthaius sont escriptes les batailles troyennes regnans entre les atheniens menestheus et entre les cicioniens polliade

¶ Amazones sont femmes furieuses lesquelles ont prins armes et par lespace de .C. ans firent maulx horribles tant en asie comme en europe et destruyrent grandes citez ¶ Agamemnon roy fut frere de menelaus roy et fut capitaine de toute larmee des grecz et bataille contre troye tellement que traicteusement la print en grande esclandre

¶ Carthage premierement est fondee de carcedone tyre et dit on que souuentesfois fut destruicte et reedifiee

m M.dCCCCxxv.

Boez

¶ Lan deuant la natiuite de iesucrist M.CClxviii

¶ Troye est destruicte

Boe-
z

¶ Apres que troye fut prise les grecz miserablement perissent tant en mer comme en terre mes/ mement en repairant et affligerent les traictres, et certainement fut malheureuse bataille car nul ny eut longue aise tous eurent dommaige

¶ Ulixes homme de grande renommee apres quil eut passez grans perilz en la mer il vit a sa femme penelope femme chaste.

¶ Roys de ytalie — Eneas — ans .iij. — Ascanius — ans .xxxviij.

¶ Cestuy eneas apres que les grecz obtindrent troye apres que troye fut transportee et reliee par les grecz il vint en ytalie avec .xx. navires et ordonna plusieurs batailles et comme lon dit il eut pour femme la fille de priame nommee cleu sine et selon lerreur du peuple fut appelle dieu.

¶ Cestuy fut filz de eneas et creusa la blanche cite fonda et regna illec dont il fut dit roy des albanies et par ses successeurs sont appelles albanois Cestuy fut le premier des albanois et des latins.

¶ Les roys des assiriens.

¶ De cestuy eneas lon dit que descendirent iulius cesar et octavien auguste.

¶ De diomedes et cerses fables folles sont dictes de ceux dont saint augustin au .xviij. de la cite de dieu et verras comme homme fut deceu

¶ Troye est gastee asprement reaye par anthenor et Eneas eu villainement rompant leur foy.

¶ Pour lhonour de ceste victoire les grecz commencerent a escripre leurs hystoires le premier an ou le second apres que troye fut prinse et est le tiers an de abdon iuge disrael

¶ Des lacedomiens le premier regne est commence ou premierement regnoit meneste

¶ Des corinthiens est commence le regne ou premierement regnoit aletes

¶ Lan du monde iiii.M.xxv.

¶ Lignee de ihesucrist — Booz — Obeth.

Hystoire de saincte ruth — Ruth

¶ Ceste ruth fut moabite et femme de Booz et engendra obeth pere de yesse.

¶ Enfances. — Ozi

¶ Cestuy ozi de la semence daaron fut fait evesque par la lignee de eleazar et quant fut mort par la volente divine passa levesche a la lignee de ythamar aussi. Ceux en laquelle le premier evesque fut hely et ythamar le second.

¶ Iuges. — Abesson vii. ans .vii. — Ahialon viij. ans .x. — Abdon viij. ans .viij. — Sampson xx. ans .xx.

¶ Cestuy booz qui print Ruth pour femme.

¶ Dessoubz ces trois les temps furent pacifiques pourquoy nulle chose notable fut faicte en israel. et que les .lxx. interpreteurs nont pose cestuy Ahialon le temps ou le iuge deffendit mais loste assigne iceulx temps le quel na pas specialite de difference la verite ebraicque/ et aussi concorde le nombre des ans .ii. Eugesbesen ou autrement en cerres

¶ Cestuy sampson fut homme tresfort et iuga israel de la main des philistiens par sa merveilleuse force si le cuyde estre hercules. Ces merveilleu/ses oeuvres tu verras au iuges .xiii.

¶ Engleterre qui au temps passe sappelloit albion maintenant enuiron ces temps fut appel-lee bretaigne de brutus rommain ou prasion lequel obtint p cestuy pays/car luy estre chasse par les siens amassa une compaignie des relicques des troyens apres grandes batailles et espousa la fille du roy de grece ou piño il. Puis a lauanture nauiga p mer la mer cerchant lieu conuenable pour habiter et dauenture aborda en engleterre isle fertile et habondante/et la auec une compaignie de geans qui illec habitoyent et fut au temps de heli souuerain pstre n desprius out te nu la dicte ysle iusque au temps du pape sergius enuiron les ans de iii c ans .xxix. seigneur .dcxc.

Sil uius.

De cestuy silnius

¶ Enee de lauina les roys sequens latins sont ditz silniens il fut appelle silni car il fut nourri de benoison/cestuy nasquit apres la mort de son pere pour quoy fut appelle postumi. enee quasi apres lenterrement de son pere ne comme le dit de virgille. Car po stuma proles &c.

Oinus.

¶ Cestuy Oncus est .xx. roy des assiriens des lordz lequel cessa le regne des cieionniens que dura ans .dcccxliii. regnans a athenes melancho le .xvi. an du temps Hely

¶ Codrus roy dathenes voluntairement volut morir pour deliurer son peuple & laissant exemple aux princes de ainsi faire mais nul ou peu en trouons et pour ceste grande fidelite les latins docteurs la segment comme figure precedente de iesucrist.

¶ Les troyens furmis francus et les turcz constituerent deux royaulmes combien que long temps apres la ruyne.

¶ Amalech fut destruict par saul et delaissa le peuple de estre comme deuant auoit dit moyses en lexode .xvii.

¶ Iulius filz Escanii du quel la famille des iuliens eut son commencement a Rudulamo ¶ Icy commence le premier liure des roys

¶ Les enfans de hector comme vrays heritiers recouurent ylion/cest a dire troye quant ilz eurent expelli la posterite de nestores.

.iiii. m. .ccc. iii.

psalmiste du royaume de dauid

¶ Lan deuant la natiuite de iesucrist .m. cccl.

¶ Saul fut premier roy de israel et regna .viii. ans ou .xl. auec samuel et fut de la lignee beniamin lequel estoit bon et esleu deuant quil fut roy mais apres miserablement faillit comme il appert ou .i. des roys .ix.

¶ Cestuy psalmiste deux noms car ainsi fut appelle plaquer de dauid du quel souuentesfoys lescripture saincte fait mention/car de luy descendit iesucrist.

Saul premier roy de israel

¶ Ces troys seruens ne furent pas souuerains prestres pour la cause de linfortune/mais sadoch descendit de eulx lequelz salomon confirma souuerain prestre selon la parolle de dieu en la main de samuel deuant premierement abiathar de la prestrise lequel fut le dernier de la lignee yehamar comme il appert .iii. des roys ou .ii.

zacarias.

menaioch.

anis .xiii

ophni.

Heli

phinees

¶ Cestuy samuel tressaint home nasquit de mere sterille .i. admonnesta diuise dieu de puis son enfance iusques a sa viellesse .i. fut de bonne conuersation toutesfoys ne fut pas euesque/car il nestoit pas de la lignee de aaron/mais de chore ou selon saint augustin au liure des retractations il fut de aaron non pas filz de prestre/il iuga israel toute sa vie/car il fut loyal prophete de dieu/et fut aime de tout ces gens .i. sacra deux roys/premierement saul/puis apres dauid/toutesfoys non pas quil voulsist regnast mais que dieu disposeroit p cestuy seul auec moyse

xviii.

Samuel

Cestuy heli fut iuge .i. eut ces deux filz .i. pourtant quil ne les corriga souffisamment fut de dieu pugni/aucunes foys

¶ Les atheniens commencerent a avoir seigneurie apres la mort codri pour administrer la chose publicque.
¶ Carthage fut ung autrefoys fondee par la royne dydo / car par avant avoit este destruicte.

¶ Roys dytalie. Eneas silvius ans xxxi. Latinus silvius ans l. Alba silvius ans xl.

¶ Cestuy Eneas fut ... ¶ Cestuy Latinus silvius ... ¶ Cestuy Alba fut filz Ener silvii cestuy edifia la cite albana de laquelle sont ditz albanes pareille restaura car elle avoit este destruicte.

¶ Eneas filz du dessusdit silvius postumus regna ans xxxi. au temps saul.

¶ Latinus silvius regna l. ans au temps de david.

¶ Venise et Padoue sont edifiees par ceulx qui estoient demores des troyens / et comme son nom homerus fut de ce temps lequel escript moult de mensonges. Sainct sibilla erithea a prophetize. les aultres disent que ce fut au temps de achaz.

¶ La royne sabbe apres la sapience de salomon se vint veoir / a pource que elle fut prophetisse elle estoit appellee sibille / car elle prophetisa du boys de la saincte croix et de la destruction des juifz / a errant a vois ung bien.

¶ Cestuy david fut second roy disrael selon la voulente de dieu esleu / et fut sacre roy en son adolescence par la main samuel et apres la mort saul regna ans xl. desquelz les oeuvres sont escriptes au ii. et au iii. livre des roys / et en apres come lumiere limage se esbahit de sa grande lumiere et perfection car oncques ne fut trouve en homme telle sublimite. tant grande humilite telle strenuite telle doulceur tant grande cure des sacrifices tant pure et devote contemplation tant dommes tirer dont de larmes espancher.

¶ Lan du monde. iiii. m. clxx.

¶ David. Ces troys prophetisoient au temps de david.

Icy fine le tiers eage du monde selon les hebrieux / et a son commencement ... iii. m. cxxv.

David second roy de Israel regna ans xl.

¶ Nathan filz du frere david et Asaph parent de gad.

Salomon regna ans xl.

¶ Cestuy salomon roy pacificque par don divin eut singuliere excellence sur tous les hommes qui oncques furent ... tant en sapience / richesses / delices / gloire / et saintete / ... car se moyses et david / pierre et pol / iherosme et augustin et les aultres semblables en sapience et saintete sont excellens / toutesfoys nont pas en gloire et richesses et toutesfoys non pas en sapience / car ilz nont pas eu tout ceci ensemble comme luy / et toutesfoys ung si grant et sage miserablement faillit.

¶ Les evesques. Amasias. Achitob. Sadoch.

¶ Cestuy sadoch pource qu il ne vouloit condescendre a la partie de adonias mais fut pour salomon avec nathan il fut fait evesque et abiathar dechasse de sa prestrise / et ainsi levesche retourna au filz de eleazar.

Les juges. Achitob. Achimelech. Abiathar.

¶ Cestuy achitob filz de phinees filz de hely fut pere de achimelech lequel saul frappa avec tous ceulx de sa maison pour david comme il appert au premier des roys au xx. chapitre.

¶ Cestuy abiathar seit fuyte a david et fut evesque a gloire tant que david regna.

¶ Le second livre des roys commenca au temps de david et au commencement de son regne.

[illegible] pource que pour faire ... au viel testament et darilleurs ne lisons donc il est premier ... la perfection evangelicque / et devant que levangille fut preschee la vie ... au premier livre des roys

¶ Le temple de salomõ

¶ Le tẽps principal de ceste sacree hystoire est depuis la fondaciõ du temple et est le quart au tiers du regne de salomõ apres lyssue degyp te. CCCClxxx. comme il appert au tiers des roys au vi. chapitre, ãs. xxiiij.

(achit/ silus)

¶ Cestuy autrement fut appelle egyppius et regna au temps de roboam ¶ De la dedicasse du tẽple et des aultres festes des iuifz faicte notez que principalemẽt ilz auoiẽt. vij. festes / cest assa/ uoir. Une chascune sepmaine le sabbat neomenie au commencemẽt de chascun moys Pasques la xiiij. lune dauril Penthecostes le. l. iour apres pasques en memoire de la donaciõ de la loy la feste des trompettes le premier iour de septẽbre en memoire de la deliurance disrael. La feste de la propiciatiõ ou afflictiõ le x. iour de septẽbre la feste de scenophegie q̃ vault autãt a dire cõ me feste des tabernacles le. xv. de septẽbre puis apres auoiẽt ces tẽps lyuuer la feste encenies cest a dire de la dedicasse du temple / en apres ou tẽps de hyuer la feste purim cest a dire des sorts / et ceste nouelle dauid pour ces des diuerses escriptures

iiij. M. CCS.

¶ Ihierusalem en flour / ne de/ uãt ne apres furent telles loue nees.

(Roboaz regna dix sept)

[illegible]

¶ Lystoire du tiers liure des roys ãmẽça au tẽps que dauid mourut et q̃ salomõ ãmẽça a regner / et au dit liure depuis du ãmẽcement iusques au. xii. chapitre deuez merueilleuses / et des le commancement du secõd liure de paralipomenon iusques au. xii. c.

¶ Achias philonites pphete et dit que iheroboã deuoit regner en israel.

Semeias fut saige et clerc le quel appai sa roboã affin quil ne bataillast contre iheroboã et escript les faiz de ces deux.

¶ Addo est depute pour prophetizer et prophetisa contre les deaulx de ydolatrie

¶ Note cõme dit sainct augustin au. x. li. de la cite de dieu q̃ salomõ eut bon cõmẽcemẽt et maulaise fin. Toutes les secondes choses q̃ souuẽtesfoys fatiguent les cou raiges des saiges de plus incite a cestuy que fuy a perdre sa sapiẽce. Et par celle sapiẽce et les faiz deshonnestes sont en grande memoire et louẽge et en lenseignemẽt des hõmes / et pour tant en la reuelatiõ de saincte brigide que sa lomõ et aristote nont pas apris a eulx mais aux aultres.

¶ Les roys disrael cõmencent

(Hieroboaz ephratens regna en is rael ans. xxii)

¶ Cestuy roboã succeda a salomon son pere mais nõ pas ainsi par sapience et fut deceu par le conseil des ieunes preste et signes pourtant quil ne respõdit pas prudẽtement au peuple cõme il appert au. iij. des roys et au. ij. de paralipomenon. x.

(achi/ mas)

¶ Cestuy fut filz sadoch cõ me il appert au premier de pa/ ralipomenon. vi.

¶ Cestuy hieroboã fut premierement de la famille de salomõ et bon hõme mais quãt il fut fait roy aduint tres mauuais ydolatre et fit pecher israel car il institua ydolatrie dõt il nourrit de mauuais exẽple a toute le peuple et finale destruction.

¶ Cestuy fut figure de machomet comme il appert en son lieu cou/ uient antiochus de liure cesst. Aussi les oeuures de hieroboam et la diuerse de sa pẽcee appert au tiers des roys au. xii. et au. xiij. c. Et note que ce stuy exẽple fut principalemẽt a ceulx q̃ dediẽt apres et infances au tournoy / et sera au tẽps aduenir / car plusieurs querent occasion

Des exemples des sains selon le cours du temps furent luns apres lautre, et non pas ensemble [illegible] saint gregoire en ses morales que par merveilleuse dispensation divine fut fait anciennement a [illegible] humilation de la presente nuict cest a dire vie / car ilz sont come estoilles resplendissans en ce monde [illegible] avant que le vray soleil cest assavoir le redempteur de humain lignage se leva, car pour demonstrer innocence vint abel pour enseigner nette operation vint enoch pour enseigner longanimite de esperance, remuneration de bonne oeuvre vint aussy Noe pour manifester obedience vint aussy Abraham pour demonstrer chastete en estat de mariage vint ysaac pour enseigner a supporter labour vint Jacob pour rendre bien pour mal vint Joseph pour demonstrer mansuetude, et doulceur vint Moyses

Roys de albanie en ytalie — Capi. — ans .xxviii.

pour informer fidelcalite, et esperance pour adversites vint Josue pour demonstrer patience entre flagellations vint Job. Et ainsi apperent ainsi les temps passes en ceste maniere sust petit nombre de plusieurs, mais durant ce temps cest a dire des prophetes moult croissirent les exemples de saincte car ainsi plusieurs furent martyrisez pour la foy du vray dieu. Voicy doncques quant nous regardons au ciel les estoilles resplendissans affin que en ceste nuict ou nous offensons nostre dieu ayons a cheminer en la voye, et exemple desditz

Cestuy fust capys en champaine et regna illec

Sesac roy degypte prospera en moult de choses et en ses batailles gens [illegible] et moult [illegible] roboam, et puis apres en iherusalem

Azarias filz obeth fut saint prophete et prophetisa de la captivite au second de paralipomenon au xv. Ananie prophete reprenoit asa pour quoy il fut emprisonne.

Lan du monde iiij m. ccxxxi. — iiij.m. ccxxxv

Ligne de iheusucrist — Abia regna ans .iij. — Asa regna ans .xli.

[illegible] — [illegible]

Cestuy abia fust homme iniuste car anciennement il se trouvoit bien come il appert en la bataille a lencontre Ieroboam contre le roy israel en la victoire de dieu et dieu, et aussi par laquelle grande ingratitude dieu le frappa et peu il regna come il appert au iij. des roys. xv. au ij. paralipomenon xiij.

Cestuy asa despuys le commencement de son regne, et iusques au xxxvi. an chemina saintement come david, et tua tous les ethiopiens venans contre luy, et osta les ydolles, mais apres ces choses fist alliances avec benadab roy de syrie pour [illegible] asa roy disrael qui venoit a venir par luy la quelle chose desplaisoit a dieu pour laquelle chose luy envoya le prophete anamie lequel tantost il reprint / forma pour laquelle chose prist une doleur es piedz, et fut fait podagreux, et fut frappe dune telle playe quil avoit dire le prophete a mourir comme il appert au iij. des roys. xv. au ij. Paralipomenon .xiiij. et xv. xvi. chapitres.

Les crestiens.

Roys de israel. — Nadab ans .ij. — Baasa ans xxiiij.

Les chrestiens retenoient leurs subiectz de la saincte foy en inscritude estrangere incertaine, et abusation comme il appert par le desloyal machomet, et ses sequaces / semblablement les grecz voulans laisser lobedience de leglise a leurs esprit sont chenz en diverses erreurs en accusant nouvelles manieres au droit office pour quoy sont leurs infableurs erreurs

Cestuy Nadab filz ieroboam ainsi regna le second an de asa roy de iudee, et fit les maulx comme son pere, et baasa le frappa, et regna en lieu de luy comme il appert au iij. des roys xv. chapitre

Cestuy baasa commenca a regner le iij. an de asa, et chemina au peche de ieroboam dequoy il avoit frappe toute la maison par le commandement de dieu / il ne voulut retourner pour la admonestation de hieu le prophete au iij. des roys xvi.

¶ Environ ces temps les escripvains des faulx docteurs des iuifz deulx ne croyoient pas les histoires des gentilz/ ie ne pense que la cause fut car il ne povoit faire riens a lacordance de la saincte escripture. Dont iusques a sardanapalus dernier pense des assyriens ne font aulcune mencion des choses occurrentes. Et non qu'il semble chose merveilleuse a aulcuns pourquoy les sainctz hommes ont ainsi escripte les hystoires des gentilz veu que saintes escriptures davoir le cueur hault ou ciel et de mespriser la terre/ comme le dit ung prophete. Non solum os meum opa homini/ et cela semble estre chose faulse non que mille de necessitez les contraignoit a ce faire/ car ilz furent aulcuns heretiques

Car/ mel. — Achab ans xxxii. — a gentilz qui disoient la saincte escripture estre faulse pourtant

Tybe/ rius. — ¶ Helenus ans xv

Cestuy tybereal fut roy au ci... et estoit principalement appelle albula et pour l'amour de tyberius fut appelle tyberis.

que vrayement ilz n'assignoient pas les cours des temps/ et disoient moult de choses estre faictes en aultres temps que l'escripture ne en conpte/ mais puis que saint iherosme et les aultres docteurs eurent ensemble appliques les hystoires apparut la folie et ignorance des aultres pourtant qui estoient concordance se trouua. Et aussi fut ordonne que les sainctes escriptures eussent nouvel tesmoignage des hystoires lequel est ferme/ laquelle chose ne luy fut pas necessaire combien il fust dicte pour les mieulx laultre necessite fut pour destruire perversite.

¶ Hieu filz anani prophete est envoye contre baasa roy disrael et recite sa confusion de martyre par rebellion pour l'amour de la parolle de dieu comme il appert au iii. des roys. xvi. chapitre

¶ Le nombre des combatans des citez de iherusalem iii. cc. lx. iii. excepte ceulx que le roy mist es citez de iuda et tous ceulx estoient en la main du roy.

iiii. m. cc. lxvi.

Josap hat reg na xxv.

¶ [illegible]

¶ Cestuy iosaphat fut assez bon et glorieux riche et devot en la foy de iesu seigneur et ne leuons aulcun mal de luy se non que aulcunes foys avec iniques roys disrael il a donne aide a aulcuns et en pechies et pource dieu fut avec luy et donna paix et batailla pour luy comme il appert au second de paralipomenon xvii.

Azarias. — ¶ Cestuy fut filz athalias comme il appert au premier de paralipomenon au vi. ou est mis le nombre des evesques. cestuy azarias engendra iohanan au iii. des roys iiii. et dit que iosaphat succeda a cestuy et par adventure eut il deux noms ou cest le vice de lescripture.

¶ Samarie fut edifiee — ¶ Hiericho fut fondee.

hela. — filz baasa ans ii.

zam. — touz sept.

amri — ans xii.

acab — ans xxii.

¶ Cestuy hela xvi du roy de iudee asa commenca a regner et le frappa zamri avec toute la maison de son pere au iii. des roys et au xvi.

¶ Cestuy destruit la maison de baasa et tantost le frappa amri et commenca a regner en son lieu

¶ Cestuy commenca a regner lan xxxi. du roy asa et fit mal comme ses predecesseurs

Cestuy achab fut filz amri et pouvre homme et destruit de ierusalem et fort israel et ... de vie adultere puerille/ puis a ... fut. ... et ...

Bena dab — ¶ Cestuy benadab filz tabremon filz ezron roy de syrie fut aliee avec asa roy de iuda et assaillit les roys de syrie trouble et le roy asa de iuda iii. des roys et xv.

commenca a regner lan xxxviii. au asa et ... iniquement plus que tous qui eussent este devant luy et se consentoit ... en ... Il ne eust pas fait tant de maulx mais la faulse iezabel plus regnoit que luy et le contraignoit a adorer les ydoles ...

Car tout le peuple gentil adoroit faulx dieux il fut necessaire de cercher le commencement de ceste erreur affin que ceste dampnee adoracion des dyables puisse estre reprouvee comme plus a plain appert aux livres de saint augustin de la cite de dieu ou clerement il preuve q̃ les docteurs des gentilz preschoiẽt auclz mesmes z pleine moult pacientemẽt a procede de gros entendemẽt tellemẽt q̃ les philosophes z les aultres docteurs les reprenoiẽt de police et discipline. La tierce cause de la necessite pour ceulx qui vacilloient en la primitive eglise lesquelz souventesfoys ont estes deceuz

¶ Roys dytalie. — Agrippa — Silvius ans .xl. — par les paiens disans q̃ mieulx valoit adorer les possibles q̃ iesucrist car au temps de ihesus les crestiens estoient infortunez / z au temps des dieux bones z grandes fortunes avoiẽt Et ce dit nest pas veritable comme il appert par leurs ppres hystoires come Orose clerement prouve Pareillemẽt fait augustin z saint ambroise leurement aucuns a prosperer le temps de la crestiente q̃ des paiens z les diables come cy apres apparestra. Semblablemẽt pz plusieurs aultres causes q̃ dessus sont dictes / aussi la presente partie peult baillier bonne contemplacion z en tout pfiter pour cela que ceulx q̃ aymẽt dieu pour leur pspere en bien: z de ceste matiere tu verras plus aplain es livres dessus alleguez.

¶ Helyas thesbites fut grant pphete plain de saincte z glorieux en faisant miracles il fut semmml des roys / z fut translate en paradis terrestre en ung chariot de feu comme il appert au iiii. z au .xviii. livre des roys z eut double esperit / lung fut de prophetie z laultre de faire miracles lequel aussi respondit a Elisee.

¶ Lan du monde	iiii.m.cccx	iiii.m.cccxx.
Ligne de crist	¶ Micheas le pphete dit de la mort de achab avant quil mourust au .iii. des roys et .xxii. — Iora coronato. sut	ochozias ou azari as de. i
	lug.xxxx	xxxx

¶ Cestuy ioram tresmauvais filz de bon pere tua ses freres z chemina selon la vie des roys disrael pour quoy miserablemẽt fut flagelle et toutes choses luy vindrẽt au contraire z meschantemẽt mourut au .ii. paralipomenon z au .xxi. Athalia fut sa fẽme z fille naturelle de achab q̃ de amri car il fut son grant pere.

¶ Cestuy ochozias fist plusieurs maulx devant dieu come avoit fait son pere pour laq̃lle cause fut tantost occis par iehu avec toute la famille achab / mais athalia oyãt la mort de so filz se esleva z print le royaulme laq̃lle regna vi. ãs z le .vii. an ioyada souverain prestre la fist occire come il appt au .iiii. des roys en .xi. c. z au .ii. de paralipomenõ .xxii. z .xxiii. c.

Eucsques (?) — Ioiada — ¶ Cestuy ioiada fut vaillant hõme z admõnesta athaliam de nõ regner sur la terre de iuda z constitua ioas po^r cele filz de ioram au q̃rt livre des roys .xi. z .ii. paralipomenõ .xxii. de cestuy lisons q̃ luy tout seul vesq̃t apres moyse .cxxx. ans iosabeth seur de ioram fut sa femme

¶ Roys disrael — ochozias. — Regna ans .ii. — ioram ãs .xii.

¶ Cestuy amenca a regner le .xviii. an de iosaphat au lieu de son frere ochozie. ¶ Cestuy deuabab asseiga en samarie z p les miracles d helysee fut delivre au .iiii. des roys. iii. z vi. z pour ce quil ensuyvit le peche de ieroboam il fut occis par iehu avec toute la maison de son pere au .iiii. des roys .ix. c. z

¶ Roys d syrie.

¶ Cestuy fut filz achab lequel envoya po^r avoir conseil a belzebut dieu acharõ po^r scavoir sil pourroit guerir pour laq̃lle chose mourut iouxte la parolle helysee au .iiii. des roys.

¶ Famine fut grãde ẽ israel selon quil mourt dit helye.

¶ Iesabel fille du roy des sydoniens fut femme de achab elle fut lexemple de toute malice et tua les prophetes de dieu z le saint homme nabath z fit moult daultres griefz maulx

¶ En ce temps ligurgus florissoit / car combien quil fust
gēteil dōna aux lacedomiēs loys treliustes selon droit naturel et pfonde aux droitz diuins et non
dōna riens q̄ de cela ne dōnast premieremēt exēple et bailla lusage dor et dargēt et ne soubstenoit
nature de peche et les fons de toutes possessions a tous egallement depart a celle fin que p la e
qualite des patrimoines ne redist pas lung plus grāt que lautre et pourda que vng chascun mē
gast publicquement affin que les richesses daulcūs ne fussēt secretes et ne permist que les ieunes
de toute la ieunesse q̄ vne robe et ne voulut pas q̄ lūg alast pl⁹ sumptueusemēt q̄ lautre ne q̄ lūg mē
geast plus delicieusemēt que lautre et ne voloit point
que vne chascune chose fust achetee p argēt / mais par

Arc-
mid⁹

filinus Ans.cxxix.

permutacion. et commanda q̄ les ieunes de .xx. ans ne
fussent point menes au marche mais aux champs a
celle fin que leurs premieres ānees noursissent pas en
luxure mais en labo⁹ et ne leur laissa riēs perdre par
voiante. et ne voulut point q̄lz deffinissent faits prīce

Cestuy nust en refuge les albanes en
tre les iuifs la ou estoit maledicte

et ne volut point aussi cognoissent dedans les citez iuf
ques atant quilz fussent hōmes et ordōna que les vierges fussent mariees sans douaire affin
quelles fussēt esleues a cause de mariage et nō dargēt Et affin que plus aspremēt gardassēt
leurs mariages deu quilz nauoiēt pas dauoir et ordōna hōneur estre dōne nō pas aux riches
et puissās mais aux anciēs Et pour tāt que ses loys luy sembloyēt dures et aspres et les peul
ple par serment de non trāsgredir ne muer chose des loys tāt quil reuenist
Et aussi sen ala hors du pays et demoura tousiours en exil a celle fin q̄l fist tousiours ses loys
perpetuelles / et en mourāt commanda que ses os fussent iectes dedans la mer a celle fin q̄ se il ad
uenoit que les lacedomiēs les reportassēt au pays ne dissent q̄ leur serment estoit fini et dōna ex
emple a toutes gens de prendre humilite et non fierte. Voys saint augustin au secōd liure
iiii.M.ccc   iiii.M.cclv   C.B. de la cite de dieu.

Athalia
a regna
ans.vi.

Joas re-
gna ās.
xl.

¶ Lan deuant la natiuite de ihesucrist   viii.c.xlviii   lxxxviii

Ceste par tyrannie assaillit
le regne et fut tuee

¶ Cestuy ioas luy estant encores enfant
fut substraict de lomicide que faisoit athalia
et quāt il eut sept ans ioiada le constitua roy et
se porta tresbien tout le tēps que lhonorable prestre le gouuerna / mais apres la mort dudit p
stre par les flateries des enchanteurs lesquelz auoiēt en haine les ceremonies de la loy de moyse
fut empere le cinq⁹ roy q̄ fut a la destructiō de luy et des nations ¶ Exēple prince est grieue
chose de non vouloir consentir aux humbles au secōd de paralipomenon .xxiii. et .xxiiii.
¶ Ionadab filz rechab fut vaillant hōme / de celuy cy est descendue lignee moult religieuse laq̄l
le commēca premier a conuerser aux champs / et descendirent de iethro prestre et cousin de moyse
¶ Helisee pphete le feua au lieu de helie et dōn/
ble esperit duquel lautre cestassert cest assauoir
es doubles de crainte et dauoir et fut agreable tāt

Jeu resgnit ās.
xxviii.

¶ Cestuy ieu fut sacre roy par le
seruiteur helisee et frappa occist a
tout toute la maisō achab et aussi

es estoiez cōme aux reprouuer glorieux en dictz
et miracles au quart des roys au second et mourut
lan .M.clii. apres la natiuite de abraham

ochozias roy de iuda et destruit
la maison de baal et aussi les pro
phetes pour quoy il merita a ses successeurs
le siege du royaulme iusques a la quarte gene
ration au .iiii. des roys .i.x. et x

Aza-
hel

¶ Cestuy azahel voyant p secret inge
niēt de dieu fut ordonne roy de syrie po⁹
affliger les enfans disrael et celle fin q̄l prolongast
son iniquite et autre matiere il affliga le peuple disrael cōe il appt au .iiii. des roys au .x.

¶ Cestuy aventinus silvius regna .xxxvii. ans/de cestuy roy le mõt aventin print denominacion auquel par le peuple il fut sepulcre comme dit est/cestuy roy fut cõpte entre les faulx dieux/dit saint augustin au livre .xviii. de la cite de dieu.

¶ Roys de gaules. | aven tin⁹ | ¶ Silvius ans .xxviii.

¶ En ce temps advint e bretaigne une chose merveilleuse digne de racompter Car il y eut ung roy nõme leyr lequel neut point de filz/mais il eut troys filles tresbelles auxquelles vouloit diviser son royaulme et a celle fin quil savoit a laquelle il devroit donner la meilleur partie lune apres laultre interrogea cõbien quelles laymoyent/Et la premiere z seconde jurerent que elles laymoyent cõme leurs propres ames/et la tierce cõgnoissant que le viellart estoit deceu pour la flatterie de ses deux seurs/Respondit plus sagement en disant quelle laymoit come sõ pere en tant que plus ne la interrogasse/z incõtinent dit tant que tu as vaulx tu et autant te ayme/dont le pere fut courrouce et mesprit le royaulme aux aultres deux/Et la tierce desheredã/ toutesfoys le roy de france voyant la beaulte de celle tierce fille lespousa sans douaire et quant ledit leyr fut fort vieulx/ses deux filles et leurs marys le dechasserẽt de son royaulme tellemẽt que a grãt peine pouvoit avoir ung servant/puis apres luy souvenãt de son premier estat et de lhumble semence a la plus jeune de ses filles laquelle luy avoit dit verite en plourãt et a haulte voix criant/O ma fille quen mas bien respõdu verite/tant tu vaulx/tant te ayme/car quant iay bien que dõner iay semble da son et ne mõt pas aimez mais mes richesses/car elles ne mont pas ayme/mais mes biẽs/car quant les biẽs se sõt les amys sen võt Et quant il vit a celle grãde povrete quil navoit

Lan du monde iii m. ccccl xi.

amazia regna .xxix.

¶ Pinchas pecttuy regnant sylon aegilinus trouua les poys et les mesures / combien que entre les ebrieux et en iudee regna hiramus et hieroboā en israel.

Silinus ans .xxxiij.

Pin/ chas

Cestuy pinchas filz abucritun regna ans .xxxvij. et au temps de ozie roy de iudee et de gille fonc pecttuy par le vers qui sensuyt ¶ Proxim⁹ ille pehas condit glorie gētes

¶ En cestuy temps la grande monarchie des syriens cessa laquelle auoit dure oultre M.CC.xl. ans. et se elleuerēt tēps orribles plains de peines iusques a la natiuite de iesucrist chascun des temps le sang humain fut espandu plusque lon ne pourroit croire / et par toutes les parties du monde comme lō peult veoir en la cronique de orose ou secōd liure et de plusieurs aultres.

Sarda napalus

¶ Cestuy sardanapalus fut tout dediez et trouua nouuelles inuencions de veste de robbe de femme / et fere les fēmes exercer mestier de delices / pour laquelle chose les vassaulx ne luy volurent prester obedience / ains sesleuerent et luy bataillerent / et par despit il se brusla / toutesfoys furent les roys des assyriens puissans et sans monarche iusques a la destruction de niniue.

Il que boyre ne que manger ne de quoy se vestir sa femme fille doulcement seruoient a luy fut son royaulme esteint / plusieurs semblables exemples en croniques et plusieurs foys [illegible] sanguigeos sont sans fidelite / a econtra

iiii.M.CCC.lxxv.

Sanus roy ans .xiiij.

¶ Lan deuant la natiuite de iesucrist. [illegible]

¶ Note que le regne de iuda apres la mort de amazie fut sans roy .xij. ans / et fault ceulx prendre subtillement de la collacion des ans des roys disrael de iuda / car amazias commenca le second an de ioas roy disrael et ozias filz de amazie commenca lan .xxvij. de ieroboam roy disrael lequel temps se estend a .xli. an. duquel deffere les ans amazie / et aussi en demeure .xij. ans quant ozias estoit petit et non conuenable a gouuerner ceulx les sup interpretes et moult daultre hystoire ne dit pas mais supplient ceulx aultre part / et selō ceulx il fault concorder / aultrement lon erreroit quant au nombre des ans

¶ Ionas le prophete filz de amathy fut vaillant et dit moult de choses qui ne sont pas escriptes / et puys apres fut enuoye en niniue comme il appert en son liure et dit lō q̄ luy estant enfant que helyas le ressuscita de mort.

Hiero boaz

ans .xl.

¶ Cestuy hieroboaz commenca a regner le quinziesme an du roy de iude nomme amazie et fut vaillant et victorieux en armes et en a bas le roy de syrie et restitua le regne disrael comme il estoit par auant et aussi dauantaige rompit la parolle de ionas le prophete. Attende q̄ sit instabilis status regnorum. Israel contritus dudum ad maximum humiliatus est nunc sup̄ eleuatur iam ab inimicis mirabiliter deprimitur / Comme sil vouloit dire celluy qui a este hault est descendu bas et par le contraire / qui a este bas a este leue hault. Et ceulx est la muable roue de fortune / et ainsi appert que dieu appelle peu de gens estatz et saulnez a ceste dignite ains tout saint homme soit de ceste instablete comme lon peult veoir de la cite de dieu en plusieurs lieux le bōs regnēt moult est proffitant et le contraire des mauluais

¶ La cite de Geneue

¶ Cestuy arbatus vainquit sardanapal' so seigne' & fut le premier q destruysit la monarche diecte sardanapalus & la transporta aux medes plus par espace q de fait/car le roy darb' ce fu

Arbat' premier roy des

¶ Roys ytalie
latines

¶ Cestuy phul & ses sequa/ces voulans recouurer la monarche trouuerent grant don & la terre et entra en israel & prist tarsa & manaey fut fait tributaire au .iiij. des roys au .xv.

Phul

Roys des assyriens.

¶ Ozias autrement appelle azarias pourtant que doubleme estoit nomme dung mesme tempus Ysaie a ozee Johel & Amos prophetizerent & ceulx cognoissons pour les choses q sont mises au tiltre/car le commencement de la parolle de dieu fut en ozee filz de bery Amos pere ysaie non pas selon que dient plusieurs le tiers prophete entre les .xij. est nomme & plusieurs aultres chose de luy sont escriptes es lettres des ebrieux Item aucuns ont en la seconde lettre a/leph & sade/mais cestuy haym et ramech dient aussi les ebrieux que Ozee et Amos et Ysaie et Johel et Jonam tous en vng temps/eslassauoir au temps de ozias de ioatam & de achas et de Ezechie roys de iudee .& es iours de ierobo filz de iosias roys disrael regnerent & prophetizerent

¶ Lan du monde iiij.M.CCC.lxxxviij

¶ Ligne de ihesucrist.

ozias ou azarias ans .lij

¶ Lan deuant la natiuite de iesucrist [illegible]

¶ Cestuy ozias vesquit selon dieu & de luy il nest escript nul mal sinon quil voulut encencer en ensens sur lautel maulgre le prestre azarias pour laquelle inobedience dieu le frappa de mesellerie comme il appert au second de paralipomenon au .xxvi. & aussi fut fait tremblement de terre & les ceredios de lautel furent espanchees

¶ Sacerdotes

¶ Ozee le prophete fut le premier q fut enuoye cotre les .x. lignees & fut le premier des .xij.
¶ Johel le second des .xij. prophetiza de la tribulation de iude
¶ Amos tiers prophetiza contre plusieurs gens specialement contre les .x. lignees.
¶ Abdias quart des .xij. prophetiza cotre edom

¶ Les roys disrael

Vii roy ans .xxxiij zach arias mois .vi

¶ Cestuy zacharias fut filz de ierobo & commenca a regner le .xxxviij. de ozie roy de iuda & fist du mal cõe ses predecesseurs

¶ Les roys de syrie

¶ Icy le royaulme disrael fut sans roys .xxiij. ans comme il appert p la collation des roys de iuda &c.

& fut quart apres ihen et le frappa sellum et regna en son lieu mais tantost fut tue luy par manahen & perdit son regne et sa vie comme il appert au .iiij. des roys

¶ Cy commence le regne des macedoniens.

Charanus premier roy.

¶ Cestuy charanus premier roy des macedoniens fut filz arbati et regna .xxviii. ans / et de ce regne descendit alexandre le grant / et fut deffunct au temps de ozie en iude.

※ macedoniens.

¶ Les roys de lacedoniens faillent et cestuy de sidoniens commencent.

Amulius silvius ans .xliii.

¶ Cestuy amulius silvius regna .xliiii. ans et dechassa du royaulme son frere numitor / et puis apres remulus et romulus freres le tuerent et numitor fut restitue en son royaulme / car il estoit leur grant pere

¶ Les sarrazins autrement dis le cedimoces firent guerre cruelle contre ceulx de atheniens .x. ans et tousiours la victoire fut incertaine et furent batailles en mer et en terre.

Teglat phalasar.

¶ Cestuy teglatphalasar print la terre neptalim et de galilee et transporta en assyrie ceulx qui estoyent oultre le fleuue iordain et aussi apres achaz assiega damascon et tua rasin et transporta les syres en syrene / comme il appert au .iiii. des roys .xv. et .xvi. c.

¶ Thonos peoleros que les grecz appellent sardanapal .xxxvi. roys des assiriens fonda tharsis et anchiales et fut en bataille vaincu par arbacte / pourquoy se iecta au feu et brusla et ung de a cestuy temps lystoyre dit que furent roys entre les assiriens et sont passes ensemble .m.ccclv. Et en somme sont les ans du regne des assiriens despuis Ninus premier roy .m.cc.xl.

.iiii.ccxxiii.

¶ Lan deuant la natiuite de iesucrist. viic.lxviii.

¶ Ysaias fut noble prophete et le premier des quatre grans et disent quil fut plus euangeliste que prophete comme dit saint iherosme a cause de la euidence de sa prophecie / et le enuoya dieu auec iasub son filz au deuant de achaz pour luy dire quil neust point de paour des deux queues fumantes des tysons lesquelz estoient appelles en lieu de sa fureur / car en peu de temps seroit faillie le royaulme de syrie / cest a dire de damas / car le regne de samarie / cest a dire des dix lignees aultrement nommee.

Amu- cius.

¶ Jonas fut enuoye aux niniuites lesquelz se conuertirent en sa predication et israel na voulu croyre ne a cestuy ne aux aultres prophetes

※ ans .x.

Sellu- mops c.

Mana- hen

¶ Cestuy manahen commenca a regner le .xxxix. an de roy ozie roy de iuda lequel pecha deuant dieu pourquoy fut mys entre les mains du roy des assyriens lequel lempo- saulle selon aulcuns daggeo au .iiii. des roys .xv.

Pha/ ceya

¶ Cestuy faceya fut filz de manahen et pecha pour quoi facee le frappe et regna en son lieu et commenca a regner .l. de ozee roy de iuda

Rasin

¶ Cestuy rasin fut roy de syrie et gasta le pays de iuda au temps de achaz pour laquelle chose teglat / phalasar lassiega en damascon et prist la cite et le tua et amena le peuple

¶ Ilien fille du numitor servit au temple de la deesse Veste laquelle puis apres fut vng temps & conceupt et enfanta deux enfans gemeaulx/cestassavoir romulus et rhemus/po^r laquelle chose elle fut enseuelie toute viue et ses enfans gettes en vne forest/et merueilleusement furent nourris par vne louue et les poetes a lonneur des romains ont dit/ que mars dieu de bataille chauit auec elle/et cela est pour musser ou pallier la luxure dicelle ou pour la honnorer.

Roy de realle.

Numitor

¶ Cestuy numitor fut restitue en son royaulme et tantost apres romulus le tua comme tesmoigne orosius.

¶ Roys des assiriens.

Sibille heritea entre les autres relupsante selon que disent aucuns. Et fut en ce temps et les autres dient que enuiron ce temps ces escriptures furent trouuees et prophetisa clerement de iesucrist deuant les batailles des troyens comme monstre saint augustin au .xviii. de la cite de dieu.

¶ En ce temps les grecz commencerent leur olimpiade et cestuy est le commencement des choses merueilleuses car es faits que grecz commencerent a compter et selon saint iherosme vne olimpiade prent le nombre de quatre ans et selon ce apres lan .xl. de ozie ou par enuiron ce nombre fut commencer/cestassavoir lan du monde .iiij.m.cccc.xxviij. et selon les .lxx. interpretes lan .l. de ozie ¶ Et note que iesucrist nasquit selon ce de xx̄ iiij.cc.iii. et sont en leur .lxx. deuxi.

¶ Lan du monde. iiij.cccc.l. iiij.m.cccclvi.

¶ Ligne de iheucrist.

Joatham regna ans xvi

Achas regna ans xvi

[illegible] [illegible]

¶ De cestuy ioathan nul mal est escript sinon quil nosta pas de luy les choses haultes en la maniere des autres comme il appert au second de paralipomenon .xxvij.

¶ De cestuy achas ne lisons nul bien/car il laissa dieu et dieu le laissa: & fut oppresse grandement auec so peuple par la mal des roys disrael et de syrie au .ii. paralipomenon .xxviii.

¶ Euesques

Achitob.

¶ Micheas fut le .vi. prophete des douze petis & prophetiza contre iherusalem et samarie Naum fut le .vii. & commenca a prophetizer pres naume

¶ Roys disrael.

Phacee

ans .xx.

Osee roy

ans viij comme desers

Ozee de ix

¶ Cestuy phacee commenca a regner lan .lij. de ozie et ainsi comme il fut et ainsi luy fut fait/car osee conspira contre luy & le tua et regna pour luy aussi/ainsi fut paches auec le ... et ... la terre ... teglatphalasar roy ... transporta quatre roys lignees en la seigneurie des assyriens au .iiij. des roys au .xv.

¶ Cestuy osee fut le dernier roy disrael et commenca lan .xij. de achas roy de iudee & fut de grans maulx/et le .ix. an de son regne fut prins par salmanasar. Et israel fut translate aux assyriens comme il appert au .iiij. des roys au .xvij.

¶ Note que oroze escript grans maulx de cestuy romulus especialement de ce quil tracta la mort de son frere de son grat pere et daulteres dauilaine gens / fist grandes tyrannies et violances et assembla des pasteurs et des larrons auecques lesquelz il edifia vne petite cite par le moyen de laquelle oppressa ses voisins loing et septibles / puis a pres quil fut acroissu il esleut cent anciens hommes plesieurs lesquelz il appella senateurs / a mille combatans lesquelz il appella cheualiers et vint a grande sublimite / a apres pour ses demerites fut nombre entre les dieux pourtant quil fut frappe du tonoire ne oncques puis ne fut veu et est ceci en accroissement de sa dampnation et pour plus estre tourmente en enfer de tant que sa memoyre estoit plus grande en terre laquelle par ses vertus nauoit merite / mais pour la folle oppinion du peuple luy estoit attribuee / honneur et les dessusdis senateurs regnerent vng an et demy / apres la mort de romulus pour attendre quil reuiendroit.

Romulus premier roy des romains ans .xxxvii.

salmanasar.

Sennacherib.

assaradon filz sennacherib.

¶ Cestuy Salmanasar le .xv. an de ozee roy disrael assiega samarie et prist et emprisonna le roy et transporta israel aux assyriens et cessa le regne disrael ans .ccxlvii.

¶ Cestuy sennacherib vit en iudee ou estoit ezechias saint homme et dieu frappa son ost au nombre .clxxxv. m. hommes et il sen fouyt villainement et vint en niniue et si affliga les iuifz et thobias puis apres fut tue par ses propres filz. .iiii. des roys .xix. c. de paralipomenon .xxxii.

iiii .m. cccclxi.

Ezechias regnauit an .xxix.

¶ Le soleil se retourna de .x. lignes / aussi le iour fut plus long que les aultres de dix heures. O le grand miracle de la karauldie seins eminent a / car les iours furent alongez

¶ Lan deuant la natiuite de iesucrist .vii.c.lii.

¶ Cestuy ezechias fut tresbon et filz de tresmauluais pere nomme achaz / cherist son dieu et enuoye ysaie / et reedifia la maison de dieu / entre les roys de iuda riens ne nauoit este semblable vers dieu le glorifia .iiii. des roys .xviii. xix. xx. / ii. paralipomenon .xxix. et .xxxi.

¶ Lan deuant la natiuite nostre seigneur .vii.c.l. la cite de romme fut fondee en la montaigne palentine par deux bessons freres pourquoy la grande babilone mais au temps de pourtant na este trouue lieu plus saint plus riche ne de bons exemples et tant mauuais a eu de biens tant mois a este cognoissant et en apres leurs richesses est venue auarice auec luxure.

¶ La cite de romme fut fondee lan de la creation du monde .iiii. m.cccclxxxiii.

¶ Tretus linius racompte la condiction de celle cite par .viii.c. et ans fait par cesl liures mais au iourdhuy ne sont pas tous trouues Et specialement saint iherosme fait mencion en lespitre appolinaire / a sencensuit au prologue du dernier de ses declamations.

¶ Tu regere imperio populos romane memento
¶ Hec tibi sint artes / pacique imponere morem.
¶ Parcere subiectis / et debellare superbos

¶ Note selon saincte augustin au .xviii. de la cite de dieu que cicero sont touchus pourtant quil ne nuncia pas seulement au temps des ignorans auquel temps facillement len est deceu mais mesmes es hommes divins au temps des grans philosophes dont appert la faulce erreur dydolatrie mencer au temps des grans clercs semblablement ont cuide que les hommes mors fussent dieux/mais qui fait ordonnance que nul plus fust compte entre les dieux/neantmoins nont il pas cesse dadorer les dieux/mais ont garde la maniere ancienne a dieu quilz leussent deffendue dont ne sont pas excuses mais plus inculpes come dit saint pol.

¶ Roys romains.

Remus fut occis de son frere le tiers an de ff. de re. dit. l. Ylemus.

Merodach roi babilone

¶ Cestuy merodach fut le premier roy saincty de babiloine lequel delaissa la monarchie ne ne voulist obeir a assaran de roy des assyriens/ Et alors les roys de babiloine commencerent a estre puissans et regnerent iusques au temps de balthasar come len peult veoir en listoire de maistre.

¶ Ce commencerent les roys de babiloine.

¶ Tales milesius fut vaillant homme lequel premierement ses pertes sophie appella/cestassavoir sages/aussi cestuy premierement pourpensa parfaicter les deffaulx du soleil et de la lune come dit saint augustin.

¶ Sept sages: Solon, Chilon, Periander, Cleobolus, Bias, Pitacus

¶ La benoite histoyre de thobie toute pleine dexemples en ce temps fut ordonnee.

¶ Lan du monde. .iiii.m.d.l.

¶ Line de iesucrist.

manasses regna ans .lv.

ingrogs

¶ Cestuy manasses fut merveilleux filz de tresbon pere et filz des maulx pardessus tous ceulx qui avoyent estes devant luy et espandit grant sang innocent pour laquelle cause le roy des assyriens gasta la terre de iuda/et print prisonnier manasses et lemporta en babilonie/puis apres ce recongneut et pria dieu et dieu lentendit et luy restitua son royaulme et destruit tout les maulx paravant quil avoit faitz/et demoura droictement en la foy de dieu tellement que tous ceulx qui paravant le avoient cogneu sesbahissoyent de sa bonne vie comme il appert au .iiii. des roys .xxi. et au .ii. de paralipomenon .xxxiii.

¶ Euesques.

Mer dech

¶ Carbine fut fondee

¶ Cestuy numa fut ung grant ydolatre/ et tellement remplit la cite de ydoles que pour les ymaiges ne pouoit trouuer lieu/ dont fait augustin derrision de sa follie en disant quil luy fut faicte grant iniure de ce quil nestoit compte dieu veu quil auoit le nombre diceulx accroissu. Cestuy adiousta a lannee ianuier et feurier cest merueilles que ceulx qui tant ingenieulx et sages congnoissant les choses qui sont dessoubz le soleil sont en la congnoissance du vray dieu si ignorans. Graces a dieu demandons.

Nu- ma. pompelius ano .plii.

¶ Note selon saint augustin au .iii. liure de la cite de dieu que despuis la fondacion de la cite iusques a auguste furent tant de mauldictes guerres quilz auoyent pour grant miracle quant une annee estoit sans guerre excepte plus ans esquelz fut paix comme cellestat a le tour du peuple romain clerement et baillant escripte. Florus lucius per sept cens et quatre ans en luy disant cage dont il dit ainsi quil vouldra mettre ensemble la grandeur de lempire auec les ans il en oeuure pensant en leage et il verra la grande habondance du fait darmes par toute la terre tellement que ceulx qui lisent leurs faitz ne diront pas que cest ung peuple/ mais plustost de tout humain lignaige pour/ sauoir des grandes labeurs et perilz quilz ont soubstenus pour porter leur empire en grande vertu et fortune par mer et par terre tellement quilz ont estes dignes de nostre seigneurie et faueur.

xxxiii. chapitre.

ii^c

¶ Plate receupt la couronne de martyre auec plusieurs autres pource quilz reprenoyent les mauuaises oeuures du roy.

¶ Sebille samie fut en ce temps selon aucuns ¶ Et note que les sains docteurs nusent pas des sebilles et des autres gentilz pour la confirmacion de la foy crestienne ne dessent mieulx auoir eu esperitz de prophecie/ mais plustost deuineresses dont saint augustin contre manichee disputant dit se sebille et orpheus ont aucune chose dit du vray dieu ou les autres philosophes des gentilz/ cecy a este pour la dampnacion des payens/ et non pas par maniere dauctorite et tant comme dit la predicacion des anges/ et la confession des diables sur le fait de lincarnacion de crist tant a de distance de lauctorite des prophetes et de la curiosite des sacrileges payens.

Sel lum.

Ele dias

¶ Caleucus fut homme tresiuste et ordonna loys et entre les autres choses ordonna que quiconques commettroit crime de adultere perdist les deux yeulx/ puys aduint que son filz comme par peche loy dont le roy il commanda quil perdist les yeulx/ mais toute la cite prioit pour le filz et affin que la loy mise ne fust violee se fist premierement creuer ung oeil et a son filz ung autre en quoy il demonstra merueilleuse iustice auec misericorde et fut demonstre pere misericordieux et iuste obseruateur de la loy en quoy doit le crestien apprendre et en quantes diligences doit garder la loy et commandement de son dieu et cecy et plusieurs semblables il fallut obseruer au peuple de ... en grande patience pour crainte de peines corporelles.

¶ Bisance fut commencee la quelle a pres fut appellee Constantinoble.

¶ Roys romains.

¶ Roys de babilonne.

¶ Cestuy tulius auctre ment dit hostilius pour tant quil ne souffreroit le temps passe pacifiquement et troubloyt les bor

ius de

u q los

temps

Tulius. ans. regna

paravant avoit en paix il fut nomme hostilius.

¶ Ostilius/cest a dire ennemy. Et pourtant bien destruit les gens qui vouloient rebeller il fut tue par la fouldre avec toute sa maison/et de cestuy tulius parle valere au tiers livre et au [illegible] c. en ceste maniere. ¶ Hunc in cunabulis parvis accepit agrestis tugurium, cuius adolescentia in pecore pascendo fuit occupata. Validior etas imperium regit. sed senectus eius in altissimo maiestatis fastigio fulcit.

¶ Ninive est destruicte en ce temps par le roy des medes et le regne des assyriens contallement cessa comme avoyt prophetise naum le prophete et tobias &c.

¶ Lan du monde iiii.m.vi.c.xi. iiii.m.vi.c.xiii.

¶ Line de crist. Amon regna ans .ii. Josias regna ans .xxxi.

iiii.c.x. ii.c.

¶ Cestuy amon selon les ebrieux ne regna que deux ans et selon les septante interpretes regna douze ans. Aucuns sont supposé dix ans par les septante des .xii. qui furent faulx roys/et selon ceux sont ordonnees les autres hystoires lesquelles communement ensuyvent les .lxx. Cestuy mesme roy pecha devant dieu et fut tue par ses serviteurs et mourut sans penitence.

¶ Cestuy iosias fut bon filz de manasses pere et grace signifiee en son enfance il cercha et cogneut dieu et persevera iusques a la fin et en [illegible] choses ensuyvit ezechias son grant pere/pour ce on dit quil ne y eut poit de semblable entre les roys de iuda et parle on devant le bonne vie et ce signifie au .iiii. des roys .xxii. .xxiii. et .ii. parali/ pomenon

¶ Enfiques. Aza/ rias

¶ Thobias est mort en leage de .Cii. ans et fut saint homme et eut esperit de prophetie et prophetiza la destruction de iherusalem et du temple comme le devia eust este faicte celle destruction / et tantost apres sa mort sa femme morut et son filz thobie partit de la cite de ninive qui puis fut destruicte.

¶ Sophonias prophetiza la destruction de iherusalem. et la reedification

¶ Olda fut prophetisse et femme sellum et prophetisa au roy iozie.

¶ Iheremias second entre les grans prophetes luy estant enfant de treze ans commenca a prophetizer et en lan treze de iozie roy a lencontre de iherusalem et du temple. et prophetiza ans .xli. sans cela qui prophetiza en egypte: grant discorde fut au peuple et grande playe quelle pugnit

¶ Cestuy ancus fut le quart roy des romains, & fist le premier pont oultre le tybre entre le mont de aduentin & ianicule, & fonda la cite dostie sus la mer a .xvi. mille pas loing de rome

Ancus

ans .xxiiii.

La cite dostie de ce temps est fondee & fonde despecialle hors le pape.

nabugodonosor monarche des babiloniens

¶ Cestuy nabugodonosor fut homme bataillant en armes & vertueux pourtant il estoit executeur de la fureur de dieu pour pugnir les pechez de plusieurs peuples. Cestuy cy estoit premierement roy de babilone & puis obtint le royaulme des assyriens lequel fut destruit par ceulx de mede, & fut fait gouuerneur & selon ce en diuerses manieres sont comptees les annees de cestuy car long temps apres il regna & de luy en moult de manieres lescripture parle maintenant bien/maintenant mal/et aussi disent les iuifz que pour la premiere grandeur qui est escripte en daniel il fut sauluie et aussi lescripture conclud quil finist sa vie en la confession dung vray dieu/et a ce y consent nicolaus de lyra sus daniel au .iiii. c. Les aultres docteurs disent que dieu linspira a soy venger de ses ennemys/mais de ceste inspiracion il labouma par son orgueil & ainsi descendit quil ne merita point destre instruict de la iustice diuine/confession se peult faire par aduenture que de toutes ces choses il feist penitence par les merites de daniel ¶ Durant ces propheties est ce ... roy de iuda & ieremie est emprisonne. Abacuch prophete au temps de nabugodonosor & babilone & sont diuerses opinions du temps de sa prophetie.

iiii. M. clxxxix. iiii. M. dc.

Ioachim regna moys .iii.

Iechonias ou ioachim

¶ Ioachim ans .xi.

Ioachim ou iechonias

moys .iii.

Sedechias regna ans .xi.

¶ [illegible]

¶ Cestuy ioachas aultrement appelle sellum fut constitue roy en iherusalem et pourtant quil nestoit pas le aisne de son bon pere iosias pharao le print et le mena en egypte au .iiii. des roys .xxiii. chapitre

¶ Cestuy fut filz de iozie frere de ioachas et le constitua pharao roy en iherusalem et pourtant quil fist des maulx & ne voulsit entendre les prophetes/nabugodonosor dit pour luy et luy fut fait cest troys ans et quant il se rebella de rechief le roy de babilone & si le mena prisonnier en babilone/& si ne le mena pas en icelle babilone/car le conseil fut muie de nabugodonosor & le feist mourir en iherusalem & fit getter son corps par dessus les murailles selon la prophetie de ieremie .xxii. & emporta auec luy les vaisseaulx du temple de dieu au temple de sa promission

¶ Cestuy ioachim fut filz de iechonie et fut du mal pour quoy neantmoins fut despouille de son regne & fut lie et transporte en babilone & mourut la tant es iours de sa vie .iiii. des roys au .xxiiii.

¶ Sedechias fut le tiers filz de iosye & mauluais homme & perist pourtant quil ne voulut ouyr le conseil de ieremie et tout iuda auec luy & luy furent arrachez les yeulx au dernier des roys & ieremie lii.

¶ Cestui iechonias fut mene par nabugodonosor en babilone auec les aultres cessiteurs de ezechie & fut filz de ...rie au dernier chapitre des roys.

Daniel

¶ Ananias.
¶ Azarias.
¶ Misael

¶ Daniel estant ieune deliura susanne/& puis demoura auec ses compaignons deuant la face du roy & interpreta le songe du roy pourquoy il fut grandement esleue au premier .c. de daniel

¶ Ezechiel prophetiza en chaldee apres la transmigracion de la destruction de iherusalem puis apres fut martyrize, tous ceulx cy auec ioachim estans enfans furent menes en babilone ¶ Baruch le prophete

¶ Cestuy priscus institua les ieux et edifia autour de romme, et commenca a fabriquer capito/lium et fut appelle capitolium cõme teste pour ce que/car au fondement fut trouue vne teste sans corps et fut quasi comme prophetie signifiant que les senateurs comme vng chief de tout le mõ/de la deuoroient

¶ Roys des romains — Prisc. cus — Tarquinius ans. xxxviii.

¶ Cestuy Nabuchodonosor fut filz du grant Nabugodonosor il fit vng vergier cõme suspensilis lequel il fabrica pour sa femme en grans haultz et institua plusieurs choses merueilleuses tellement que lon dit quil a trespasse en oeuures hercules et hercules

desrober le temple despoille delui merueilleusement

¶ Roys de babilonne. — Nabu- chodono sor

¶ Astrages roy des medes eut vne seulle fille laquelle il bail la a vng sergent a celle fin que delle ne naquist filz noble pour la cause que selon le maistre cest as sauoir affin quil ne fust dechasse de son royaulme par son nepueu comme luy auoient dit les en chanteurs. Et ce quil doubtoit luy aduint/car delle naquit cyrus lequel le dechassa

¶ Le temple salomon fut bruslé et iherusalem fut destruit par les caldeens et ceci est lung des principaulx enseignemens de sainte hystoire et demoura ainsi ce temple CCCC.xlv. ans commencant depuis sa fondation qui fut faicte le .iiii. an de salomon et depuis ceste destruction iusques a la destruction qui fut faicte par tyte. cest assauoir .xlii. ans apres la passion de ihesucrist et aussi passerent des deluges

Iz côme les .iiii. D. ccc. La trãsmi gratiõ de ba bilone tierce .vixx.

et fut faicte lan .xx. de sedechie

¶ Troys enfans furent gettez en vne fournese ardente et furent miraculeusement deliurez comme il appert au tiers chapitre de daniel

¶ Hieremias prophetiza en egypte en disant aux roys egyp/tiens que leurs ydolles seroient ruez ius quant vne vierge enfanteroit et pource les prestres mi/rent vng lieu secret du temple lymage de la vierge auec lenfant et les adorerent et par oroison dechassa les serpens de la terre apour le bien du peuple et pour contre pour ydolatrie pourquoy il fut lapide de ce peuple/mais les egypciens glorieusement ensepuelirent le saint martyr au sepulcre des roys pour ses benefices

¶ Cestuy iosedech fut filz saraye lequel quant fut transporte iude et ierusalem par les mains du roy nabuchodonosor côme il appert au

¶ Enefques. — iose/ dech.

premier de paralipomenon. vi. et fut mene prisonnier auec les autres en babiloine mais aucuns disent que ce fut esdras prestre et scribe ou son frere.

¶ Ezechiel apres moult doctrines glorieuses aussi par ses prieres appaisa les eaues de chobar affin que les enfans disrael cheminassent par dessus et les caldeens qui dans les ensuyuirent noyerent et aucuns aultres qui lempeschoient furent mors par les serpens car ilz estoient incorrigibles et les aultres selons le pain dit et le firent traines a cheuaulx parmy les roches tellement quilz luy rompi/rent la ceruelle et ainsi fut fait glorieux martyr de dieu

¶ Abacuch le prophete porta le disner a daniel en babiloine ou lac des lyons selon saint hierosme comme il appert es siences diceluy

¶ perses philosophe trouua le ieu des eschetz pour la correctio dung tyrat nome euilmerodach il auoit de coustume de tuer ses maistres et sarges et p le soulas du ieu fut attraict a correction.

¶ Cestuy seruius tulius fut de semble generation de par sa mere car elle fut captiue et toutesfois il fut noble les hystoires le louez grandement en demain quil fut en tous estatz notable et aussi se porta notablement il adiousta trois montaignes a la citee et fist louffes alentour des murailles

ans plus. — seruius

¶ Cesty euilmerodach fut frere nabugodonosor et tyra ioachim de la prison et le magnifia et selon son conseil despecea le corps de son pere et le donna a ccc. voultours affin quil ne ressuscitast comme il estoit retourne de beste en homme

Euilmerodach — regresar. — Labusar — Balthasar

¶ Ces troys furent filz euilmerodach lesquelz regnerent lung apres lautre et balthasar fut le dernier roy de babiloine et fut tue par dare et cyrus et auroit ... ilz et la seur de dare fut sa mere pourquoy dare occupa le royaulme par larde de cyrus et dieu ne le voulut ouyr car il traicta indignement les vaisseaulx du sanctuaire au cinquiesme de daniel

¶ Lan du monde iiij.M.vc.xxxviij — iiij.m.xx.vj

salatiel — zorobabel

Lan deuant la natiuite de iesucrist ... v.c.xl.

¶ Cestuy salatiel fut filz iechonie roy de iudee et fut engendre apres la transmigration de babiloine come dit leuangeliste sainct mathieu

¶ La grande cite de babiloine est prinse et fut est ostee comme auoient dit auant les sains prophetes et fut ceste cy la premiere et la plus grande cite du monde de laquelle sont dictes choses incredibles/mais ceste cy grande faillie en dire mys po^r demonstrer que demiure stie de dieu toute la puissance du monde nest que cendre lo dit diligemment quil est incredible quelle fut faicte et destruicte par operacio humaine et en ceste a grant exemple po^r les puissans mondains.

¶ Babiloine est destruicte

¶ Cestuy zorobabel par le commandement de dieu fonda le temple et long temps apres fut mainement acheue come appert en esdre. di.

¶ Daniel fut appelle hoe de desir saict et esleu et gardant et les oeuures par miracle dieu esprouua

¶ Esdras prestre de la lignee aaron fut de saincte vie et saige et par le grand industrie et labour lestat des iuifz fut restore

¶ Sebille cumans prophetiza de ihesucrist ꝛ aporta a tarquin soixante liures des ans lesquelz estoient escriptes les decretz des commains.

¶ Sebille elespontiue de agrotrogans fut en ce temps ꝛ ꝓphetisa de ihesucrist en ceste maniere. ¶ Jesus naistra dune vierge chaste

¶ Roys des commains — Tharquinus — orgueilleux

¶ Cestuy tharquin orgueilleux apres q̄ seruius tullius que luy fist tuer il print le regne/cestuy fut le premier inuenteur de diuers tourmens il fut chasse du royaulme pour la villenie q̄ son filz fit a la belle lucrece ꝛ despuys ne voulurent les commains auoir roy pour les tyrannies

Darius premier monarche de perse

Cyrus regna ans .xxx.

Cestuy cyrus fut premierement roy de perse

¶ Cestuy darius fut parent de astrages lequel il fit son filz adoptif/car il nauoit que une fille ꝛ luy donna le royaulme car cyrus bataillioit contre luy ꝛ toutesfoys ledit cyrus les vaincquit tous deux/toutesfoys les tenoit benignement comme nepueux car au grant pere cestassauoir astrages il auoit donne le royaulme des hyrcans ꝛ a daire mede.

le pius apres transporta la monarche aux persiens/cestuy de par son pere fut de basse condicion/mais sa mere fut fille du roy astrages/de cestuy prophetiza ysaie il vainquit babiloine ꝛ tua balthasar/magnifia daniel ꝛ commanda israel a entrer pour reedifier le temple comme appert au .i. de esdras

¶ Cy commence hystoire du liure esdras

iiii. M. ᵒC. lxxxiii.

¶ Ligne de ihesucrist

¶ Le temple est fonde alors.

¶ Aggeus ꝛ zacharie prophetizerent en confortant le peuple ꝛ esmouuant reedifier le temple.

Euesques — Jhesus

¶ Cestuy ihesus filz de iosedech grant euesque regnant auec zorobabel comme ducz regenterent apres que le peuple disrael vint de babiloine ꝛ en ceste maniere fut garde iusques a herodes affin que les souuerains prestres fussent principaulx ꝛ les ducz fussent substitutz/mais toutesfoys les ducz estoyent de la lignee de iuda iouxte la ꝓphecie de iacob ꝛ ne fut ou pays q̄ le peuple ayt demoure de la verite de la foy de seule bon regime sacerdotal comme auoit fait par auant/car au temps des iuges et des roys souuentesfoys le peuple ydolatra/ꝛ note que les iuifz q̄ sont icy retournez ꝛ peu ilz furent dispersez par luniuerselle terre selon la ꝓphecie dauid Disperge illos ꝛc. Et ainsi furent tous de la lignee de iuda de beniamin ꝛ leur part en ya demourez des dix lignees lesquelles sont ꝛ se adiousterent auec ceulx cy/ꝛ ceulx cy q̄ aux montaignes caspies ont este enclos iamais ne retournerent selon les hebrieux.

Cyrus fut pris apres plusieurs batailles ꝛ quant il vint a esthios fut pris par la royne thamiris auec tout son ost qui estoit enuiron. CC. M. ꝛ eut la teste coupee ꝛ gettee en ung seau plein de sang humain en disant. Saoulle toy de sang q̄ as desire de espandre sang humain

¶ Arphaxat apres la mort de cyrus print par force le royaulme de mede ꝛ edifia une grande cite nommee egbathanis ꝛ disposa soy rebeller contre nabugodonosor et en apres fut vaincu comme il appert au second .c. de iudich

¶ Falaris siculus tyrant tresrpuissant mouste dauncenis/cestuy cy pnt Ung homme de mestier qui auoit fait Ung grant chaureau darain pour pugnir les hommes a le fit getter dedens ce mesmes chaureau pour experimenter ce quil auoit fait a sa clameur terriblement sona par la bouche du chaureau quil sembloit que ce fust Ung beuf beslant, a pourtant le tyrant iustement p ensera lequel debuoit estre pugny iustement/ a ceey a est fait selon que dit Orosius sain deuant que la cite fut faicte .l.xxij. ou enuiron/a selon que lon dit ceruste est dicte nourrice toustiours de tyrans.

Cambises filz cyrus ro. vii.	¶ Lucrece noble dame fut violee p le filz du roy dont elle se tua dung glaiue/a pour ce est elle alleguee en lexemple de chastete neantmoins nest elle point exempte de homicide/ainsi comme dit saint augustin au premier liure de la cite de dieu	Crerci/ des anic an

¶ Babiloine nouuelle fut fondee en egypte p cambises lequel obtint tout cestuy royaulme

¶ Cestuy cambises filz de cyrus fut souuerain enchanteur diuerse ment est nomme en esdras Artaxerses ou assuerus en lystoire iudich faicte dessoubz luy est appelle nabugodonosor/cestuy seul affardit contre therusalem ou le temple fut reedifie/ ce son pere tant seullement commanda que la cite ne fut edifiee/ a ainsi les princes empescherent louuraige de la maison de dieu a cy mis ne scauoit riens/cestuy fist escorcher tout vif Ung iuge mauluais a son filz le fist asseoir sur sa peau dessus affin que iustement iugast a fourfist iniquite.

¶ Cestuy cambises fut tres enchanteur et espousa la fille du roy et tantost apres moururent pantapres sur fille de cambises a ses faict ensemble successiuement espousa ses deux/sur lesquelles de daniel au .ij. chapitre.

¶ Lan du monde iiij.MdCC.iv

Lan deuant la natiuite de iesucrist CCCCL

¶ Lystoire de iudich icy est ordonnee a mise par exemple de toute presence.

¶ Holofernes prince de la cheualerie de nabugodonosor subiuga moult de terres a son seigneur puis vint en bethulie ou il fut tue par la belle iudich comme il appert au .ij. a au .xiij. chapitre de iudich.

¶ Pithagoras premier philosophe.

¶ Note que la sapience des gentilz qui fut pour la congnoissance des creatures fut pareillement des dieux a au temps que le peuple estoit gros a rude/car aduenoit a ceulx qui scauoient Ung petit plus que les aultres du gros peuple ilz estoient appelles dieux/a apres ceulx pareillement creurent et vindrent les theologiens que lon appelle poetes anciens lesquelz ont dit moult de mensonges en parolles faintes des faulx dieux/a ceulx cy deuant prisent deux son les eust ainsi estre dieux/mais le temps seura estre inuisible/apres ceulx cy vindrent sophi/cest assauoir les saiges lesquelz de interrogation demande estoient leur gloire/toutesfois ne menoient pas le dire au theologique honneur pour la raison du temps/car iamais ceulx lon scauoit toutesfois ilz continuerent mauuaise coustume auecques les aultres combien quilz differoissent que lon ne fist dieux non moult tres en apres vindrent les philosophes desquelz cestuy fut le premier pourtant q humblement respondit quil nestoit pas saige mais estoit amy de sapience ceulx qui commencerent tous/ soit aux panderes des plusieurs furent tuez a plusieurs p ceulx furent tous les aultres a furent peres q les premiers car ilz preschoient grans dons a contre plusieurs a ilz furent prolongateur ceulx ce peult veoir au liure de la cite de dieu.

¶ Dario et phisios disciples de pithagoras commencerent ceste secte et tenoit en silence cinq ans a puys parloient comme bien ...

¶ Lan.CC.xlviii. de la fondacion de la cite de romme ordonnerent deux conseilliers au lieu des roys q ne regneroient q ung an a celle fin quilz ne sesleuassent en orgueil q furent deux a celle fin que lung corrigast laultre sil erroient excedoit termes de iustice

¶ Cy commence le premier et seconde conseilliers. Romme intitulee principalement mais ne esuadoit pas tyrannie

Brutus

Lucius

¶ Roys de perses.

Darius ita spies.xiii. cedere

¶ Leonide roy spartanez auec.iiii.M. hommes tua des persiens cinquante.M.a dit une merueilleuse parolle a ses gens darmes en disant disnes vous icy et irez souper en enfer. et ainsy fut fait car ilz furent tant trauailles quilz tomberent sus les mors q moururent auec eulx.

¶ Cestuy darius fut ung des sept enchanteurs et subtillement acquist le royaulme q retourna au royaulme de perses les assyriens q babilone apres quinze ans de rebellion/puis desira auoir pour femme la fille du roy de sires lequel ne luy voulut donner pourquoy il mena contre les sires auec sept cens milles q tient pas hommes pour la lignee dung homme de mettre en rebellion et mourir mais donnez a fut une chose folle car elle pourquoy fut villainement chasse q perdit.lxxx.M. hommes puys apres sen retourna auec le demourant de ses gens perdis bathereuns/cest assauoir.xi.milles furent tues iius q perdit deux cens milles persiens apres la lignee le voulut venger mais le demourant q se sont auleuns ileuc la foy du vray dieu auquel fait faire temple q sacrifice/voyes de liure sus le.vi.c. de esdras

¶ Democritus philosophe se aueugla q de richesse se fist pouure pour lamour de sapience

¶ Lan du monde.iiii.M.CC.xxxiiii.

¶ Ligne de ihesucrist

Abiud

¶ Cestuy fut filz de zorobabel lequel de luy q des ancestres suyuans iusques a ioseph lon ne treuue riens es escriptures synon quil est nomme en saint mathieu pour quoy lon ne peult pas bonnement scauoir leurs temps

¶ Note selon le maistre que darius par le conseil de zorobabel commenca a reprendre loeuure de la maison de dieu q commanda a ses princes que nullement loeuure nempeschassent ains aidassent comme il appert a esdre.v.q.vi.chapitres du commencement de ce temps la ambiguite pour la diuersite des docteurs

¶ Aggeus q zacharias le second darius reprinrent le peuple pource quil estoit negligent de edifier la maison de dieu q sollicitoit zorobabel pour parler au roy de ceste oeuure q fut ledit roy present q aussi furent tous ensemble le cueur du peuple a edifier le temple comme il appert a esdre.vi.

¶ Le temple fut parfait le.vi.an du roy darius

¶ Euesques

Iosue chi

¶ Cestuy selon que dit iosephus est appelle iosedech filz soubz lequel la cite de ihesrusalem a este edifiee commence aussi dit eusebius q policronicon.xii.chapitre.

¶ Aggeus prophetiza de ce temple/q dit que la gloire en seroit plus grande q du premier q fault ce cy entendre espirituellement car il fut grandement glorifie quant ihesucrist presentiellement entra dedens lequel auoit este desire de toutes gens q aussi fut offert a ce present temple le iour de la purification de marie autrement ne pouuoit estre vraye la prophetie/car cestuy second fut bien petit au regart du premier/sur ce pas saint augustin fait ung fort argument contre les iuifz en prenant que tres necessairement ceste auctorite est entendue de leglise laquelle est la maison de dieu edifiee des pierres viues/sur ce temple nest iamais son pareil en semblable gloire. Voyes saint augustin au.xviii.chapitre de la cite de dieu

¶ En cellui temps regna pithagoras grant philosophe lequel partit de samos q demoura a crotonne et a la fin sen alla en methaponte et fut la ensepuely

¶ Cestuy dictator fut ordonne pour proceder les chevaliers et pour conduire la puissance contre les ennemis.

Dictator. est nom doffice digne

Titus. ¶ Quintius fut trouue aux champs et fut pris en labourant la terre, et fut ordonne dictateur, et par ses grans triumphes consolla la cite de romme quasi desolee pour grandes aduersites.

¶ En cestuy temps fut faicte a romme grande dissension du peuple contre les senateurs.

Publius. ¶ Au temps de ces deux chevaliers pour la correction des rommains fut donnee famine et pestilence et bataille cruelle.

Xerxes filz de daire. ¶ Cestuy xerses agrega grande multitude de peuple et couuri la terre et la mer et bien peu prouffita et en brief temps perdit .iii.c. hommes et apres vng petit de temps son preuost artabanus le tua. Le nombre des grecs lesquelz furent discomfitz estoit trop plus grant que le nombre des mors et furent tant du lonc tz xerxes orose racompte. Saint hierosme dit en ses epistres que xerses estant en lieu hault et voyant son exercite innumerable plouroit pourtant que de dans cent ans dicelluy nen y en auroit vng de vif.

enchanteur.

Artabanus septem mois. ¶ Cestuy artabanus nest pas mis au nombre des roys de perce pourtant que petit il prouffita, toutesfois il semble que saint hierosme le nombre sur daniel au .iii. liure.

¶ Lagloriuse famille de la cite des fabiens fut tue tous en la bataille dicutaine.

.iiii.m.deC.lx.

Esdras. ¶ De cestuy nous nen auons riens en lescripture sy non celle qui est escript en saint mathieu au .i. c.

¶ Lan deuant la natiuite de iesucrist

¶ Esdras fut homme saint et grant clerc comme vng aultre moyse, le peuple le eut en grant honneur. Cestuy premierement vint de babilonne auec les aultres, mais par patience sollicitude et continua de rechief affin que plusieurs autres il gaignast et retournast auec luy. En cestuy temps repara la loy et les liures lesquelz les caldiens auoient brusles et laissa vng tesmoignage au monde en laissant nouueaulx et plus faciles liures lesquelz par la deuen du saint esprit acheues reuint en hierusalem auecques grande compaignie pour enseigner le peuple et garder les priuileges royaulx. an .vii. de esdre et mourut vieil homme et la fut ensepuely.

¶ Malachias le prophete escript et fut aussi dit malachias, cestassauoir ange pour la saintete de vie et le regart quil auoit aux dieux et dit lon que de sa mesme bouche quil auoit prophetise lange de dieu se apparissoit et dictoit ses mesmes parolles.

¶ Anaxagoras philozophe regna et eut en son office archelaus qui fut maistre de socrates.

¶ Heraclitus tenebreux.

¶ Eschilus escripuent des tragedies, les florissans diceulx pouras deuoit le scruto diceux.

¶ Pindarus poete. ¶ Sophocles.

¶ Euripedes. ¶ Socrates est ne.

¶ Herodotus escripuent des histoires.

¶ Empedocles et plusieurs aultres regnerent au temps de xerses.

¶ Parmenides et les aultres notables philosophes furent solempnes speciallement en choses morales.

¶ Socrates philosophe a de grandes louenges especiallement saint hierosme le propose a soy et aux aultres en exemple. Fut aussi moult patient et subtil et eut congnoissance du premier moteur, lequel en apres beut le venin en la chartre.

¶ Platon son disciple. ¶ Isocrates et plusieurs aultres furent en ce temps lesquelz nous ont laisse leurs labeurs.

¶ Virginius a dung glaive tua sa propre fille affin quelle ne fust baillee en servitute a pour ce
ste cause les centurions leurs poyraines de offices leurs enseignes/pour mieulx entendre fault veoir ti
tum livium de conditione urbis libro.iii.

¶ Les romains. — Marcus. — Spurius.

¶ La loy des.xii.tables fut in stituee a romme les grecz ap porterent.x.tables/et les romains adiousterent.ii.lan de la cite.ccc.i.ii. lan du monde.iiii.m.declxxxix.

Tribuni

¶ Dix hommes furent institues au lieu des conseillers/car grandes com plainctes estoyent pour le premier regime des conseillers.

¶ Roy de perse. — Arthaxerses longuemain. — ans.xxl.

Fasce. ineps seup.

Segde anl. uno. po sept.

¶ Ces deux gouvernerent peu/et petit prosperent.

¶ Cestuy arthar xerses est/cestuy dessoubz lequel Esdras vint en iherusalem/et neemias fut son bouteiller/et apres ce lenvoia pour edifier les murs de la cite

¶ Romme fut prise bruslee et les murailles destruictes/car les galles batailleret par les romains a fut prinse la cite excepte capitolle et aussi fust este pas se ne fust este le cry dune oye qui re veilla les romains dormans/car ilz estoyent las/pour laquelle chose saint ambroise les repre nans de ce quelz sont ingratz de la prosperite quilz ont de la crestiennete dit quilz devoyent plustost sa crifier les oyes que les dieux. et pareillement le dit saint augustin. ¶ Au milieu de la cite saint une dure orrible gorge ouverte/et du flair dicelle furent tuez plusieurs et quant marcus curcius se fut gecte tout arme dedans cessa la playe des diables.

¶ Lan du monde. .iiii.m.declxxxix.

¶ Lune de iehucrist.

.q.xxiii.

¶ Icy prenent les sepmaines de Daniel/a ce teulx cy est grande altercacion entres les docteurs comme lon peult veoir per saint iherosme sur daniel et per Beda et Vincent au livre.v.c. iiii.et beda les compte pour ans lunaires et commence au.xx.an de artaxerxes.

¶ Neemias fut homme benigne et tresdevot a fut bouteillier de artaxerses roy de perse/cestuy en son.xx.an par la voulente de dieu fut envoye pour edifier les murailles de iherusalem a celuy ia au temps so estoyent/et quant ilz eurent esleve leur ouvraige merveilleusement trouverent le sarasins et destruirent la muraille/puys apres retourna au roy et derechief tourna en iherusalem ou il mou rut et fut ensepvely pres du autel quil avoit edifie comme lon peult veoir en son livre et icy finist lystoire des livres de lantique canon.

¶ Quartius premier comique fondez espece de ieu clerement repant les vices.
¶ Archita charactinus maistre de platon
¶ Alcibiades socratique
¶ Eudoxus astrologue
¶ Epicarmus doctor
¶ Diogenes fut plus puissant et riche que alexandre pour tant quil mesprisa tout ce quil pouvoit donner ne voulsit chose quon luy peust faire ne oster

¶ Iherusalem fut reedifiee par neemias et les autres enfans disrael a eut trois habitacions. La premiere est du temple pour sacerdoces assavoir des prestres et ministres. La seconde habitacion est des nobles et prophetes. La tierce est des roys et des prestres. Item elle a six portes dont la premiere est appellee la porte de la vallee iosaphat. la seconde porte du fumier la tierce porte antique ou iudiciaire. la quarte des poissons ou de david. la quinte porte de la fontaine ou des eaues. la.vi.porte du parc ou de la piscine.

¶ Les ieux sceniques furent trouves affin que la pestilence cessast a romme. Et de ces ieux tenoit le saint augustin en reprouvant la fantasie des dieux lesquieulx vouloyent estre appaisez par telz ieux et estoyent prestes folies tant villaines que hommes et femmes honnestes ne les vouloyent veoir/ et par tel sacrilege des dieux les commencemens de romme estoient a tires a plusieurs crimes tellement que pour chasser la pestilence corporelle ilz tumboient en la pestilence spirituelle de la ame/ cest a dire de pechies.

¶ En ce temps les tribus furent instituees au lieu des consules: mais ceste mutacion fut en grant dommage du bien publicque/ pour tant que ung chascun vouloit porter ensaigne [illegible] iusques a tant que par force furent contrains de laisser leur faco et tyrannie et ne demoura aux rommains nulle esperance de paix et de tranquillite synon [illegible] patience la quelle le vray patient ihesus a enseigne.

Darius nothus. ans. xix

¶ Cestuy darius fit grefve guerre contre ceulx de [illegible] et apres fut son ost tout casse selon la [illegible] [illegible] egypte [illegible] persiens/ cestuy eut ung frere nomme cyrus lequel fut vaillant en armes comme il appert en [illegible] au .ii. livre.

¶ La cite de millan en ce temps fut fondee et fut ainsi appellee car en cestuy lieu fut trouve une truye laquelle a la moytie de son corps portoit laine et pourtant est appellee milaine et en ceste apparoissent les glorieuses choses du monde ont eu commencement de choses viles et quasi de non riens et aussi sen vont elles a riens.

¶ En ce temps ceulx de athenes commencerent a [illegible] lettres [illegible]

.vi.m. ccccx.

¶ [illegible] la nativite de [illegible] xliii.

¶ Les batailles des atheniens ont estes faveuses et renommees quasi [illegible] la seconde [illegible] iamais ces temps furent desirees et miserablement mys en servitude/ ainsi appert comme [illegible] ceulx qui souloient dominer sur le peuple.

¶ Platon philosophe divin regna lequel saint augustin loue en disant que aucunes choses oultre la saincte escripture il a congneu

¶ Aristote fut son disciple

Heliasib

¶ Cestuy heliazeb ou heliasaphat succeda a ioachin en la pontificalite comme dit eusebius/ mais communement les docteurs sur cecy ensuyvent iosephe comme dit le maistre lequel aussi ensuyt ledit eusebius.

¶ Denis tiran [illegible] fut dechasse de cecille et estoit disciple de platon mais il ne fut pas imitateur de son maistre. Advint que en aucun temps une povre femme des [illegible] sacrifioit aux dieux pour luy en priant quil vesquist longuement/ a luy secretement estoit de [illegible] elle/ a [illegible] de celle priere/ et quant elle eut acomply son sacrifice il la interroga pour quoy elle prioit ainsi pour luy veu que toutesfois il luy avoit faict moleste/ a elle luy respondit seigneur le pere de vostre pere fut grant tyrant lequel de quatre vaches que iavoye me print une/ et ne me demoura que trois/ et ie priay les dieux quil mourust en esperant que son filz vostre pere le me restitueroit: mais il fut pire que son pere et ne me restitua pas ma vache mais de rechief men print ung autre et ainsi ne me demoura que deux de rechief ie priay les dieux quil mourust en esperant que vous me rendriez mes vaches/ et vous comme pire de tous ne les maves pas restituees: mais en ma grande affliction mavez afflige en men ostant une autre: ainsi ie doubte que apres vous ne viengne ung plus cruel lequel [illegible] ne me oste une seulle que me [illegible] pour quoy ie prie pour vous car tout du pis en pis come nous monstre lexperience de iour en iour [illegible]

¶ Cestuy camillus fut appelle furius lequel ayda grandement au bien publicque qui estoit grandement afflige/car les veiens lespace de .x. ans avoyent afflige les romains et furent par ledit camillus batailles et dechassez/mais la cite ingrate puis apres condampna son benefacteur. Orose dit que la victoire fut plus vile que noble/car elle fut faicte sans la vertu des romains et clandestine/neantmoins ne delaissa il pas le bien publicque/ains retorna de son exil pour deffendre le pays et ne regarda pas a linjure que on luy avoyt faicte et ceci selon saint augustin fut signe aux crestiens de grande partie.

Veteri — Camillus.

¶ Les romains

Assuerus ou artha xerses — ans .xl.

¶ Les roys de perse

¶ Cestuy assuere autrement dit mnemon filz de daire et parisatide selon les .lxx. interpretes/et selon les ebreux est appelle assuere/il eut ung frere nomme cyrus lequel il occist en bataille/apres la mort de son pere/car la cupidite davoir seigneurie ne pouvoit estre mitiguee/car il possedoit tant de pays quil suffisoit a cent roys. Cestuy premierement espousa la royne vasti laquelle il dechassa/et print en femme une belle pucelle nommee hester/de la lignee beniamin/laquelle fut au lieu de vasti et fut son parastre aman devant pendu et fut en honneur mardochee. Cestuy sembla estre moult pacificque/mais il fut trop luxurieux/comme il appert au livre de hester au .i. et .ij. c. Lon dit quil eut .c.xv. filz desquieulx fut darius lequel il couronna roy/et des aultres en y eut .xl. plus nobles qui murent leur pere/affin que plus convenablement reguassent a leurs aises/mais quant il apperceut le cas il les fist mourir/car per que quis peccat per hec et torquetur.

¶ Lan du monde.

Azor

¶ Line de jhesucrist.

¶ Listoire de hester yci est ordonnee selon les docteurs latins/voyez per esdra i daniel au .ix. c.

¶ Mardocheus uncz fut homme saige et de bonne renommee et fut le premier apres assuere qui regnat en tout le royaulme de perse et fut craintif humble et devot serviteur de dieu et aucuns dient de ces freres les unz et selon que comptent les docteurs latins quant il fut translate il estoyt en leage de .c.lx. ans voyez esdra.

¶ Samnites sont moyens entre picenum champaigne et apulie.

¶ Ensuyues.

¶ Aristote ouyt la doctrine de platon .xx. ans et puis il fut maistre dalexandre.
¶ Demosthenes fut orateur
¶ Speusippus apres platon tint academie
¶ Xenocrates apres la mort speusippus succeda
¶ Hermes trismegistus fut nomme mercure, et fut environ ces temps

¶ Lacedemoniens sont spartains et sont batilles et reduictz en servitute et leur cupidite davoir seigneurie fut cause de plusieurs maulx.

¶ Apuleius et hermes disciples de platon communement habiterent aux temples et ne pensoyent en aultres choses fors que en vertuz et lisons quilz se estachoient les yeulx affin que par leurs regars ilz ne fussent empeches de vacquer a vertu et sapience

¶ Cobares philosophe lequel dit que chascun est plus ignorant en son propre fait que en celluy daultruy.

¶ Xenocrates entre les philosophes eut grant de gravite et fut tres chaste

¶ Marcus torquatus diuersa grande guerre contre les galles / et galle le deffia / mais torquat le tua luy / et print son collier dor et le se mist au col / et despuis luy et les siens furent appelles torquatus pour le collier dor.

Tite quint.

¶ Cestuy quintius ordonna une grande bataille cruelle que manlius auoit commencee contre luy et la gaigna et apres la victoire voulut demourer en sa pouurete pourquoy saint augustin le nous baille en exemple au liure de la cite de dieu alencontre des auaricieux et orgueilleux chrestiens.

Valerius marcus

¶ Dessoubz cestuy gayus fut faicte la bataille des enfans desquelz furent prins .viii.m. hommes.

Ochus regna xxi ans.

¶ Cestuy ochus autrement artaxerxes / retourna egypte a lempire des persiens / et fut nectanabus roy chasse en ethiope / et mist plusieurs iuifz en transmigracion et les logea aupres de la mer caspias ou grandement creurent aussi enuoya il bagosum prince oultre le fleuue lequel recent les tributz laisses par chascun / cessassent de .xxi. ans pour les sabbatz de la terre / cest chose merueilleuse comme cestuy qui estoit filz de hester fut tant contraire aux iuifz.

Arsamus regna iii ans.

¶ Cestuy arsamus autrement argus succeda ocho et ne regna guieres.

¶ Marcus valerius desirant que la victoire contre galle ou les galles / comme tesmoigne eutropius moyennant ung corbeau lequel se assist sur le bras de galle et luy creua les yeulx au bec et despuis fut appelle marcus valerius coruinus.

¶ Aristote fut tous philosophes renomme et subtil conferma la secte des peripatheticiens.

iiii. M.dCCC.xxxiii

¶ [illegible] CCC[illegible]

¶ Bagosius preuost de ce la fierement entra au temple et le despoilla et fist les seruiteurs du temple tributaires pour la dissencion questoit entre ieuchane et son frere iesu lequel il tua

¶ Sydon fut destruicte par ocho roy de perse.

¶ Couronne roy sy on dit la mer.

¶ Philippe roy des macedoniens pere dalexandre exerca tyrannie lespace de .xxv. ans et tous sacrileges commis / et fut esleu par superieur quil luy sembloit que tout ce quil pensoit luy fut licite et en brief fut occis

Iuddas.

¶ Cestuy iuddas ou iorade fut filz de eliasib fut souuerain prestre au temps de artaxerxes auquel il enuoya epistres sur la observacion des iours solemnelz comme il appert Hester .ix.

Iohannes.

¶ Cestuy iohannes fut filz de iuddas eut ung frere nomme ihesus lequel desiroit estre euesque pourquoy acquist oultre lestienne la familiarite du preuost bago et en soy confiant dudit preuost print au temple altercacion auec iehan et tua son frere iusques a le tuer

¶ Fabricius digne de grande memoire par nulle industrie du roy pyrrhus ne pouuoit estre meslé de lamour de la cite romaine combien que le dit pyrrhus luy promist la quarte part de son royaulme adonc pyrrhus dist cestuy fabricius seroit plus difficilement retire de sa vertu que le soleil de son cours

¶ Calistenes philosophe fut disciple daristote auec alexandre lequel le fist tuer pourtant quil ne le voulut adourer comme dieu et fut le dit alexandre moult de telles cruaultes et plus pour sa propre plaisance que par raison et aussi sont plusieurs puissans lesquelz ne prenent pas en gre les raisons disant chose qui ne leur soit plaisante dont est grant dommaige tant a eulx cõe aux aultres

¶ Quintus anaxius philosophe descrypsa pour alexandre en le increpant luy dist se tu es bien ou ne les biens et ne les oste pas et se tu es homme pense que toutes choses muer deuront

¶ Minucie vierge pour inceste fut enterree toute vive/ pource que les crestiens eclipse qui sont mõstre comme les payens griefuement punissoyent les vices.

¶ Les rōmains

Marcus

¶ Cestuy marcus auec vi. m. rōmains batailla contre les gaules et les mist a la fuicte et virilement les vainquis.

Manlius

¶ Ces deux conseillers bataillans contre les latins decius fut tue et manlius triumpha/ mais pourtant il tua son propre filz il ne mist pas les loingtes acoustumes cestuy filz batailla contre les romains conseillers et contre les ennemis et obtient quil eust victoire contre ses pouvoir quil fut inobedient il fut loyte de verges et aussi decapite/ et ceci allegue saint augustin en louange du pere.

Decius

Valerius

¶ Roys de perse

Darius regna ans xxiiii

¶ Cestuy Darius tres puissant prestant dona des tributz aux grecz qui fut cause de la destruction et de toute la monarchie des persiens/ celle ci fut translatee aux grecz touchant la prophetie de daniel son dire qui perdit, v. foys, c. cent mil hommes et cōbattans lesquelz tout occist alexandre.

¶ Environ ces temps selon que dit orose se ouvrit quasi a la plus grant partie fut couverte et ung peu des nues chieurent comme grosses pierres.

¶ La premiere dedicasse des rōmains. Note que iusques a ces temps les romains ne pouvoient estre vaincus ne mys en servitude/ mais plustost vouloyent mourir/ mais environ ce temps leurs bons courages furent perdu/ touteffoys payens comme cestuy grant esclandre quant il vainquirent les samnites/ contrefoys les rommains acquirent grant blasme/ car ilz furent periures et faulserent leur foy.

¶ Lan du monde. iiii.m.dcclxv.

¶ Line de crist.

xxxv

¶ Alexandre nasquit de olimpiade femme de philippe roy des macedoniens/ adultere et nectabanus nigromant cauteleux crensor la dilectance des grans/ en disant/ que le dieu amon auoit dormy auec elle quant auoit commis adultere/ et en telle illusion estoyt la figure des puissans excusee et lospetes et pommes estoyent decapitez.

¶ Les evesques.

Iadus

¶ Cestuy Iadus voyant venir alexandre furieux vestit les ornemens pontificaulx/ et incontinent que le roy le vist il sappaysa et descendit de cheval et fist honneur au prestre et pacifiquement entra en la cite et se fist apporter le livre de daniel et mõstra au prestre qui luy exposast la prophetie laquelle ploit de luy: et quãt il eut ouy lexposicion fut moult ioyeulx/ car tout son songe estoyt/ en peste aeduyt/ et expliquant que la prophetie exposicent fust de luy pour moy par dire plus grande hardiesse de batailler avec darius/ et quant le sacrifice fut acomply dist aux iuifz quilz demandassent ce quilz vouldroyent/ et a donc leur donna grace de user de leurs loys a qui le. vii. an fust sans tribut pour les iuifs de la terre regarde saint augustin.

¶ Lacune de dare primiere estoyt de deux en la seconde de xxx. m. pietons/ et. c. m. chevaliers/ la tierce. ciii. m. pietons et .c. m. chevaulx/ et en ceste tierce armee darius fust griefuement blesse en son sup... ent miserablement et tout seul au chemin ... et mourut en la presence dalexandre/ nonobstant quil fust son inistre ennemy/ ... le fist en sepulture sumptueusement comme roy.

¶ Menander comicus
¶ Menodemus philosophe
¶ Zenocrates philosophe
¶ Aristoteles philosophe

¶ Anthioche
¶ Edesse
Seleucie

¶ Ces cites sont edifficees.

¶ Cestuy ptolomeus en son enfance estoit moult pendant et trouua une moult belle mensonge pour seeler sa mere le secret du conseil et quant il fut fait homme fut moult belliqueux ou guerroier cellement quil fist resistance a alexandre lequel les romains estrignoient et ne fut chastiant des dieux et le inuocquoit des augureurs et diuinateurs pour quoy les saincs docteurs le loueront grandement car il se monstroit estre paciant et couraigeux

Roys egyptiens.

alexandre le grant monarche des grecs ans .xii.

¶ Cestuy alexandre fut appelle grant pour la merueilleuse victoire quil eut de tout le monde quasi en brief temps et fut singuliere signe de l'ire de dieu contre les pecheurs de cestuy temps car bien fut en son aage a luy monstra moult de signes de miracles car quant il persecutoit darius la mer pamphile luy fut diuisee comme iadis aux et estoit aux enfans disrael/aussi par son oroison les montaignes caspios furent closes et aucuns meurs iuifz enfermez/mais a la fin en babilonne fut empoisonne et quant mourut lan de son eage .xxx. lan de la monarche des macedoniens .xii. et ainsi mourut desloues se pourent accorder.

Ptholomee roy ans .xl.

Philippe

papeirus

¶ Cestuy philippe fut roy de macedone et selon saint ihero sme fut frere dalexandre.

De cestuy ne est faicte mencion en la prophetie de daniel pour quoy les sainctz docteurs nen font point de mencion.

archegonl

¶ Lan du monde. iiii.m.dCCClxxxvii

¶ De cestuy nous na/ nonnes riens si non cela qui est escript en saint Mathieu au premier chapitre

¶ Ligne de ihesucrist.

sadoch

¶ Lan deuant la natiuite de ihesucrist CCCxx

¶ Note que quant alexandre fut mort que les .xii. auxquelz il auoit diuise le royaulme ne pouuoient accorder ensemble pour quoy grandes guerres et batailles sesleuerent dont moult de maulx furent sur la terre/mais enapres furent destruictz. Et les quattres cestassauoir antigonus roy des assiriens ptholomeus filz de lagi roy degypte/philippe roy de macedoine et seleucus roy de syrie obtindrent la puissance selon la prophetie de daniel. Voyes orose du royaulme degypte principallement est icy faicte mencion/car aulcunesfois ont estes contraires aux iuifz et aulcunesfois fauorables aux roys. Et ainsi aduenoit car les roys de syrie commencerent souuent guerre aux egypciens et israel au myllieu diceulx estoit affligee de quelconque part quil se tournast et premierement ptholomeus grefuement les affligea et en grande deception les print et vendit/et par ceste occasion ilz furent dispersez entre les nations comme il appert es ouurres des apostres. Mais il ne demoura pas impugny dorose.

seleucus

¶ Cestuy seleucus aultrement dit nicanor filz dantiochus apres plusieurs batailles il vainquit babilone et print le royaulme et toute asie le .xii. an apres la mort dalexandre et de cestuy eage lescripture des machabees nombre le regne des grecz comme dit eusebius.

¶ Lexercite dalexandre comme dit orose fut de .xxxii. mille pietons .iiii. m. chevaulx et .iiii. naues et fut nier. Clxxx. et en tant petite puissance obtint tout le monde et ne peult lon iuger ql fust plus grande merueille a auoir la victoire ou comme il osa entreprendre si grande chose

¶ La somme des persiens tuez par la petite compaignie dalexandre est .x. foys cent milliers.

¶ En alexandrie douze villes furent fondees par alexandre et cheschune auoit une ville

¶ Au temps de ces consulz les romains furent chassees car quatre peuples dytalie saille rent encontre deulx petit a petit et subtillement il les dominoient. Dop Orose.

Fabius — Cornelia — Decius — Auentius — Curtius — Curius — Marcus

¶ Au temps de ceulx cy. v. M. iij. C. xxiii. romains fu rent tuez par les gal/ les et si ne appert pas que les ro mains neussent iuste bataille.

¶ Cestuy auec les romains fut iuste bataille contre les tarentins et dura la guerre pl' de. xiiij. ans apres pirrhus fut batu et retourna en son pays et mourut miserablement/ et les tarentins furent aliances auec les carthagiens et en ce les batailles de carthage commencerent.

¶ Ce stuy mena la tier ce ba taille contre les pir ates et. xxiij. an/ nee/ cassa pirrus roy de grece.

¶ Roys degypte

Philadelphus

¶ Cestuy philadelphus roy donnoit a adorer vng seul dieu fut moult gracieux aux iuifz car il en deliura de captiuite. C. xx. M. et plusieurs remist en leur liberte et fist tout cecy affin quil acquist la grace du dieu disrael duquel il auoit ouy dire choses merueilleuses et desiroit dauoir et tenir sa loy laquelle ne se pouoit transferer en autre langue sinon par les sauans et de nostre auec leur reuerence et sollicitude. Certainement aucuns ont presumpt de la transferer en leurs hystoires lesquieulx furent pugnys de dieu tellement quilz se repentirent. Adonc il enuoya eleazare qui leur enuoya docteurs prudens et eleazar voulentiers le fist.

¶ A romme fut grande pestilence laquelle fort eulx ont de coustume mais ceste fut trop grande et specialement entre les femmes et bestes tellement que communement estoyent les enfans tyrez du ventre des meres mors en si grant nombre que petite difference auoyt on se il faisoit de ceulx et de bestes.

¶ Lan du monde — Deccap.

¶ Ligne de ihesucrist. — Achym

¶ Lan deuant la natiuite [illegible]

¶ En cestuy temps les romains apres plusieurs dommaiges oppresserent les samnites et ce fut chose propre aux romains de non faire leur proffit si non apres grans labeurs et perilz. Dont dit saint augustin que de nulle riens ne pouoient entreulx auoir victoire que de muer leur pierre en doulceur et simplesse.

¶ Les euesques. — Onias — Symon

¶ Cestuy onias fut filz de iaddi

¶ Cestuy pour sa saintete et bonne vie fut communement du peuple appelle iuste ainsi est il come par plusieurs/ cestuy delaissa onias en son estat

¶ Olimpias mere de alexandre plaine de tyrannie est tuee et sans soy effrayer receut la mort et ne monstra pas signe de paour comme femme mais fut constante comme son filz et cecy nous monstre comme le sexe femenin est constant pour auoir humaine louenge.

¶ Roys de syrie. — Anthiochus

¶ Cestuy anthiochus second roy de syrie apres alexandre le grant les autres roys de syrie ont este appellez antioches

¶ Crisippus philosophe dit lors que le sol ne fait riens de nulle chose/ aduiengnes a luy nulle chose est necessaire

¶ Sostratus edifia en alexandrie en un lieu de la mer pharus: cest a dire une tour grande et merueilleuse ayant. xx. pas de large et fut fondee en la mer sus sept arches de verre qui est une des sept merueilles du monde

¶ Fonde raisonnable cessa enuiron ces temps selon que dit iosephus/ car approchant le sol laissa du tout faire ainsi a este de ihesucrist qui est venu enseigner la lumiere de verite dont les seruice de figure a este chassee regarde le maistre des serpens dessus exode.

Cestuy print la cite des regi͂ines, et enuoya a romme une legiõ de chevaliers rõmains lesquelx furent mences au milieu du marche et furent tous fouetez de verges et puis par les cous pres furent avec glaybes piquez pour tant quilz navoyent pas loyaulment fere ue en armes et aussi faisoyent les romma ins tant estroicte iu stice que souvent pdon noyent aux victo rieux le tant seulement en petite chose ilz failloyent.

Geminus

Cestuy fist bataille cõtre les picentes et la terre trembla cõme se elle eust horreur du sang humain que elle devoit rece voir et fut tant horrible la bataille que quasi tous moururent dune partie et daultre excepte ung pou de ba tailles romains.

Sem pronius

Cestuy appius fist guerre cõtre les sara cuzains et print et eust victoire. Cestuy icy a le chemin qui sappelloit via appia et amena habondance deaues.

Clau dius

Ap pius.

Cestuy fut trompe par hã nibal et puis mis a mort.

Gneus

Ce stuy ga...us ca...pai ent et tout lexercite de hanni bal et le mist a la fuite.

Ser uius

Choses et signes merveilleux furent a romme/car la fouldre bou lit et ardist les murs sous mucs mucailles et de la terre sortist flam me de feu laquelle fist grãt dommage. Et fut tantost apres que les fontai nes furent tournees en sang/et aussi fut veu lait cheoir du ciel

Ptholo meus euer gentis

ans. xxvii.

Cestuy euergetis fut filz de philadelphus et fut moult victorieux cestuy apres quil avoit ob tenu victoire et gaste syrie et secilie et une part dasie/il emporta merveilleuse despouille ainsi pri ses dieux que cambises avoit transflate en perse et les retourna et pourtant fut il appelle euer getis qui vault autãt a dire comme bien faict.

Lan du monde.	iiij.m.dcccxxxiii	iiii.m.dcccclx

Hannibal le ancien commenca la premiere bataille daffrica et fut deux foys vaincu par les romains et apres sa compaignie le lapida et ainsi fut infortune.

Les septante interpretes translaterent la loy de hebrieu en grec et fut grant miracle que en sep tante deux iours ilz interpreterent toute la saincte escripture avec grãt accorde/car le sainct esperit presidoit entre eulx/Dopos sainct augustin au xviij. de la cite de dieu toutesfoys sainct hierosme ne concorde pas en tout avec eulx cõme il appert au prologue sur la bible

Elea zarus

Cestuy fut frere de symon leauel enuoya a ptholomeus lxxii. hõmes parfaictz pour interpreter la loy et de chascune lignee il en print. vi. et quant fut dit cõmunement les lxx. les docteurs de saincte eglise aulcunesfoys delaissent le petit nombre qui vient apres le grant

Oni as

Cestuy onias fut filz de symõ le iuste leauel pour lamour de la loy ou pour avarice envers egipte refusa le tribut pour la quelle chose quasi toute iudee fut pdue cõe testifie iosephus.

Cestuy anthiochus eut tres griefve bataille contre philadelphe roy degypte et pourtant que par bataille ne pouvoient venir en accord par une aultre maniere accorderent car il print beronique fille du roy degypte pour femme iouxte la prophetie de Danielsus ce par dop sainct hierosme.

Anthi ochus

Crathes thebanus getta ung poys dor en la mer en aymant mieulx noyer les richesses que estre noye pour elles

Herasistratus fut vaillant medicin et conseillier

¶ Cestuy regulus fut victorieux a vaincquit troys roys a .lxxiiii. citez furent mises en sa subiection a tua vng serpent qui auoit .CXX. piedz de long / a pourtant il estoit trop aspre pour les ennemys ne vouloit faire paix sans grant tribut: donc desperez sassemblerent iceulx ennemys et

regulus. | entrerent en sa compaignie a le prindrent a combien quil fust prins voulentiers eussent fait paix / mais comme loyal amy persuadoit mieulx que de faire paix pernicieuse / laquelle chose saint augustin loue grandement. | emili us | ¶ Ces deux furent consulz de la prinse de regulus a le voulurent deliurer: mais ilz ne peurent

¶ Romains.

Attilius | ¶ Valere racompte en son .iiii. liure que son pere voit les hommes a la charrue en labourant pour faire conseilliers dont il racompte que ceulx qui estoient commys par les senateurs vindrent a celluy qui semoit son blef a le prindrent pour estre empereur et moyennant iceulx gens le peuple eut moult de victoires a furent possesseurs de grans nombre de richesses lesquelz furent gouuernez comme le laboureur gouuerne ses beufz a la charrue: et le scepter royal ne pouuoit resister / en cellui temps vng chascun desiroit de augmenter le bien publicque plus que son bien particulier a aussi le bien publicque des rommains augmentoit tellement quilz tindrent la monarchie de tout le monde | Fabe us

Roys degypte. | Ptholomeus philopator | ¶ Cestuy ptholomeus fut filz euergetis et bataille contre deux freres cest assauoir seleucum et anthiocque le grant a chassa moult de milliers de gens mais a la fin ne preualut pas. Soy fait cherement fut damne

¶ Lan du monde

¶ Ligne de iheſucriſt. | Eliud.

¶ Lan deuant la natiuite de iesucrist

¶ Josephus recite du peuple iudaicque contre la violence de onias antiqua lire du roy / a aisi fut constitue vne deniers / cestuy eut vng filz nomme hyrcanus moult ingenieux lequel le pere subtilement esprouua en luy donnant .CCC. couples de beufz sans lyens en luy commandant quil les fist labourer a semer au desert / mais lenfant ne fist pas comme simple iouuencel car il fit tuer des diz beufz dix couples pour viure les laboureurs a des cuyrs fist les lyens.

¶ Les euesques. | Symon | ¶ Cestuy symon filz de onie a moult grandes louanges et prerogatiues en lecclesiastique au .l. chapitre car il reforma le temple en sa vie et amplia la cite et perseuera comme bon religieux

¶ Nul ne se doit glorifier quant il est appelle a aucun office car il ne fait que le formidable iugement de dieu a dispose a faire de luy.

¶ Roys de syrie. | Anthiochus | ¶ Cestuy anthiochus nomme galliciaus fut filz dantiochus theos de la premiere femme laodice laquelle empoisonna son mary et occist ceronicen auec ses filz et en partie le regna son filz galliciaus: et pour ceste cause euergetes horriblement gasta syrie et puys cestuy galliciaus relinquit deux de ses filz / cest assauoir seleucum et anthiocque le grant et tous deux regnerent

¶ Ptholomeus philopator dauinquit les iuifz apres quil eut occis .lx. M. hommes diceulx. ¶ Et note que les iuifz par permission diuine quasi tousiours estoient affligez a celle fin quilz ne cheussent en ydolatrie comme ilz auoient acoustume

¶ Cestuy abatit les cartagiens par mōlt de batailles et de victoires si que ilz demandassent paix laquelle ilz eurent apres plusieurs pactions et si ne la garderent pas longuement.

Sincecius

¶ En cestuy temps fut lan de paix apres la premiere bataille daffricque et quasi fut rompue pour .iiii. cause/car en .cccc. ans les communs navoient eu paix.

Sempronius

¶ Au temps de ceulx cy furent plusieurs batailles entre les falisciens et galles apres lesquelles y dit len que dedens les ventrailles des romains ne respandirent sang.

Valerius

¶ Cestuy fulvius et centius despaigne et en son temps amulchar duc de cartage pere de hanibal fut vaincu par les espagnols.

Fulvius

¶ Par aucuns signes et demonstracions les romains furent esmeus comme son le ne pphetizasse les maulx et fortunes advenir par hanibal.

¶ Cestuy epyphanes fut filz philopatoris. Et apres la mort de son pere fut de leage de .v. ans pour quoy anthiocus batailla contre les ducz et osta tout de sa main fors que egypte et quant il eut .xiiii. ans a cautelle luy fist espouser sa fille par le consentement de son filz epyphane cestassavoir danthioque le noble/et quant il fut mort anthioque le grant/son filz ensuyvit la haine ancienne et tua phelomeu epyphane en traison en intencion toutesfoys ne obtint il pas egypte/car les egypciens vaillamment resisterent et le mirent a la fuyte.

¶ Epyphanes

¶ Cleopatra fille danthioque est tout sa femme laquelle il print quant il fut en leage de .xiiii. ans.

¶ Advint une grande playe dyaue et de feu tant que quasi toute romme fut bruslee et noyee.

¶ Cestuy colosius tomba pour le tremblement de la terre/et fut pillage dorat fusible apres .c. .xxxvi. ans de long.

¶ Jhesus sydrach compila le livre de leccclesiastique lequel il appelloit panaretholi devant quil est tourne aucques il est dedens comme dit tenu veritable ¶ Cestuy omas de fouyr pour la tyrannie danthiocque en entrant en egypte avec plusieurs iuifz dissimulant voulsit acomplir la prophetie ysaie royen edifiant le temple et en ce peche car il ouvra superstitieusement toutesfois le roy epyphanes le receut gracieusement et luy bailla la terre heliopoleos et la edifia le temple

¶ Cestuy seleucus dit ceraunes filz de galleucq fut tue lan .iii.

Onias

¶ Roys de syrie.

Seleucus

Anthiochus

¶ Note que ces deux freres cestassavoir seleucus et anthiocque voulans venger le sang de lempereur et de leur grande mere seleucus et anthiocque voulans venger le sang de lempereur et de leur grande mere seleucus qua evergetes roy degypte menerent grant crueute contre philopatres filz evergetis: mais premierement quil entrast en bataille seleucus morut et adonc anthiochus plus ... la bataille et perdit toute sa compagnie et a peyne peut eschapper quil ne fust pris. Et de rechief assembla grant peuple a une contre epyphane filz de philopatoris encores enfant de quatre ans et avec luy philippe roy de macedoine et envoye soubsteva et obtint contre les ducz de pcholomeus cestassavoir de lenfant deffendit et chassa scopam son conducteur et conquesta iudee avec plusieurs autres citez: et pourtant quil ne pouoit pas prendre egypte par force et fraude espousa la fille epyphani nommee cleopatra affin que ainsi comme amy il entrast au pays et le despouillast mais il ne peust acomplir sa volente car ilz congneurent la chose et a la fin

¶ Romains

¶ Ces conseilliers assemblerent contre la force de grace et fut le puissance en nombre. decc. iii. hommes Sabines et fut pour la maniere des galles lesquelz grandement combatirent contre eulx. Lesdis galles furent tues. iiii

Lucius

Galus

¶ La guerre dauffrique laquelle dura .xvii. ans scipion dit le premier et la puissance des romains fut grandement destruicte puis apres lesdis elemens furent ... ns fut dalat puis apres fut dalen ... ... fut tue avec son exercite qui fut de .xxv. m.

Scipio.

Flaminius

¶ Pour la grande occision des romains fut tant grande la douleur que quasi la cite fut du tout abandonnee.

¶ Ceulx en ladicte cite hanibal et septentrie lesperance des rommains fut perdue/ car ilz furent occis .x. mil. et pareillement furent vaincus et en desesperation.

Paulus

Thereus.

Roys degypte

Philometor

¶ Cestuy philometor filz de epiphane descendit de cleopatre lequel estant en saint fut persecute par anthiocque en disant quil ne fist plus moleste a leurs amys et ainsi commencerent la cause des batailles. Et marcus publius fut ung cercle entour anthiocus moyennant aucunes traisons mais les romains envoyerent legatz a anthiocque disant les senateurs et le peuple de commune ... ... ce ... partes de cestuy cercle iusques en ... respondu. Et voyant le tyrant que plus ne pouvoit faire sa tyrannie dist se il si plaist aux senateurs et communes il convient sen aller et ainsi sen alla et relinque le siege dalexandrie et contre ... se tourna contre les pouvres iuifz qui estoient ... et tourna sa vengence et fut pour les iuifz comme il appert au premier des machabees.

¶ Lan du monde. .iii. m. .xxviii.

¶ Ligne de chesnarist.

Eleazar

[illegible] ... .cl.

¶ Le temple de dieu fut fonde en egypte a la maniere de iherusalem lequel demoura iusques au temps de vaspasien et adoncques il fut du tout destruict

¶ Plautus fut homme eloquent. Titus livius escript ses tragedies mais par adventure furent ainsi plusieurs appellez

Jaso.

Menelaus

Elchimus

¶ Ces troys combien quilz fussent du linage sacerdotal toutesfoys ne furent ilz pas de mettre en la lignee des evesques pour leur vie et leurs mauvaises oeuvres et aussi mererent pas dignement comme il appert en plusieurs passages des machabees

¶ Evesques

Symon.

¶ Cestuy symon fut filz de onias et de ... apres la fuyte de ioseph

Onias

¶ Cestuy onias au ... pie fut saint homme plaisant a dieu et aux hommes et non pas tant seulement aux bons mais aussi aux mauvais ... il fut tue ... par andronicque comme il appert au .ii. des machabees au .iiii. c.

¶ Roys de syrie

✠ Voulant donner aide a hanibal contre les romains il fut vaincu et fut fait tributaire aux romains et despuys il neut point de fortune car en cheminant par les haultes provinces venu en perside il fut occis par les prestres car il entra au temple ... avec peu de gens et ... il fut tue et tous ses membres coupez comme il appert au second des machabees au premier chapitre. Il delaissa deux filz cestassavoir seleucque lequel premierement regna et epiphanes et tous deux furent tellement mauvais que en comparaison on ne trouvoit en eulx point de honnestete

¶ Notable proverbe fut de scipion affricain/q dit que les romains ne se esleveront en prosperite/ne desesperer en adversite. Item iamais ne suis moins seul/que quant ie suis seul/ne moins oyseux suis que quant ie suis oyseux

Sci pio.

¶ Cestuy glorieux a doulcement este en leage de .xxxv. ans mourut en la misericorde de dieu sur ce nature et secours de macchabee et esleuat en esperance le peuple romain lequel estoit tout desespere car il dechassa hanibal/sumonta espaigne/ dampnist affricque/et rendit anthiochie en grant servitute/ et fist aux tributaire. Neantmoins les romains furent ingrats et le firent mourir en exil.

Anti che.

¶ Cestuy anthioche la bataille de macedoine et apres que le roy philippe fut vaincu paix fut donnee et a lors cessa le regne des macedoniens et anssi il vainquit les lacedemoniens et amessa les romains de leur tribut.

flam mius

¶ Therence comicque fut expert saige.

¶ Hannibal fut homme aspre et roy daffricque lequel estant en leage de .ix. ans iura a son pere aras qu'il luy succederoit a ses ennemys les romains laquelle chose se faulx iusticable a complir/car il destruisit quasi les romains et mist toute la cite a saquement se dieu luy eust permis/et a une foys occist tant de nobles romains que des aneaulx qui leur tira des doys il en emplyst trois muys. Item en ung fleuve fist mettre tant de corps de romains mors quil en fist une ung pont pour passer son armee/mais a la fin il fut vaincu per scipion et sont retresseys et chassez et se fin per venin mourut miserablement.

¶ Sur la cite de iherusalem furent veues compaignies embrasees per .xl. iours et sensuyt la playe au second des machabees au .v. c.

¶ Eliodore entra au temple pour le despouiller de son tresor/mais il fut frappe p la divine iustice iusques a la mort/mais ou pres le souverain prestre pria po^r luy pourquoy il fut releve comme il appert au .ii. des machabees au .iii. c.

¶ Lan devant la nativite de ihesucrist.

¶ Environ ces temps furent faictz a romme ensemble trois triumphes solempnelz/cest assavoir daffricque daffricque de asdrubal devant le cheriot marcelle de macedone nobles et grans romains precedoient le cheriot triumphal.

¶ Cestuy seleucus fut filz de anthioch le grant et fut pouvre homme et mespris indigne de honneur royal/et fut frappe comme son pere/a bien petit regna/car son frere frauldulensement prist par force le royaulme. Cestuy aussi envoya eliodore au temple pour rapporter lequel bien corrige sen retourna ainsi comme il appert au .ii. des machabees au .iii. ¶ Note que po^r loccasion de ceste cruelle mort de mathias furent dictes infinies a cause que le royaulme des grecz cest de syrie fut par les mais retournee

Mata thias

¶ Cestuy fut homme saint et digne de louange: car pour lamour de dieu et de la loy il avancea sa confiance frappe les prescheurs come il appert au .i. des machabees au .ii. et .iiii. .v. filz qui furent aucuns bien en semblable amour/et ne fut pas encores mais le furent trois de ses filz.

Se leuc.

anthio chus

¶ Cestuy anthiocque autrement dit epiphane/cest a dire noble filz de anthiocque le grant fut tresmauvais et deceu et de hors pourquoy son dit ainsi est figure de lantecrist. cestuy macchabee a plusieurs saints treschrestiennement et dispos a frauduleusement devenir en egypte comme son pere mais il ne proffita point car les romains luy myrent le frein aux narilles et sans mains et pensee desle fut contre avec ses merveilleuses oeuvres et aussi guerres et perilz plusieurs firent a romme et en luy fut acomplie la prophetie laquelle est escripte en daniel come lon peult veoir aux livres des machabees et aux docteurs q traictent sur daniel

¶ Iherusalem en celluy temps fut destruicte et desolee par anthiocus epiphane le temple ars et profonde/mais petit a petit fut restabli par iudas machabee et ses freres.

Romains.

Marcus. ¶ Au temps de cestuy cy fut abolye la loy que auoit este faicte soubz le tribunaire appie oppianique que nulle femme portast/en royaulme oultre demie once dor et que par nulz lieux ne portassent robes de diuerses couleurs.

Tiberius. ¶ Ces deux firent guerre en espaigne auec honbles batailles.

Cato.

Gracchus.

¶ Stacius cecilius, scripteur des comedies.

¶ Roys de egypte.

Euergetes aussi nomme.

¶ Cestuy fut filz de Philometor et frere de cleopatra femme de alexandre/roy de syrie/et de cecy auons au premier des machabees au x. c.

¶ Aristobolus iuifz et philosophe en la secte des peripateticiens escript a linstance de philometor expositions sur les liures de moyse.

¶ En cestuy temps furent batailles et continuelles tant entre crestiens que payens/lesquelz demouroit aux docteurs de les reduire a memoire/aux aultres apres la constance des romains/car nulle crainte ne tribulacion les peult retarder ne arrester en facon quilz se voulsissent rendre subiectz a aulcun roy tant puissant qui fust/ains eulx rendirent pour vng chascun et esprouuerent diuerses fortunes et aimerent tant liberte et seigneurie auec honnestete par si grande force et maniere que par les dessusdictes choses ilz abandonnoient leurs biens et substances et finablement leurs vie/et pour ycelle rayson les machabees deffirent leurs compaignies.

¶ Lan du monde.

¶ Line de ihesucrist.

¶ Le temple fut prophane lespace de troys ans et apres fut purifie et dedie par iudas et ses freres comme il appert au premier des machabees.

¶ Les sept machabees auec leur noble mere furent martirises comme il appert au second des machabees au. vii. chapitre.

¶ Eleazar auec plusieurs aultres furent couronnes par glorieux martyre ii. des machabees. vi. c.

¶ Euesques.

Iudas.

¶ Cestuy est cellui triumpheur renomme en israel lequel machabee fut son semblable ne apres les deuant glorieux et dignes de louenges sont monstrees aux liures des machabees a finablement pour garder les saictes loys se offrit a martyre et constamment mourut en la bataille. Et apres luy succeda le frere ionathas lequel augmenta en gloire honneur et loyaulment defendit le testament a la loy finablement tryphon par grande deception le tua auec ses deux filz

Ionathas.

Roys de syrie.

Antiochus.

¶ Cestuy antiochus fut filz de pyphane en son adolescence eut e nom syrie. Et en cellui temps fut faicte grande armee et bien ordonnee par la quelle furent tous deux occis par le mort et trannie de demetrius filz de seleuce au i. des machabees au. vii. chapitre.

Demetrius.

¶ Cestuy demetrius filz seleuce entra au royaulme de syrie come il appert au i. des liures que empereur fut tue lors Iceluy fut contraire aux iuifz mais tantost apres il fit vne assemblee contre alexandre filz de lempereur et en la bataille il fut tue ius

¶ Au temps de ces conseilliers fut la grande bataille de macedoine en laquelle furent persecutez les rommains tres fort/mais de rechief fut faicte une aultre bataille la quelle estoit egalle dune partie et daultre et ne dura pas longuement pource que estoit en paix faicte lassemblee/mais la terre fors lucius dehors le roy legitimement prisonnier en alba a sa mort/et a sentre son ieune filz a parti aux macedoines pour gaigner sa vie et pour soy nourrir.

Pub lius | Scipionius | Sem pronius

¶ Scipion nasique fut moult prudent entre tous les rommains et entre toutes aultres choses il donna deux notables conseilz et dequoy memoire. Le premier fut quant ne destruist pas cartage a celle fin que pour loccasion de la bataille exercitee fust faicte une geste litteraire/et ainsi foret prolonguee/a cause de la doubte ameneroyent les romains en plusieurs en armes. Secondement que en la cite ne fust lieu publicque a iouer ne point veoir les ieux car il disoit que cestoit une chose encline aux hommes darmes et nourrissance de lascivete que son prudent conseil est demonstre par les temps qui sont ensuyvis. Pareillement sainct augustin au livre de la cite de dieu a escript en son second livre demonstre que cest ung inconvenient pour les vices.

Lon gius | Pau lus

¶ Les roys des egipciens lesquelx par ceste ligne sont continues tousiours eurent aliances avec les rommains et amaire regnoyent comme ilz tenoyent iusdictez

¶ Note que la cause pour quoy tant eurent la puissance des rommains sur aultres nations fut vertus specialement iustice et tant quilz la garderent furent invincibles/mais quant ilz delaisserent modestie et iustice/nous lisons que legierement ilz estoyent vaincuz. aussi nous avons en une revelacion divinement faicte a saincte brigide que tandis que les gens vivans naturellement ne deviennent pas miserables. Et ainsi pourrons veoir cy en apres quelz grans et vaillans sont partis devens au temps des crestiens.

¶ Lan du monde | iiii.m.iii.c.lx.

Mathi

¶ Ceston filz dune dame nommee helene et son pere noble chevalier partit de sang royal.

Sy mon

¶ Cestuy symon fut ung homme resplendissant despuis son adolescence iusques a sa viellesse et demoura belle. sinesfacions grandement devoueulx/mais a la fin faulcement fut tue par ses parens/comme il appert au .i. des machabees et au dernier chapitre/et fut filz de mathatie et regenta lespace de .viii. ans.

¶ Cestuy alexandre fut filz epyphane lequel touiours fut gracieulx aux iuifz et en ceci appert estre le meilleur de tous les roys de syrie pourtant que nous lisons bien peu de ses vertus/cestuy print pour femme cleopatre fille du roy degypte mais le roy degipte fit iniquement encontre luy pour laquelle chose le roy darabie decolla cestuy alexandre le fit decoller comme il appert au .i. des machabees et .x. et .xi.

Alex adre | Antio chus | Tri phon

¶ Cestuy antiochus filz de alexandre par le moyen de triphon en son enfance disposa a fere aulcunes choses pour recouvrer le royaulme/mais peu y proffita/car selon que dit le prophete la semence des mauvais perira aussi luy en pareil car il fut tue et triphon en tous ses faitz se porta mal pourquoy tout le povre le delaissa et ainsi fut fugitif tellement quil ne pouvoit trouver lieu seure.

Deme trius

¶ Cestuy demetrius en brief temps assez acquist pourtant que le roy degypte delaissa alexandre et luy estoit savoir a sa fille pourtant que en brief temps tous deux moururent apres la discencion pourtant la terre eut ung peu de repos au temps dudit demetrius/mais a la fin fut prins par le roy de perse et mis en prison

¶ Lan .vcij. apres la fondacion de romme fut commencee la tierce bataille de affricq / et fut au temps de ses conseillers / et finist la quatre annee.

¶ Les rommains.

Lucius — Lucius

cesorinus.

Aulius — marcus

¶ Au temps de ceulx cy vne femme fist vng enfant lequel auoit quatre pies quatre mains et quatre yeulx

Servius

La montaigne nommee ethna getta flammes horribles lesquelles gasterent tout le pays enuiron voisins

Flaccus

¶ Scripiographia rommaine

¶ Roys de egypte.

Philosometor. fol. xvij

Carthages la noble cite metropolitaine daffricques fut destruicte par scipion et par ses conseillers et y dura le feu par lespace de .xvij. iours continues / et alors fut vne grande pitie / car les vngz furent ardans les autres se getterent ou feu. et corinthe semblablement fut gastee par les rommains laquelle estoit nommee vne des puissantes en richesses de tout le monde.

¶ Du temps de cestuy philosomer cicero et varron nasquirent

¶ Au temps de ceulx cy les celtiberes vainquirent fort les rommains Et scipion publius sen ala en affricq ou il fit grande murtrerie de gens Sergius galba fut vaincu par les lusitains et son armee perdue et a poyne sen fouyt.

¶ En cecille les vilains sassemblerent en nombre de .lxx. M. et conspirerent guerres moult perilleuses / car il sont plus cruelz que les nobles et ne leur chault de la saluacion du pays

¶ Lan du monde. v.m. clx

¶ Ligne de ihesucrist

¶ Note vng signe infallible par lequel nous congnoissons comme le cheualier doit faire guerre et pour icelle auoir iuste occasion dont ensuyt tres meschante fin tout ce que dit le prophete. Dissipa gentes que bella volunt / car quant le fort vient contre le fort souuentesfois tombent ensemble et aussi miserable est la victoire du vainqueur qui pert de cheualiers tenant auec luy. ainsi trop grande hardiesse mene quant tout ne se gouuerne par prudence

Eueschs

Johannes

¶ Cestuy gouuerna le peuple .xxix. ans ou selon aucuns .xxxi. et fut exigieur prophete et dux valereux / car il dechassa philosomer son filz et print samarie / et quel eut bien congneu a tout administrer sa mort estre prochaine voyant quil auoit v. filz desquelz il ny en auoit que vng qui fust digne pour gouuerner le peuple dont il ordonna sa femme de saige sur le peuple et sur les enfans ne fut trouuee chose de pitie

¶ Roys de Syrie.

Anthiochus

¶ Cestuy antiochus enuiron .CC. M. combatans et certains rebelles et enchanteurs lesquelz tous sabandonnerent a fuyr pource que la cheuance furent vaincuz par le roy des parthains et alors mourut ledit anthiochus

Anthiochus

¶ Cestuy fut filz de demetrius lequel estre esleu persecuta tryphon et le dechassa. Et premierement fut moult benigne aux iuifz mais quant il fut bien esleue il fut comme ses peres / mais il nen demoura pas impugni comme il appert au premier des machabees

¶ Guerres et batailles ciuiles se esleuerent pourtant que gracus voulut exposer le peuple cōtre les nobles en disant que les terres et prez les se deuoient egallement departir et pareillement or et argent/ et pour ceste cause vint vng grant tumulte et assault/ et en cellui assault fut occis auec grande demande seditieux/ Voyes oroze.

Sauine/ tellius. Sabellicus.

¶ Cestuy sabelicus vainquit le roy darmenie et si auoit petite compagnie/ toutesfoys fut bien grande la desconfiture car C.lxxx. M. hommes darmes furent noyez au rosne. Quintus desconfit les galles lesquelx estoiēt situez aupres des mōtaignes lesquelx maintenant sont appellez sauoyens

Cecilius. Marcus. Architus.

¶ Cestuy philosomeus regna dix ans et en son temps nasquit terencius qui fut grant poete lequel apres se cria pour amour de nutri/

¶ Cecilus ex preslidius fut ordonne que carthage fust restitue et fust remplie de semences des rōmains et depuis la cite apres se esleua bataille.

Philosomeus alexandri

dauid roy de parthe et darmenie fist chaulde guerre aux rommains lespace de xl. ans et en grāde effusiō de sang maintenant vng auoit victoire et puis lautre/ et a la fin il tua ses propres filz et puis beust du venin et occist ses femmes de ses filz et leurs filles et ainsi le miserablement et chaitiuement mourust lequel auoit fait plusieurs maulx/ cestuy cōme testifie orose pour sa scie̅ce nous a delaisse vng bel argument et parelius aussi. Comme aussi son amy a este a tous ses ennemis et a la fin il a experimente quil auoit servi sans ennemis ainsi ne nous fault oster deca/ car quant nous le voulons bien servir il ne prent pas que mourons de malement. Voyes orose au liure. vi.

¶ Lan du monde

Lan deuant la natiuite de iesucrist

¶ Le regne de iudee est restitue lequel auoit este entrerompu lespace de.CCCClxvi. ans/ cestassauoir despuis le temps de ezechie iusques a aristobole

Aristobolus. Alexandre

¶ Cestuy aristobolus premier roy et prestre tant seullemēt regna vng an en se mettant le diademe et ne fut pas content du testamēt de sō pere mais emprisonna mere et filz pour quoy il perist miserablemēt auec son frere antigone lequel luy ayduit. Voy le maistre aux hystoires.

¶ Cestuy alexandre ou ianus gouverna xxvii. ans ou xxviii. et fut grant tyrant combien que au cōmencemēt il se demonstrast doulx et courtoys mais son office demonstra quil estoit par dedens il occist son frere et enuiron xvi. āns fist mourir de ceulx qui auoiēt horreur de ses faitz en le nōbre de.l.m. et quant il vint pres de la mort il laissa deux de ses filz/ cestassauoir hyrcanus et aristobole et ordonna que sa feme regnast pourtant quelle auoit la grace du peuple

Philippe

¶ Cestuy philippe fut le dernier roy de syrie et fut vaincu par les rōmains et cessa le regne des greczi/ cest a dire de syrie lequel auoit dure C.lxxxiii. ans

¶ Antigonus frere du roy fut tue par lenuie de la royne et fut occy dit iosephus et le occy. aussi vng enseignemēt nous demonstrant que nulle beniuolence nulle nature ne doit donner lieu aux crimes neantmoins nul acte vertueulx a peine peult resister a enuie

¶ Au temps de ceulx cy le roy iu-
gurta aflligea fort les rommains/mais ala fin il
fut vaincu ausi adonc(que)s la
noblesse rommaine faillit tel-
lement que l'on pouvoit dire
O cite venale a digne d'estre
a vendre que la soy perisse
et en culx

Scipio nasica. — Publius. — Romani. — Lucius. — Rufinus.

¶ Au temps de ceulx cy les theutonicques
a les germanicques a les cymbres furet al-
liances mais entre eulx il y eut
guerre les rommains a seulement ceulx
ys furet vaincuz a ala fin fut faicte
la tierce fut faicte vne deffense
et en laquelle perirent C. M.
a innumerable nombre de sengneurs
... se trouva a plus dedes comme
eut guerre a dissencion laquelle
apparut vng ... nomme manlius

Mario. — Manlius.

Roys de egipte. — Ptholomeus eleopatre. — Ptholomeus dionisius.

¶ Cestuy regna
ans. viii. et du
temps luy nasquit
Salustie histori-
ographe

¶ Cestuy regna xxx.
ans a de son temps luy na-
squirent Virgile a Ovi-
de poetes

¶ Environ ces temps furent grandes batailles a guerres que l'on avoit pour grandes merveil-
les que les rommains a le bien publicque n'estoit peri, dont clerement il appert que pour nulle va-
leur l'on ne pouvoit avoir paix mais falloit que dieu la donnast par sa grace/et n'ont pas les
faictz escriptz aux anciens les rommains avoient seulement ... ans/ ...

¶ Virgille Maro naquit au pays de mantue et apres
estudia a cremone.

v. M. xxxv

¶ Ligne de ihesucrist

Jacob

xxv

¶ Cestuy iacob fut pere naturel de ioseph/mais hely fut son pere legal de ... sui-
vant monsieur saint mathieu. de l'autre saint luc euangeliste.

¶ En ce temps dans ... monstres de signes merveilleux lesquelx monstre fort effrayerent les rom-
mains/a tantost apres en diverses provinces furent destruictes les diverses armees des rommains

Euesque. — Alexandra.

¶ Ceste alexandra fut femme dudit alexandre laquelle posseda ix. ans a fit
plusieurs tyrannies combien que par avant tellement dissimulast que l'on lesti-
moit devote a religieuse. Elle fit promouvoir hyrcan a ... de prestrise a ordo-
na qu'il regnast apres elle/pource est mis ycy en la ligne des euesques pour pa-
rer au nombre des ans a compas pour ... de ... exercer l'office deuesque.

¶ Varron marcus fut grandement renomme car tant il fut ... et ce qu'il
a laisse a escripture a tant il a escript que a peine pourroit l'on toutes ses oeuvres lire comme dit terence

¶ L'erreur des pharisees ... environ ces temps. Et note quil y avoit trois
sectes en iudee/c'est assavoir des pharisees/des saduceez/a esseez/a tous ceulx cy furent differens
de la commune vie des iuifz/car ilz estoient ... en diverses ... /a pour leur ... de
vie ilz se disoient estre plus sains que les aultres. Regarde le maistre aux hystoires pres du cha-
pitre saint iehan. Item aulcuns disent qu'il y eut aultres deux sectes/c'est assavoir des ... ar-
... et genistes

¶ Cicero marcus tullius rhetoricien resplendissoit

¶ Fimbria destruit Ylion qui est troye ancienne mais tantost fut redifiee par Sylla

¶ Ces deux conseilliers ayans guerre entre eulx commencerent la premiere bataille ciuile en laquelle ce fut ... l'occasion et la maniere de faire / et alors tant en fureur de tuer que lon dit que l'occasion estoit ressemblee a vng [illegible] qui sappelle silla / dont ... contre ... hommes vaillans auoins nous veu

Iulius | Sylla.

tuere en bataille les armes et en paix ceulx qui ne sont armes les [illegible] nous et [illegible] loix prescrip tion fut instituee.

Lucius | Marius

¶ Ces deux vng consecutiuement resisterent a silla et p ces deux / bataille ciuile dura quatre ans auquel temps tout le monde contint contre eulx se son [illegible] et a la fin pompe / ius fut vaincu et eut la teste couppee et adonc peu a peu tout se adoulsist

Pompeius | Marcellus

Roys Egypte | Cleopatra ans xx

¶ A cestuy cleopatra ... le royaulme de Egypte et admoneste le peuple quilz plus estudiassent a lamour des commaulx auoir que a guerre et armes [illegible]. Le tiers an de cestuy cleopatra ne sus [illegible] et aussi est faicte la calculation des ans par ceste lignee descendans a ihesucrist et apres sensuyt le compte des ans p la ligne des romains. ¶ Les batailles ciuiles lesquelles ont dure xl ans sucederent et tellement fut contraincte la cite de romme que necessairement luy faillit muer son gouuernement combien q par plusieurs annees eussent louablement gouuerne leurs conseilliers de la empire la condicion de [illegible] ... sa [illegible] a peu durer en [illegible] et gloire combien que [illegible] elle querist ces choses. O quante rage et folie est de querir ceulx en [illegible] et effusion de sang que [illegible] ... [illegible] ... en [illegible] manieres lon ne les pourra garder comme [illegible] peu faire ces [illegible] romains. Ainsi [illegible] ihesucrist a labourer pour luy affin que son labour ne perisse

¶ Pompeius tousiours fut victorieux il subiuga xxii roys / mais depuis quil prophana le temple ne fist bataille quil ne fust vaincu semblablement crassus apres le pillage ... de lyne ... et despouiller le temple laquelle chose ne fut pour ceste raison lon luy coupa la gorge ... donc il mourut mauuaisement. Aussi seigneur dieu [illegible] ceulx qui ... tresgrans exemples trouuons contre ceulx qui ne craignent de faire deshonneur a leglise ne au clergie / ... ... nous ... [illegible]. Et la ou il dit [illegible] ... en glaiue ... moyse [illegible] a leur ... qui oderunt eum non consurgant. &c.

Hyrcanus.

¶ Cestuy hyrcanus fut filz dalexandre lequel succeda au royaulme apres la mort de sa mere auquel meut guerres et [illegible] a cause des parcialitez du peuple et [illegible] fut [illegible] a laide du roy darabie fut restitue et puis apres fut tributaire aux rommains pompeius en aucun temps [illegible] ... en mort de roy et alors fut ... [illegible] par la [illegible] des parties [illegible] contre luy [illegible] antigonus. [illegible] ces choses ... &c.

¶ Catilina fut grant rendu ... la cite ... contre les peres et pour certain il fut ... et ceulx qui estoient consentans de lasdicte coniuration furent liurez a mort a romme

¶ Virgille excellent poete sur les poetes fut de grande renommee car il fit choses merueilleuses

¶ A romme furent nombrez. CCCC. M. &c. hommes tous habitans de la cite

¶ En egypte fut bruslee vne librarie en laquelle auoit. CCCC. M. liures en auoy apres la grande diligence que les anciens ont eu a recueillir ses liures. O quelle confusion doit estre aux modernes si ne sont apres dacquerir liures aux quelz est le tresor de sapience dont ilz les ont ... pour ...

¶ Troys soleilz sapparurent en orient lesquelz petit a petit retournerent en vng soleil grant signe estoit car il signifioit grandes choses car il demonstroit que ainsi asie affricque et europe de uoient tantost estres conuerties soubz vne seignorie. Item que la seignorie de lucie de anthoyne et marc anthoine retourneroit en vng/mais pour plus grande veue demonstroit que la saincte trinite se vouloit en ihesucrist manifester au monde

¶ Oracius flaccus satiricque eut lexcellence en ce temps

¶ Salustie crispus hystoriqne

¶ Possidonius stoicque

¶ Scipio se coupa la gorge

¶ Iuba roy se fist coupper la gorge

¶ Iuli9 cesar regna .v. ans

¶ De cestuy cesar sont appellez tous les aultres cesares.

¶ Les cesares.

¶ Plotius premierement enseigna a romme latin et rethoricque.

¶ Hecaton stoicque lequel dit questoit chose honneste et haulte. Se tu veulx estre ame ayme Tu querras q ie pense ie commence estre amoigneshiues

¶ Titus liui9 hystoriographe.

¶ Marc9 cestrus orateur

¶ Cestuy iulius fut tant agu que sa pensee et sa main souffisoient quasi a choses impossibles. Luy seul batailla. lij. foys et surmonta marc marcelle au quel seul fut ainsi bataille. CCC. et .ix. foys

¶ Apres que pompeius et plusieurs tresnobles rommains furent occis il vsurpa lempyre de romme et apres ce quil eut regne .v. ans par la conspiration de brutus et de cassie frauduleusement fut tue luy qui estoit seigneur de tout le monde

¶ Petreius se perca de son glaiue et plusieurs aultres nobles pource quilz ne vouloient estres subiectz a iulius et mesmement quilz craignoient destres tuez comme ia plusieurs auoient estes occis.

¶ Lan du monde.

¶ Ligne de ihesucrist.

¶ Lan deuant la natiuite de ihesucrist. 47

¶ Iudee fut faicte tributaire aux rommains pour la partialite des deux freres/ cest assauoir de aristobole et hyrcan lesquelz luug pour lautre de laultre se rendirent subiectz aux rommains affin quilz peussent regner

¶ Cathon tres renomme voyant que cesar triumphoit ainsi et il nestoit pas fauorable se tua en vne place appellee vtique dont il est escript Cathon aima mieulx mort que veoir ger a lhonneur de sa cite/neantmoins il nest pas excuse de peche selon saint augustin

¶ Eucleves

¶ Diodorus scribe de lhystoire grecque.

¶ Ouide naso

¶ Gapus feleidius.

¶ Cornelius hystoricque.

¶ Marcus varron cestuy dit cestuy ne seignera chose que de luy riens ne apprins

¶ Cornelius gallus

¶ Messalla poete

Et moult daultres furent en ce temps

anthigon9

¶ Cestuy anthigonus filz de aristobole par tout oultra insolence ne obeist pas aux rommains et si fist grande playe au pays a celle fin que quant hyrcan seroit dechasse il peust regner et si promist au roy des parthiens de luy donner mil talentz et .v. vierges affin quil luy aidast/et tout ce procuroit hyrcanus son nepueu/et ainsi hyrcan fut dechasse et plusieurs esterent et herode chasse. mais quant herode fut venu a romme il receupt tout aux senateurs et alors auguste le ordonna roy de iudee et auec luy enuoya grant exercite et prindrent iherusalem et enuirent anthigone prisonnier et le liura a anthoine lequel le frappa dune congnie et herodes fut confirme roy et alors cessa le sceptre de iuda comme auoit dit iacob par auant

¶ Cestuy octauian fut nepueu de iulles: ¬ en son adolescence receut lempire ¬ fut en ieunesse hō/
nore en sa force ¬ bons excercices/car il fit .v. ou .vi. batailles ¬ en telle facon q̄ tout le monde fut mys
dessoubz vne seigneurie. Cestuy est celluy tout seul qui na pas heu son second/soubz lequel repousa
tout le monde ¬ luy fut obeissant ¬ fut ainsi fait p la diuine prouidence affin q̄ la paix q̄ a nr̄e de/
noit par la natiuite de ihesucrist fut manifestee. Cestuy se glorifioit en disant quil auoit trouue
la cite de marbre/laquelle il trouua de terre: il fut bel de corps ingenieux ¬ en toutes choses
fortune/mais en luy fut le peche de la chair. Il est celluy qui fit descripre tout le monde comme il
est escript en saint luc au .xv. c. ¬ en son an .xlii. nasquit ihesucrist saulue
¬ tout le monde lequel donna aux siens paix eternelle

Octauian auguste monarche des Rom.

mains ans .lvi. moys .vi. iours .x.

¶ Les empereurs rommains sont cōgneus par ceste ligne ¬ sont
tous appelles augustes pour lexcellence de cestuy auguste. Certes il est chose iuste que cellui do-
nast a cō⁹ nom lequel a donne a tous reigle de viure ¬ de gouuerner la chose publicque/en luy fut tāt
grande prudence ¬ sapience que a grāt peine est il possible a croyre que humaine nature ait pro/
duyt son semblable. Et quoy mais il a merite de veoir ihesucrist auec sa benoiste mere quasi cō
me sil fust le dernier qui a este appelle a congnoissance de nostre foy et oncques puis ne voulut es/
tre appelle seigneur ¬ a luy premierement cōstruit temple/il fut lexemplaire de iustice de clemence
de ciuilite/de paciēce/de discipline/¬ toutesfois bien tard son treuue ces choses aux princes. Il ne
fit nulle bataille synō que a ce faire il ne fust contrainct. Et pourtant disoit il q̄ cest grant difforme
ge prendre le poisson a lameçon dor/car le poisson quon y prent ne se peult comparer a lor per
du ¬ a ceulx qui luy demandoient il dit en la franchise et liberalite cite fault que les langues soient
franches ¬ liberalles ⁊c. Mais il ne permettoit point les cheualiers estre oyseux ne viure de

¶ Lan du monde v.m.clxix

Ioseph. espoux de la vierge marie ne quit enuiron ce temps.

xl

¶ Le beuf parla au laboureur en laboutant ¬ dist en bref defauldroie deuenir plus les hōmes q̄ les
bestes/ ¬ selon aucuns au lieu des hōmes il dist froment.

herodes ans xxxvii

¶ Le ceptre sera oste de iuda ¬ le duc de sa cuisse/car en
bref deuoit estre venu ¬ sacre le salut des saintz contre la pro/
phecie de iacob escripte au Genese .xl.

¶ Les roys de iudee

¶ Lyon est vne cite en
frāce ou en galles que fut
fondee par Vergi lucienne
marc⁹ plaut⁹ orace ¬ disciple de cicerō

¶ Cestuy herodes abscalonite fut p̄ pompee ¬ entre
les iuifz le premier roy estrangier le maistre diligem
tement traicte lhystoire decelluy ¬ dit quil fut treshault
sans homme ¬ digne de foy/¬ que en tous ses faictz
se porta bonnement ¬ fut aggreable aux rommains et
a tout le peuple qui amoit paix il fit moult douuraiges
dignes de memoires/toutesfois en sa vieillesse il vou
lut trop complaire aux rommains: car quāt il ouyt
parler de la naissance d ihesucrist il faillit de son sens
doubtant estre chasse de son office daultant quil estoit
estrangier il fit occire les petis innocens auec plusi
eurs des siens furēt occis: ¬ finablement fut ennemy
de tous ¬ de griefue maladie miserablement mourut.

¶ La monarchie ou seignourie des rommains sa plus grande couronne eut en icelluy temps comme tesmoigne saint iherosme et les autres docteurs/ainsi fut que guerres se tarissoient par tout le monde en certaines provinces soubdainement et merveilleusement fut faicte paix: car tous se rendirent subiectz aux princes des rommains a celle fin que nostre createur monstrast que celle paix universelle estoit faicte non pas par labour darmes/mais par la saincte grace. Par avant estoit de coustume que quant une bataille estoit finee sauldoit ou plusieurs sautenoient/mais approuchant la nativite de ihesucrist la cite reposa a tout le monde

¶ Sebylle tyburtine fut de grande renommee laquelle prophetiza de ihesucrist et dist a lempereur auguste que selon la folie des payens il ne pensast ou cuydast estre dieu et luy monstra au ciel une belle vierge tenant en ses bras ung bel enfant et luy dit celluy est plus grant que toy pour tant le adore

¶ Les empereurs

Selon les lettres charnelz/car leur estat est ordonne a savoir. Il fist enseigner ses filles a mettre a point la laine et a la filer et labourer pourtant que les choses temporelles sont variables affin que se fortune les amenoit a povrete quelles sceussent gaigner leur vie et si ne permettoit que les vestissent devant luy se non en vestemens et faits humbles. Les royaulmes quil avoit acquis par vertu darmes il restitua excepte aucunes choses pour son estat et aux estranges benignement de ses biens interpelloit. Par clemence il permettoit estre appelle en tesmoignage et diceluy reprins il eut plusieurs familiers lesquelz il se doubtoient tuer et faire guerre publicquement les aultres ont estez trouvez pervers/mais quant ilz demandoient grace il leur donnoit et la vie et les biens plusieurs de estez qui se glorifioient estre de ce noble sang que nont pas estez imitateurs des nobles meurs.

¶ Marie nasquit devant la nativite de ihesucrist .xv. ans ou environ

¶ Lan du monde	.v.m.c.lxxix.	.v.M.C.xcix.

¶ Ligne de ihesucrist

¶ Joachim et anne estoient de clere et saincte vie lesquelz meriterent par grace singuliere de procreer marie fille de toute felicite excellente sur toute creature laquelle nous a engendre dieu et homme

Joseph

Maria

¶ Octavien quelz conve[n]issent ensemble marie fut trouvee enceinte du saint esperit comme dit saint mathieu

Lan premier devant la nativite de ihesucrist cc

Nous trouvons que environ ces temps les bourguignons commencerent et toutesvoies ont estez puissances gens et sont ainsi appellez/car ilz se fermoient en chasteaux plusieurs bourgz

¶ Marcus agrippa gendre doctavian fonda une cite sus le rin nommee agrippine laquelle fut apres appellee coulogne

¶ Listoire evangelicque faicte sus toutes les escriptures icy est ordonnee

¶ Lan du monde .v.m.c.xcix. et fut le premier an devant la nativite de ihesucrist et que ja estoit marie esposee a ioseph/le pere de lautre envoia lange gabriel a pucelle marie affin quil luy anoncast que la plenitude du temps estoit venue pour la redemption de humain lignage et que par elle le filz de dieu entreroit au monde/cecy fut ung des secretz le plus secret et entre les merveilles la plus grande entre les choses salutaires la plus salubre/et entre les choses desirees la plus desiree/et entre les mysteres le plus parfond et a este desire acomply environ ces temps tellement que dieu a este fait homme. Qui est celluy qui iamais ouy telle chose et a la meme voulente diligemment meditast le mistere depuis la devote hystoire en prince de saint luc

¶ Zacharie et Elizabeth furent de saincte vie et pere et mere de saint iehan baptiste

¶ Jehan baptiste nasquit lequel fut tant grant que entre les hommes nez de femme ne fut ung plus grant

¶ Rôme en sa flo^r z prosperite nombra ses cytoyens et furêt descriptz nombre foys. CCC. m. z lxxx. m.

¶ Valere hõme de grât renõmee fut en ce temps.

¶ Aulcuns roys a lhonneur de cesar auguste fonderent aulcunes citez lesquelles ilz appellerent cesarees z specialement en mauritanie palestine auguste en alemaigne lesquelles presentemêt sont nobles citez. Item plusieurs roys venoient de leurs royaulmes a son service.

¶ Icy commence le glorieux temps des crestiens sur tous aultres temps z nacions special lequel se prent de la glorieuse incarnation ou natiuite de nostre redempteur ihesus eternel filz de dieu selon sa deite et temporel filz de la precieuse vierge marie lequel voulut naistre z venir a nous en forme humaine/ lan de octauian. xlij. z de la olimpiade laquelle se faisoit de. c. xciij. Et fut selon que dit beda acomply lan du monde. v. m. cxcix. Et qui bien notera auec beda dicteur des le premier homme adam iusques a ihesucrist sont passes. v. m. z. CC. ans moins vng/ z cestuy nombre tient leglise comme le plus vray. Pareillemêt aultres diuers docteurs diuersement nombrent le dit têps mesmement les hebreux lesquelz se trouuêt plus briefz/ z les aultres plus longz cõme les methodes z plusieurs aultres que seroit trop lõg de racompter z peut dimuer

---

et au de cest eage

¶ Enuiron ces temps nasquit ihesucrist de vierge pure z nette par vne nouuelle maniere comme auoient prophetise les prophetes z ce fut la plenitude du temps auquel dieu deuoit enuoyer au monde son filz z pour tant icy commence le. vi. eage du monde de laquelle nul ne peult sauoir la fin sy non dieu le createur. Et dit saint augustin que cest eage se doit appeller viellesse laquelle touteffois seffêd oultre les precedens eages/ car plusieurs viuêt iusques a. C. xx. ans z plus z vng chascun est incerte que soit appelle viellesse ceulx qui ont. lx. ans. Done cest chose folle de vouloir determiner cõbiê son deura laquelle chose plusieurs ont voulu faire/ mais tous ont estes deceuz comme le preuue saint thomas

¶ Les seigneurs de iudee — arche clauf — cupo nius — Mar cus

¶ Cestuy archelaus filz herode fut procurateur. ix. ans. dessoubz lequel ihesus retourna de egypte. Cestuy par sa ferocite fut par les iuifz accuse z puys fut enuoye prisonnier en la cite de Vienne

¶ Cestuy fut substitue au lieu de archelaus

¶ Dessoubz cestuy mourust salome la seur herode.

¶ De la principaulte des communins parle ciceron au livre des offices et disant il a este aulcun temps que lon vivoit sans roys/mais puys que par le droit des gens les possessions se commencerent a diviser ne furent les roys institues sy non pour administrer a ung chascun ce qui est sien en iustice et raison/Et pourtant que au commencement les puissans et riches gastoiet les povres et innocens/et alors ilz recouroient a aulcuns puissans qui les deffendoit par la vertu et egallement gardoit le droit du povre comme du riche.et en ceste condicion furent constituez les roys neantmoins les roys regnans aulcunesfoys les petis estoient oppressez pourquoy furent loys et droitz institues pour iustement iuger nonpas pour hayne ou faveur et affin que lesdictz princes iniustement nagassent/car les loys obligent les roys et les subiectz/car la loy ne permet pas que le prince prengne et viole les vierges ne ravissent les biens de leurs subiectz/mais celluy qui bien gouverne doibt en observant la loy regner et nul aultre ne doit occuper son regne.

¶ Empereurs

Tiberius primus dos xviii

¶ Cestuy fut filz adoptif de octavian et fut homme de grant couraige et vertueux et a ses subiectz il fut comme pere piteux. Et a aulcuns princes qui vouloient grever le peuple il disoit Loffice du bon pasteur est de tondre ses brebis et nonpas de les escorcher Item quant il admonnestoit de changer les baillifz et officiers il dit. Je vys une foys ung homme qui chassoit les mouches des playes dung malade et le malade grandement le blasma en disant ne chasse pas ceulx cy car elles sont saoulles et les aultres survenantes seroient affamees comme se il vouloit dire. Il est plus convenable et liverre que tenons les riches officiers que mettre des povres pour de nouveaulx trescher [illegible]

¶ Lan du monde v.M.CC.xi.

Ihesus de laage de xii ans

Disputa au temple avec les docteurs

¶ Lan de incarnacion xii

¶ Les ans de incarnacion sont continuez par ceste ligne

¶ Note que son retournement de lenfance de nostre saulveur et des oeuvres iusques au baptesme de saint iehan selon les evangelistes fors que le xii. an il desputa au temple contre les docteurs/et il estoit subiect a la vierge mere et au pere putatif il est escript par les docteurs comme le glain saulvaire/et aussi des devotes personnes soy perforcans de savoir quelle fut la conversation de ihesucrist en ceulx xviii ans. Cestuy livre qui est intitule de lenfance du saulveur pourtant quil est nombre entre les livres apocriphes il ne nous rapporte point dauctoritez/et nest pas vray semblable que telles choses divines et miracles il aye fait vivant pacifiquement entre les enfans veu que au temps du a peine sa devote mere la peu croire enclinee/et semblablement les apostres etc. Il dit mon heure nest pas encores venue.etc. Et aussi ie ne suys pas envoye fynon aux brebis qui sont peries de la maison disrael/Doncques contre croyre et a nully croyre tous deux sont vituperables.

¶ Les procureurs de iudee

Anii. rufus

Valeri. gratus

Dessubz cestuy mourut auguste.

¶ Cestuy Valerius gratus publiquement vendit la prestrise et celluy qui plus en donna il le obtint et ainsi en brief en furent plusieurs.

[illegible] et prudent seigneur : aucuns tellement le vouloyent destruire les princes : car ilz suvouloient le peuple [illegible] combien que ilz leurs soyent necessaires. Neantmoins souventeffoys par leurs astucies ilz demainent le prince et le peuple a leur volente. Et pourtant cest vne grande prudence aux princes de [illegible] faire quilz ne soyent vayns de leurs subiectz : ce autrement aucuns vouldroyent persuader lon les doit longs chasser pour venir au meurtre affin que la renomee des princes soit [illegible] et que lon dit quilz aiment le peuple. Et tel iadis a este le conseil des payens et des saintz crestiens / a de ceulx dont crestiens tous les iours. Aussi tiberius cognent et entendit de [illegible] la haulte seignorie pourquoy il se adoura [illegible] son roy a son dieu. Toutesfoys aucuns disent que apres il vesquit cruel contre les [illegible] mais nul ne scet par quel ingement ce fut. Toutesfoys il monstra grant signe de pitie : car tousiours il fut gracieux et bening aux poures et pour tant il eut paix en toute sa vie contre les ennemys de ihesucrist et des crestiens les [illegible] tousiours il a deffendu et specialement pilate lequel il condampna. Quant il mourut monde de gens se resiouyrent mais il en succeda vng pire. Il vesquit ans .lxxviij. et fut empereur ans .xxiij.

¶ Jehan baptiste necessaire fut decolle par herode pourtant quil le reprenoit de adultaire / et fut cestuy herode antipas tetrarque de galilee / et pour ce cause il est temporellement et eternellement puny auec herodiade

¶ Dit saint bernard benoist ihesus la passion que tu as soufferte a moy et tes [illegible].

¶ Lan du monde.	.v.m.ccxxx.	.v.m.ccxxxij.

nostre seigneur ihesus fut baptise au fleuue de iourdain.

Jhesucrist nostre redempteur voulut mourir pour les seruiteurs en leage de .xxxiij. ans et .iij. moys.

.xxx.	.xxxij.

¶ Enuiron ces temps merueilleuses choses et non ouyes aduint au monde cest assauoir aperte reuelacion de la saincte trinite premierement le pere en voix / le filz en chair / et le saint esperit en espece de colombe / et par nous est ioint ihesucrist vray sauueur promis en la loy lequel est la voye verite et vie / sans lequel nulle est saluacion. Et desia par est ordonnee listoire de trois ans de la doctrine ihesucrist auec plusieurs glorieux miracles tant grans que oncques ne en furent semblables.

¶ En lan .xxxiij. fonctaine monde de miracles a pourtraire le iour de sa passion la terre trembla les pierres furent rompues le soleil fut obscure les monumens furent ouuers lesquelz de persones il ressuscita auec plusieurs Et puis apres quarante iours glorieusement il monta aux cieulx auec grande proye. Item le iour de penthecouste vint le saint esperit sur les apostres et toutes ces choses ne sont que sacremens de nostre eternel salut aux quelz les deuotes personnes tous les iours prennent leur refection / bien heureux est celluy qui tous les iours met son entente en ses choses car il en recepuera fruyt spirituel

Ponce pilate

¶ Dessoubz cestuy commenca saint iehan baptiste a prescher et dessoubz cestuy nostre seigneur souffrit mort et passion et pour la crainte quil auoit de cesar iniustement le condampna a mourir en larbre de la croix / et pour ce mourut miserablement car il se occist et de sa sepulture lon en racompte choses merueilleuses

N Ostre mere saincte eglise est [illegible] a la cite de laquelle il est escript / choses glorieuses sont dictes de toy ainsi il est escript au pseaulme lxxxvi. Quelle chose pourra estre plus glorieuse que la cite que a glorifiee la saincte trinite / laquelle deffend & garde la divine maieste laquelle illumine la divine clarte laquelle gouverne la divine bonte Et de laquelle ihesus est le chef / lequel est vray dieu et vray homme / Et en laquelle tous les croyans sont citoyens / de laquelle les ministres sont les bons anges / lesquelz font le guet sur la muraille [illegible] & iour. Cest celle que a edifie le vray filz de dieu sur la pierre ferme. Et combien quelle ne [illegible] les portes denfer / Cest celle syon bien amee de laquelle le seigneur a ayme les portes sur tous les tabernacles de iacob / Cest celle espouse immaculee non ayant macule laquelle il na pas espousee en vilz ornemens / mais en son precieux sang / Ceste est la mere de belle dilection de congnoissance et de saincte esperance laquelle engendre enfans lesquelz regneront eternellement / Ceste fut premierement annoncee par les patriarches / prophetisee par les prophetes / [illegible] et recongneue toute [illegible] & [illegible] & fertile obeissante de la synagogue ainsi sa dame & maistresse. Et quoy plus le ciel & la terre la mer avec les choses dedans contenues servent a ceste dame / Doncques pouons dire / choses glorieuses sont dictes de toy cite de dieu O iherusalem tu es bien heureuse qui est semblable a toy qui es sauluee de dieu Tes ennemys te regarderont / & tu leur marcheras sur le col / & pour tes peres te naistront tes filz / & ne deffauldra [illegible] es siecles des siecles / seigneur dieu tu vueilles dresser sa force & te plaise par de [illegible] de ses mains frapper les [illegible] de ses ennemys & que la [illegible] ne se puissent eslever / seigneur plaise toy [illegible] la [illegible] & [illegible] a son peuple, dieu tout puissant retourne toy et des cieulx regarde & [illegible] ceste vigne / et plante ce que ta dextre a plante / ta main soy faicte sur lomme de ta dextre et sur le filz de lomme ihesucrist nostre redempteur que tu as [illegible] a toy lequel vit et regne es siecles des siecles en la unite du sainct esperit ung dieu en troys personnes benedictus Amen.

Ihesucrist vray dieu & vray homme [illegible] lignee de la tresnoble & pure vierge marie selon [illegible] / descendant de la semence dabraham par lignee royale et sacerdotale seul espoux et chief de nostre mere saincte eglise / roy des roys & seigneur des seigneurs eternel [illegible] / iuge des vifz et des mors / au [illegible] pelerinant en ce monde xxxiii ans & troys moys / [illegible] premierement [illegible] [illegible] de vie eternelle / puis apres celle voye a demonstre par sa saincte parolle et doctrine / comme tesmoigne levangeliste. Et quant il fut en leage de xxx ans de dieu le pere tout puissant fut baptise / par la main de sainct iehan baptiste au fleuve iordain / il [illegible] fut le premier oingt et la [illegible] souverain prestre et evesque par le sainct esperit pour le salut de nos ames & le sainct esperit [illegible] descendant sur luy corporellement en espece dune colombe testifia de luy quil estoit le vray saulveur du monde [illegible] la prophetie de ysaye. Cestuy donc ihesus esleut [illegible] disciples [illegible] il envoya devant sa face en toutes citez & places ou il devoit aller & leur donna puissance & vertu de guerir les malades de toutes langueurs. Et [illegible] apostres quil envoya par tout luniversel monde pour prescher levangile / & ne eslut ihesus que ces deux ordres cestassavoir disciples & apostres & ceste [illegible] lesglise en ordonnant prestres & evesques car aux apostres succedent les evesques et aux disciples les prestres & [illegible] deux ordres toute lesglise est commise comme [illegible] comme il appert au decret que le pape [illegible] & [illegible] distinction [illegible]. Et [illegible] le [illegible] et [illegible] redempteur [illegible] pour son peuple [illegible] mort & passion [illegible] & [illegible] le martyr chief de tous martyrs / puis apres ressuscita de mort a vie & monta aux cieulx & [illegible] le sainct esperit & [illegible] la croissance laquelle durera iusques a la fin du monde

Ihesucrist promys par les prophetes selon la verite de nostre foy est vray dieu & vray homme laquelle verite nous sommes contrains de confesser par les evangelistes & la saincte escripture. Et veritablement confessons que ihesucrist fut ne de femme qui souffrit mort & fut [illegible] & confessons que toutes les choses furent faictes a dieu et [illegible] a la nature divine [illegible] en la humaine / toutesfoys les choses [illegible] sont dictes de dieu selon la vraye foy sans [illegible] deroguer a la perfection de nature divine comme clerement pevent entendre ceulx qui [illegible] pevent entendre lescripture

¶ Saint iehan escript ou pa
ys dasie en grec In principio
erat verbum, etc.

¶ Saint luc escript en grece
en grec Fuit in diebus hero
dis regis iudee. etc.

Saint au-
gustin a es
cript sus sa
int iehan.

¶ Dit ihesucrist Je suys la lumiere du monde qui ne che/
mine point en tenebres. Item ie suys qui donne tesmoigna-
ge de moy mesmes et aussi le pere baille tesmoignaige de moy
Je suys bon pasteur et congnoys mes brebis et elles me con-
gnoissent Je suys la voye la verite et la vie nul ne vient a
mon pere sy non par moy Je suys la vraye vigne. etc.

Saint Am
broise a es-
cript sus sa
int Luc.

¶ Je vous dis par moy mesmes que le ciel et la terre passeront mais mes
parolles ne passeront point. Qui croyra et sera baptize sera saulve et cellui q
ne croyra sera condampne Ce que ie vous dis ie dis a tous. Veillez car vo
ne scavez quant le seigneur viendra Le soleil et la lune ne donneront point
leurs lumieres et adonc ilz verront le filz de lomme venir aux nuees du ciel

¶ Pierre ie prie pour toy affin que ta foy ne deffaille et toy aucunesfoys conver
ti conferme tes freres Cellui entre vous qui est le greigneur soyt fait le me-
nistre et mendre ie suys au myllieu de vous comme cellui qui ministre Aduisez
que vous ne soyes seduictz/ car moult viendront en mon nom qui
diront ie suis crist. Mais ce nest pas encores la fin/ en vostre pa/
cience vous possederes voz ames

¶ Je vous envoye comme les brebis au myllieu des loups
Soyes doncques prudens come serpens ne doubtez ceulx q
occient le corps/ car ilz ne peuent occir lame/ mais doubtes
cellui qui peult perdre lame et le corps en la gehenne eternel
le/ tout homme qui me cofessera devant les hommes/ ie le co
fesseray devant mon pere

Saint ihe-
rosme a es-
cript sus sa
int Marc.

Saint gre/
gregoire a
escript sus
S. matheu.

¶ Saint mathieu escript en
iudee et en hebreu Liber genera
tionis ihesu x̄pi. etc.

¶ Saint marc escript ytalye
en grec Inicium euangelii ihu
x̄pi. etc.

¶ Les.xii. articles de la foy

Pierre. ¶ Je croy en dieu tout puissant createur du ciel & de la terre.

Andrieu. ¶ Et en ihesucrist son filz de dieu le pere nostre seigneur.

Jehan. ¶ Qui fut concen du saint esperit et ne de la vierge marie

Jaques. ¶ Qui souffrit soubz ponce pilate & fut crucifie mort & ensepulis

Thomas. ¶ Il descendit aux enfers le tiers iour ressuscita de mort a vie.

Jaques. ¶ Il monta aux cieulx & est assis a la dextre de dieu le pere tout puissant

Philippe. ¶ Encores viendra iuger les vifz & les mors.

Bartolomieu. ¶ Je crois au saint esperit

Matthieu. ¶ Saincte eglise catholique

Symon. ¶ A la communion des saincts & a la remission des pechez

Jude. ¶ A la resurrection de la chair

Mathias. ¶ Et en la vie eternelle. Amen

¶ Iheremie au.iii.c. Tu mappelleras pere & ne cesseras daller apres moy/ Exode.xx. Tu nauras point de dieux estranges deuant moy/ & ysaie.xlv. Je suis seigneur & nest aultre qui crea les cieulx & forma la terre & au psealme.cxiii. nostre dieu est au ciel
¶ Abacuch au dernier.c. au seigneur ie me esiouyray & esleueray en dieu mon dieu/ & au psealme.ii. le seigneur me dit tu es mon filz auiourdhuy ie tay engendre. Iohannis.iiii. moy & le pere sommes vne chose. Colo.i. il est ymage de dieu inuisible. Verbo dei
¶ Ysaie.vii. Vne vierge concepuera & enfantera vng filz et tu appelleras son filz emanuel. Iheremie.xxxi. la femme enuironnera homme. aux galathiens.iiii. dieu a enuoye son filz ne de femme Ezechiel.xliiii. ceste porte sera close & ne sera ouuerte
¶ zacharias.xii. Ilz regarderont a moy quil ont crucifie & si le plouront. Ysaie.liii.c. comme les brebis il a este mene a occision vrayement il a porte nos langueurs/ & en la premiere epistre de saint pierre Crist a vne foys souffert pour nous le iuste pour les iniustes
¶ Ozee.xiii. O mors ie seray ta mort le tiers iour ie le ressusciteray psealme.xv. Et ne donneras pas a ton saint veoir corruption Ephese.iiii. il descendit premierement aux inferieures parties de la terre. Romains.vi. Crist ressuscitant de mort plus ne meurt.
¶ Amos.ix. Il edifia au ciel son ascencion sera le nom de celluy psealme.lxvii. Faictes chemin a celluy qui monte sus occident & de eschief il est monte en haulte & a mene prisonniere la captiuite Michee.ii.c. il monta deuant eulx & leur monstre le chemin.
¶ Malachie.iii. ie monteray a vous au iugement & seray hastif tesmoing. ps.xcv. Il iugera tout le monde en equite & le peuple en sa verite. Job.xix. Fuyes deuant la face du glaiue/ car il est vengeur de iniquite & sachez que sera iugement
¶ Johel.ii.c. ie respandray de mon esperit sus toute chair Job.xxvi. son esperit orna les cieulx. Sapience premier. lesperit du seigneur a remply toute la terre. ps.cxl. Ton bon esperit me menera en la terre droicte.
¶ Dauid.ps.xxxv. Je te confesseray en la grande eglise. Sophonie.iii.c. Ilz inuocqueront le nom de seigneur & luy seruiront a vne espaule. Mathieu.xviii. Se ton frere peche contre toy dis le a leglise & se il ne ouyt leglise &c
¶ Michee.vii.c. il ostera toutes nos iniquitez et les gettera au parfond de la mer. ps.cxviii. Je suis participant a tous ceulx qui te craignent & gardent tes commandemens. Ezechie.xviii. ie vifz dit le seigneur ie ne vueil pas la mort du pecheur
¶ Ezechiel.xxxvii. Je ouureray vos tombeaulx & vous amenerav de vos sepulcres. Job.xix. au dernier iour ie seray leue de la terre & en ma chair ie verray dieu mon saulueur. Phili.iii. il reformera le corps de nostre humanite configure au corps de sa clarte.
¶ Daniel.xii. plusieurs de ceulx qui dorment en la pouldre de la terre se resueilleront les vngs a vie les aultres a mort. ps.lxi. tu rendras a vng chascun selon les oeuures. marc.vii. ceulx cy yront au supplice eternel & les iustes en la vie eternelle. Cori.
Nous auons maison qui nest pas faicte de mains dhomme.

¶ Listoire de lacte des apostres per fut ordonne.
¶ Le saint esperit vint sus les apostres en langue de feu.
¶ Et yci commenca a estre fait le service du nom de ihesucrist/ceste assauoir le iour de penthecoste selon que dit saint augustin.
¶ Saint estienne fut lapide et prothomartyr consacre a ihesucrist.
¶ Sainct pol fut tire ius et puis paule fut esleue grant prescheur de verite lequel en plus grant habondance labouera que les aultres.
¶ Philo tresloquent de la nacion des iuifz duquel les liures sont comptes entre les ecclesiastiques.

¶ Empereurs

Gaius galicula iiij ans. iij

¶ Cestuy gaius fut nepueu de tiberius selon la chair/mais non pas selon les meurs/car il fut tout peruers et cruel. Et disoit en soy
O a la mienne voulente eust le peuple romain vne ceruelle. Et cecy disoit/car souuentesfois le peuple gmoit de ce que en son temps estoit paix/car il desiroit guerre et pour cela auoit souuentesfois grant occasion/mais finablement les siens le tuerent par le conseil du senateurs dont fut grant ioye a tout le peuple. Et les senateurs labourerent de remettre le gouuernement comme il estoyt parauant/mais ilz ne peurent.
¶ Le glorieux apostre saint pierre fut prince de leglise/selon que dit saint iherosme. xxv. ans et selon bede. xxix. car il tint le pontifical en orient. v. ans selon saint iherosme et selon bede. vii. ans et puis vint en anthioche ou il tint le siege. vii. ans en enseignant au peuple la voye de verite et aussi chassa symon magus/et puis prescha aux dispersez de circoncision et aux feables qui estoient en pontho galice capadoce asie bithinie aussi pareilz comme aux romains la pnecia de rome tresnoblement. T[illegible]

D. m. xxxviij.

Saint pierre i papes et iuifz

¶ Cy sensuyt lordonnance des papes de rome pour leglise est faicte la computacion des ans subsequens dont le premier prudemment se print a la natiuite de nostre sauueur ihesus et auec prent les ans du monde par clerement il appert au deux signes auec les figures et nombres en yceulx note.

xxxiiij.

La premiere epistre/et oppert que symon magus decepuoit les romains et pour lamour de la foy il est dit a rome lan claudij. iiij. et quant il preschoit audit lieu la parolle de dieu et descouuroit les malefices de symon magus plusieurs vindrent a la foy de ihesucrist/et aussi enuoya plusieurs disciples par diuerses parties par lesquelz la foy a este dilatee. Item il approuua leuangile de saint marc comme icelle fust dicte de la bouche capitre il bailla aux feaulx crestiens/il ordonna que deuant pasques lon ieunast la quarantaine et en memoire du prince a du lendemain aduenement il ordonna aux crestiens quon fist deuocation de aduentz. iii sepmaines entieres et la quarte non acomplye/et apres cecy demonstre plusieurs signes de saincteté il tenu le siege apostolique. xxv. ans. vij. moys et. viij. iours il fut par neron martyrise. Ses aultres oeuures et miracles lon peult veoir en lacte des apostres et au liure de clement et es hystoires tant scholastiques comme ecclesiastiques et par bede et les aultres
¶ Pol apostre prescheur de verite dauidique tribu benjamin pas prins ne appelle leuangille donne ou par homme/mais par reuelacion de ihesucrist et luy estant en leage enuiron de. xxvij. ans pour lamour des iuifz il commenca a espandre premier leglise/mais tantost deuint corrigé et fut fait de loup raui/saint droit agnel et de persecuteur prescheur tresloyal/lan. viiij. apres sa conuersion il receut auecques barnaba lapostolite aux gens/car le saint esprit les enuoya prescher comme il appert actuum. xiij. et lan. xxviij. il dit en ierusalem ou il fut pris actuum. xxi. lan. xxv. il vint a rome actuum vltimo. lan. xxxvij. il fut par neron martyrise auec saint pierre/cestuy entre les sainctz receut vne prerogatiue quen la hautesse de sa contemplacion que tous les aultres. Maistres il veit dieu et ouyt les secretz motz de dieu lesquelz ne appartiennent a homme de prononcer et sollicitoit tout homme de regarder en passion qui a ainsi laboure en conquerant aux
7 grecz leuangile qui aussi a este afflige et a este en tant de perilz/qui est celluy qui se pourra glorifier en deuant luy plus labourer que tous les aultres/et en sapience mondaine et conseil de ce monde/saincte toute foy et iustice. Brief fait ichan crisostome plusieurs aultres louenges a escriptes de luy

¶ Saint iacques le maieur apostre a este martyrize par herode agrippe/ & saint pierre encarcere ainsi quil appert aux actes .xii. le corps de saint iacques fut miraculeusement transporte en galice despaigne/ et la est le siege patriarchal quasi a senestre au regard de romme.
¶ Helene royne des abigiens est conuertie a la foy et substenta les pouures crestiens en iherusalem au temps de la grande famine regnant claudius.

¶ Petronille fille de saint pierre fut vne sacree vierge.

¶ Pudencienne vierge.

¶ Praxedis vierge furent seurs & tite & nauote

¶ Empereurs. Claude ās .xiii. mois .vi.

¶ Cestuy claudius fut homme fort inconstant oblivieux et glouton voulentiers/ sil eust eu occasion de batailler toutesfoys il batailla vng peu et facillement eut victoire contre vng petit nombre de ses ennemis et semblablement il fist occire .xxxv. senateurs & .iii.c.c. cheualiers/ et pour peu de choses il mourut par venin.

¶ Lassumption de nostre dame fut faicte .xii. ans apres lascension de son benoist filz ihesus selon saint iherosme.
¶ Seneque stoicque fut de grande renommee & fut maistre de neron par lequel puis apres fut contraint de se tuer soymesmes.

¶ Persius satirique. ¶ Lucan poete et grant pere de seneque.
¶ Iuuenal satirique ¶ Ouide poete.

¶ Lan du monde .v.m.cc.xliii.

¶ Pape.

¶ Lan de ihesucrist .xliiii.

¶ Des persecucions de leglise fault considerer que ainsi que au vieulx testament le peuple de iuifz en lignage continuellement persecuta les esleuz par diuerses machinacions/ ainsi & plus fort il au nouueau temps de grace auquel temps est venue la congnoissance du vray dieu & de son saint seruice qui est par tout le monde/ & en ce dit temps ont este persecutez par glaiues comme il appert au saint estienne saint iacques et plusieurs martyrs aux quelz pacience estoit exercee. Secondement par faulce doctrine en diuerses manieres & premierement par les faulx iuifz qui sont de la synagogue de sathanas comme il appert en la disputacion saint pierre saint estienne saint pol &c. Les quelz ont informez les simples gens & deboutez que ihesus est mis puis en la loy/ & ce sont les faulses opinions des iuifz leurs scandalles durerent iusques a la fin du monde & seront iusques au temps de lantecrist. Tiercement par les enchanteurs/ car lennemy de nature voyant que la foy et bien de ihesus se multiplioyt & que le sien deuoit estre aboly/ Il remplist ses vaisseaulx de vice de sa malice & dart magicque affin que les riches & simples fussent deceuz et quilz ne creussent en ihesucrist/ car souuent enchanteurs par leurs grans signes se disoyent estre filz de dieu ainsi que il appert en simon magus/ menandre/ arous & arphaxat. Quartement par les faulx crestiens remplis dorgueil lesquelz par linstigacion du deable ont semez plusieurs heresies ainsi que il appert en hebion/ a cherinte/ & quiz plus est dit saint bernard que tout le monde a pine peut ihesucrist ce fait aucun fait que non a eu persecucion nest pas crestien/ ainsi appert comme toutes choses bataillent contre la foy neantmoins son fondement est ferme & stable/ pour quoy elle reste & perseuere est a son signe & dieu congnoist qui sont les siens. Il ne luy nest pas possible que entre tant de persecucions elle eust tant florie & regne si non que la diuine maieste eust garde & deffendu les bons suppos de la foy et se ilz neussent estez calumpniez de la diuine sapience. supporte la prouesse de ihesucrist qui tient a propos de confondre estre auec eulx & prenderet. En apres dit hilarius il est chose propre a leglise quelle dommage quant elle est blecee & quelle entende quant elle est arguee/ Adoncques sur tente quant elle est delaissee quelle obtienne quant il semble quelle soyt vaincue.

¶ La premiere persecucion de leglise fut faicte a romme par le commandement de neron en laquelle les glorieux princes de leglise saint Pierre et saint Pol avec plusieurs aultres furent martyrizez.

¶ Lacopte seneca de neron que en son enfance naturellement fut tant clement a gracieux que oncques le peuple rommain navoit eu son semblable a fut tant en leur grace quilz imposerent tous les aultres princes en obly. ¶ Mais monstre depuys a Daillon par seure puissances ont este celle a [illegible]

¶ Devant la destruction de iherusalem plusieurs grans signes apparurent les quelz desquielz lon list merveilles en listoyre ecclesiastique

¶ Le glorieux euangeliste saint marc fut par glorieux martyre couronne soubz de neron premier a fut fait le premier martyr en alexandrie degypte dont il estoit euesque pour dieu laquel fut de son temps/ a la fut enseuely par le glorieux saint pierre/ a la il fist de grans miracles a aniamus homme de grant saincte te fut son successeur

Neron ans.xiii mois.vii.

¶ Cestuy neron fut tous les hommes fut celebre tellement que iusques aujourduy son nom est mys pour ung tresfauldouloc/ a pourtant il suscita la premiere persecucion contre la bonne a sainte loy de ihesucrist et tient la figure de lantecrist/ mais a la fin les senateurs le declarerent ennemy du bien publicq pour quoy il sen fouyst/ a villainement se tua/ a alors romme se resioyst comme sil eut este faicte victoire pour ses ennemys/ a firent grans banquetz avec habillemens precieux

¶ Symon magus fit a romme plusieurs deceptions/ et pourtant que ung semblable applaudit a son semblable/ neron se prolongue avec luy a delaissa senecque a son prudent conseil. et finablement tous deux villainement moururent a descendirent au puis denfer.

A.m.cclxi. A.m.cclxii

¶ Quant saint pierre eut vaincu symon magus a pestilentieux fut ledit saint crucifie par le commandement de neron/ et le dernier an de neron fut ensepuely en Vaticano.

lxiii. lxiiii.

¶ Icelle paix universelle que les rommains eurent par tout le monde par lespace de lxvi. ans ou environ excepte aulcunes petites batailles/ fut troublee par la malice de neron/ a aulcunes provinces laisserent lobedience des rommains/ car ilz commencerent a persecuter la foy de ihesucrist ¶ Iudee a iherusalem par griefues persecucions a batailles fut acrite a tormentee a specialement pour le grant peche quilz eurent du vray filz de dieu ihesus. Et environ ces temps le iour de pasques a la porte du temple .xxx. m. personnes furent tuez a conculquez. Durant la dissension iusques tous furent destruictz.

¶ Item demanderent barraban et non pas ihesus doulx et innocent.

¶ Tous ceulx cy disciples de saint pierre furent martyrizez soubz le tyrant neron a plusieurs aultres dont les noms ne sont pas escriptz au livre de vie.

¶ Marcial euesque de limoges
¶ Flavius aultrement dit clemens euesque de metz grant pere de clement.
¶ Domicien subdiacre par saint mesme cessarice de vrait.
¶ Epafras euesque de colossense.
¶ Saninie euesque de sens
¶ Ieronimus
¶ Eucarius euesque de treues
¶ Tecla disciple de saint pol
¶ Crescens euesque a galace.
¶ Maximus.
¶ Celsus.
¶ Torpes martyr.
¶ Potencien
¶ Eodalde.
¶ Sanius euesque suesse.
¶ trophemus euesque darles
¶ Vital martir
¶ Proces.
¶ martinian
felix martir
¶ Minus.
¶ Maternus euesque cathalanensis
¶ Tytus euesque cretensis
¶ Onesimus euesque de ephese
¶ felix martyr.
¶ Prothasius
¶ Gervasius
Constance martire

¶ Iacques le mineur et euesque de iherusalem fut tue par les iuifz la .ix. de neron saint pol glorieux apostre avec saint pierre en ung mesme temps/ a en ung mesme lieu furent decapitez en aquas salinas/ in via hostiensi.

¶ Cestuy Vespasien fut de moyen lignaige et obscurement ne/mais tousiours triumpha glorieu-
sement/car soubz claude et neron glorieusement se porta luy a tout et aquist trente deux. fois batail
la avec ses ennemys de la terre/Donc advint que le dit pour lieu perilleux/pour la discorde des precedens il
fut avec empereur et non pas de son bon gre/et ainsi retourna la tranquillite premiere. Et puis apres paix fut
procuree par tout le monde/mais au temps de cestuy pour quoy grant dommaige fut multiplie le dit pro
verbe. Et finablement il print vng flux de ventre donc il mourut tout droit pour quoy il disoit il
appartient a lempereur en disant de sa terre mourir tout droit. Et semblablement moult de vertuz de luy
sont dictes et escriptes.

¶ Empereurs

Vespa Ocho Vitellius

¶ Ces troys furent empereurs de
diverses provinces/et en vng
an ilz tuerent lung lautre.

Vespasien quir mois .x.

Iherusalem fut destruicte le se-
cond an de Vespasien par tyte
son filz apres que furent tuez vnze
cent mille et vendus seyze chevaliers des iuifz/et des lors faillit le regne des iuifz/ne ne retor
nera pas iusques le temps de lantecrist/ De la dicte destruction sont lyz merveilles ainsi que lon peut veoir
le en iosephus. ¶ Et note que par ceste vengence iustement faicte les docteurs disent que iherusalem iusques
paix en tout le monde ainsi il fut en sa nativite. ¶ Josephus fut des iuifz grant et veritable historio
graphe/confessoys les livres pour la faulte des escrivains et par la longitude du temps ont estez cor
rompuz et corrompuz ¶ Saint Apollinar glorieux martyr fut martyrise en la cite de ravenne ou
saint pierre lordonna evesque. ¶ Et note que Vespasien ne tyte ne contredirent riens contre leglise mais
ilz aulcuns iuges inferieurs persecuterent les crestiens soubz coleurs de pirires commandemens.

¶ Lan du monde. Viii.cclxxviii.

¶ Papes Prelinques

Martir Luc des patrons .lii. foures .xiii.

¶ Lan de lincarnation lxxviii.

¶ Linus tuscien pape fut de tres grande per
fection et merita de estre par lordonnance de saint
pierre encores luy vivant dispensateur des biens
de leglise. Cestuy ordonna que les femmes entras
sent en leglise le chief couvert Et finablement
il fut martyrise et ensepvely au Vatican au
pres de son maistre saint pierre.

¶ Thomas qui en son de predicacion print les pers
fut martyrise et tuvie apostoliques en toutes les p
ties orientales.

¶ Andrieu qui eut en sort de predicacion sichie/et
en achaye il fut martyrise.

¶ Mathieu fut ordonne pour aucuns a prescher
en ethiope aux ethiopiens.

¶ Symon et iude furent martyrizez aux par
ties des parthiens.

¶ Bartholomieu receupt en sort iudee apres il
eut presche et lycaonie aux persiens auctres il fut mar
tyrise en albane qui est la plus grande cite darmenie.

¶ Tytus disciple et disciple de saint pol trespas
sa en paphum.

¶ Euros evesque de antioche et treste cite fut mar
tyrize

¶ Sylvas fut martyrize en macedoine.

¶ Les gens disent partient des pietes et prerist
en albanie qui est partie de angleterre.

¶ Salt fut disciple de saint pol moururt et vieille

¶ Philippe prescha en bithinie les xxx. ans de
et en ceropolis rendit lesprit a dieu et au passion
son filz il fut crucifie/mais luy tout seul et saint
iehan euvangeliste ne furent pas martyrizez/mais
tous les aultres furent occis.

¶ Mathias en egypte ou en iudee fut par mar
tyre consumme/mais du temps et du lieu et mar
tyre sont diverses opinions.

¶ Barnabas coapostre de saint pol fut tue et
martyrize en chippres.

¶ La seconde persecucion de leglise fut faicte a romme par le commandement de domicien/et alors la paix uniuerselle de tout le monde fut troublee par sa rigueur et inanicte. Les nobles et princes se rebellerent contre les rommains/et ung innumerable nombre de crestiens furent glorieusement martyrizez/Voyes listoire ecclesiastique.

¶ Cestuy domicianus fut filz de vespasien et frere de titus lequel en son commencement fut doulx et clement/et fist faire de grans edifices a romme comme pantheon et basiliques/mais tantost il laissa sa bonne vie et deuint cruel et orgueilleux tellement quil voulut estre adore comme dieu/et fist mourir aulcuns senateurs/et suscita contre les crestiens la seconde persecucion/tellement quil fut hay de tous/et finablement fut par les siens tue en son palays et villainement enseuely.

Titus filz de vaspasien an. xii.

Domicia nus regna ans xvi.

Nerua an vng.

¶ Cestuy titus fut homme de grande bengnite et de grant eloquence a large oultre mesure/et acoustumee de soy recomfarter a ses ennemis/il pourmena son pere en ses iours/et merita destre appelle les delices de lumain lignaige/et fut merueilleusement desplaisant du souuerain regime/et il fut mallement recevable/mallement trop mauldire/mallement eschars/mallement prodigue/mallement cestuy est esleu a gouuerner/mallement ung aultre/et qui pourra scauoir labisme de iugemens de dieu.

¶ Titus mourut lan iii. et fut grant grande lamentacion en la cite qui se disoit que toute la cite fust perie

¶ Menander samaritain fut tresgrant enchanteur et grant/disciple de symon magus/il nya point esleu a se disoit estre sauueur du monde et fist de fictions incredibles/et deceupt plusieurs nobles hommes aincoys lescheute il perist/Voyes hystoire ecclesiastique au. iii. liure.

.Lan cccclxxxviii.

¶ Rommain.

Marcus Cletus ans xi.

filz de emilian moyz. i. iours xi.

Antioche

¶ Cestuy cletus fut le premier qui trouua descripre en ces lectres. Salut et apostolicque benedictions/il ordonna de prestres le nombre de xxv. au moys de decembre/et en la cite de romme il appointa les peregrinacions des sainctz apostres pierre et pol en disant que plus vallable est a salut la visitacion de sainct pierre que le iubile de .n. ans/et que plus est/il excommunia tous ceulx qui empescheroient la dicte deuocion/et en apres il fut martirise soubz domicien la .xi. kalans de may et fut enseuely en Vaticano.

¶ La heresie des nicolaytes qui disoyent que entre les xpians toutes choses deuoient estre commines et les femmes aussi

¶ Cherinte prince des heretiques se esleua lequel estoit ord et luxurieux et de luy fut dicte la heresie cherintiene/cestuy disoit que len deuoit garder les choses legales de lancienne loy.

¶ Hebeo pere des heretiques duquel sont diez les hebioniens heretiques semblablement disoit que Jhesucrist fut pur homme et que sainct pol fut apostat de la loy

¶ Marie magdaleine et sa seur marthe marcelle sa seruante

¶ Le ladre leur frere euesque de marceille

¶ Julie auliuerue dit symon le/ preux euesque de sens.

¶ Zanbre which au tua son pere et sa mere

¶ Aristarc et prisme martyrs

¶ Marcial euesque de saintes

¶ Peregrine euesque de sens

¶ Ferrucius euesque de besancon

¶ Frontho euesque de pierregourt

¶ Pauise euesque de narbonne

¶ Austregisilus euesque dune cite nommee fineruisia

¶ Eutrope euesque de acrisiane

¶ Denis euesque de paris

¶ George euesque de blois

¶ Eutrope euesque daquitaine

¶ Gacien euesque de tours

¶ Saturnin euesque de tholose

¶ Maximin euesque d'aix donna le sainct sacrement de lautel a la magdaleine.

¶ Tous ces venerables peres gouuernerent les regions de france et furent tous saintz

¶ Tous ceulx qui trespasserent en la terre de marceille.

¶ Marcus agrippa prouost de la cite dauentin les prisons et pouree fut edifie pantheon ex-ple de tous les dieux/ et ce p le commandement de la sebille/ aussi il acomplist vne cite sus le rin laquelle on souloit appeller agrippine pour tant q agrippa premierement la fonda / maintenant est appellee coullongne.

¶ Cestuy traian entre les augustes fut tresbon excepte q pour les nouueaulx dieux il se sforca de destruire la foy crestienne cuidant rendre aide a dieu/ celle presumption dura par aucun temps/ car il est manifeste q les princes cuidans aidans a tormenter et faire mourir/ mais a la fin il mitigua son edit. &c. de ses louenges ie ne seray mencion fors pour tant q saint gregoyre cheuit. de peine pourca q plusieurs prieres et larmes dieu le deliura denfer/ mais se a la fin il fut sauf ne les docteurs sont doubte et altercacion de ceux sont trouue q diuerses reuelacions en ont estees faites a plusieurs sains hommes par lesquelles son sauluement est demonstre/ mais ie croy q tout ceux dieu a demonstre a celle fin q vng chescun en craite de dieu doit son salut. De ces questions curieuses ie me taips/ car nous pouons dire q non sans cause dieu ne occulte pas ceux q les prelatles cas a son eglise sans cause.

¶ Empereurs.

Traian. ans. xix. mo[.] vi.

¶ Cestuy Nerua auoit pris traian pour son filz adoptif et en son premier edit il retracta tous les forfais de domicien.

¶ Cestuy inclinee traian en la ville de collongne receupt la dignite imperiale/ et quasi par parolle/ il restitua germanie et les prouinces orientales come babilone/ seleuce et les cytesifons dinide/ apres alexandre il subiuga/ et en tous ces faitz il fut piteux et tout agreable la quelle chose de peu nous lisons/ toutesfoys ce sont signes de vraie noblesse/ il tint sa principaulte comme sil ne fut empereur de nulle.

¶ Lan du monde. v. m. cc. xcix.

¶ Pape romain

Martir Clement premier

¶ De la religion cellomoneis/ sou prec le nomoye faustin moys. ix. iour. x.

¶ Lan de lincarnat. xcvii.

¶ Saint Clement fut parauenant p saint pierre ordonne a succeder au siege apostolique/ mais pour les perilz il voulut q deuant luy sussent les sains lin & cletus au dit siege/ a ceux il fut a celle fin q les prelas a son exemple ne missent en leur succession ceulx ql vouldroyent/ Cestuy fist escripre les faitz des martirs p les prouinces et regions/ et aussi compila moult de beaulx liures. Item il ordonna q la chaire des euesques fust mise au lieu plus eminent/ et q celuy qui seroit baptise qi fust conferme le plustost q faire se pourroit. Et finablement il fut martyrize soubz traian et noye en la mer/ et de son corps a enseuelissement sont escriptes choses merueilleuses/ son corps fut trouue au temps de pape nicolas premier et translate a romme.

¶ Denis ariopagite venerable pere et lumiere du monde en leage de .xc. ans il souffrit martyre auec eleutherie et rustic en france ou ilz auoient estes enuoyes par le bon saint clement.

¶ Eutrope euesque de saintes martir.

¶ Sauinie euesque de meaulx aucuns disoit cestuy de sens et vie disciple de saint denis.

Iouin. aubeni. prestre et martyr disciple de saint denis.

¶ Caraunus martyr disciple de saint pierre et prescheur des chartres.

¶ Symon filz de cleophe et frere de iacques euesque de iherusalem fut martyr crucifie en leage de .cxx. ans.

¶ Feguelus euesque darles.

¶ Charaun euesque cheualier. etc.

¶ Gaugeric son frere euesque de chablay furent disciples de saint denis.

¶ Iehan euangeliste par le paradoxique dominicien fut deuant ephese a romme pour tant quil ne vouloit sacrifice aux gentiles/ et mys en vng vaisseau plain de huille boullant/ mais quant il en yssit q nulle blessure il auoit en il fut mene en vne ysle q sappelle pathmos en laquelle il escript lapocalipse et au temps de traian il fut retourne en ephese ou glorieusement il finist ses iours.

¶ Eugene euesque de tholose.

¶ Euchiccs martyr.

¶ La tierce persecucion de leglise fist traian en laquelle fut tue ung nombre de gens quasi infini/ mais toutesfois persecucion fut appaisee mais non pas de tout par saluacion de plinius second. ¶ Les iuifz gasterent plusieurs prouinces et paine gens fors et vne ung nombre incredible ilz conuenrent par diuerses pars du monde et ne pardonnoient a personne plusieurs cite ilz desolerent et touteffois ilz ne pourent tant faire quilz eussent regne. Car prince entre par traian. Secondement par adrian furent destruitz/ et ainsi ihesucrist fut venge de ceulx qui contre luy estoient/ tantost les romains ne pouoient leglise quilz ne fussent pugnis. Et iamais ne honnorerent les crestiens quilz ne fussent vaincus de eux et des rois [illegible]

¶ Timotheus disciple de saint pol et euesque dephese fut martyre

¶ Plutarque noble philosophe est renomme lequel fut maistre de traian auquel il escript vne epistre tresbonne.

Saint ignace docteur glorieux/ euesque dantioche disciple de saint iehan fut martyre de cestuy le quart fut rome a troma son en lettres dor escript le doulx nom de ihesus il disoit en ses epistres mon amour est le crucifix/ il dit la vierge marie en escript a luy escript des epistres esquelles il dit soy estre marie et cest a elle doulcement luy respondoit ignacio dilecto condiscipulo humilis ancilla cristi/ Veniam ad te et cetera.

¶ Fecas martyr euesque pastre/ en la fin du temps de traian auquel en eulx cest de prophecie il dit certain va et laissement acoustre corps et il apparut le lieu de tout necessaire martyre et tout en ung a son affaire trois iours en vindrent et en ce monde/ et apres sa mort reprenoit il ne se perdoit saint quil ne soit sainte vengeance du tout temps que en chanoines et aussi le cierge de traian mourust du conte de Seruie.

¶ Lan du monde. V. m. cclxii.

¶ Ordre

Marcus anacletus a. ix. mo

Marcus Euaristus a. x. moys

ps. xi. iours. x.

x. vii. iours. ii

¶ Lan de crist. C. iiii

¶ Cestuy anacletus par ses epistres admonnesta les crestiens de honnorer les prestres sur toutes choses en disant que ceulx qui sacrifient a dieu ne doiuent point estre blessez mais doiuent estre supportez et de tous honnorez et que les prestres quant ilz sacrifient doiuent auoir tesmoings et sperialement les euesques affin quilz puissent dignement sacrifier a dieu

¶ Item il ordonna que les clercz ne nourrissent cheueux ne barbe et edifia le memorial de saint pierre/ et ordonna sept diacres cardinaulx en la cite/ et ordonna que leuesque soit sacre par trois euesques

¶ Item que lordre aux clercz fust donne publiquement et finablement soubz traian de traian il fut martyre et ensepuely au vatican pres du corps de saint pierre

¶ Cestuy euariste fut fait martyre il ordonna que le peuple nacusast point son euesque il ordonna vii. diacres a celle fin quilz assistassent deuant les euesques quant ilz preschoient et les ordonna pour honneur de la parolle de dieu et affin que son preschant quil eust mal presche il ordonna que les espousailles et la benediction de mariage fust faicte publiquement par les prestres et finablement il fut martyre le tiers an de adrian et fut ensepuely pres du corps de saint pierre

¶ Plinius second orateur et philosophe escript moult de choses aussi il appaisa traian et luy fist reuoquer la sentence quil auoit donnee contre les crestiens en luy escripuant quilz ne faisoient point de mal/ mais comme gens seruiteurs se leuoient deuant iour et adoroient ihesucrist comme vray dieu en luy donnant louenges

¶ Domitille martyre
¶ Eufrosine martyre
¶ Theodore martyre

¶ Supplicius martyr
¶ Seruilianus martyr

¶ Cestuy adrian est loue en plusieurs choses & fut asses gracieux aux crestiens. toutesfoys il commanda q̄ son en punist aucuns q̄ ne vouloiēt sacrifier a leur dieux/ & fut qsi vniversel en toutes sciēces en son tēps/ il eut paix & fut appelle pere du pais/ il fut & ordonna plusieurs loys/ il ordonna q̄ nul crestien fust mis a mort sans proces iuridicq̄ il deffendit tou[illegible] iherusale[illegible] & puis la reedifia & deffendit q̄ les iuifz neten[illegible] iss[illegible] la cite mais les crestiens/ il fut fait empereur mais que luy mais tresbien il gouverna/ puis apres les senateurs parlerēt adrian q̄l ordonnast son filz empereur/ & il respondit il [illegible] souffise q̄ iaye regne [illegible] [illegible] q̄ ie ne laroye pas merite/

¶ Iherusalē fut reedifiee par adrian & la fist nōmer helia & si la fist a enclorre tellemēt q̄ le lieu de la passion estoit dedens les murs lequel souloit estre dehors. Et ceste est la tierce reedificacion car troys foys elle a este destruicte/ cestassavoir par les caldeens au tēps de sedechie par antiochus au temps de machabees et par tite le temps de vespasien.

¶ Empereurs

Adrian helius de .xxi.

¶ Second philosophe tenoit silence et pour tant quant adrian linterrogoit il respondoit p escript.

car la principaute ne est pas due au sang mais aux merites/ & vng ne [illegible] q̄ est ne tost/ & non a merite/ car lempereur doit estre exercite en vertus q̄ tendit re gner/ & quant en perils il [illegible] tellemēt ql soit prins q̄ devant avēt perdu/ car elles donnēt de[illegible] hommes/ adonc les royaumes mourront et ne seroient trahies de la volunte des citoyens.

¶ Eustace aussi tenant placidas & theospite sa femme avec ses deux filz agapite & teopistes desquelz on list choses merveilleuses furent convers ces tēps & furent p le commandement d adrian martirizez.

¶ Aristides philosophe fist apologie pour les crestiens/ & tant quant il le devoit fust appaise.

¶ Lan du monde .v.m.cc.xx. .v.m.cc.xx.

¶ Pape romain

Martir alexandre de .viii.

¶ De la region capitaine filz dalexandre mors .x. ans & ii

¶ Romain

Martir sixte .i. p mois .ii.

¶ De la region Roma[illegible] filz dung nomme pastour. ans .x.

¶ Lan de lincarnacion .cxxiii. .cxxv.

¶ Cestuy alexandre convertit a la foy la plus grant part des senateurs/ il commanda q̄ leaue fust benoyte avec le sel/ & que les maisons en fussent aspergees. de con. di. v. aquam. au fait canon il adiousta memoire de la passion cest assavoir q[illegible] pridie quā pateretur & ordonna q̄ au calice avec le vin on meist leaue pour representer lunion de ihesucrist & de leglise de con. di. ii. c. i. & q̄ loblation fust faicte en vng petit de pain q̄ ne fust que de froment non leve. Et finablement fut martirize soubz adrian avec plusieurs que avoit convertis/ & fut ensepvely in via numentana & puis fut transporte a saincte sabine.

¶ Quirinus martir en hunnie

¶ Theodulus martir en grece

¶ Eventius martir & prestre

Cestuy sixte ordonna que chascun sacerdos sacrifiast & q̄ les choses sacrees personne ne touchast sinon les ministres de leglise de con. di. i. i. sect. Item que les corporaulx ne fussent faictz de soye mais de pur lin cestassavoir tous telz & que nulle femme ne touchast les vestemens sainctz qui sont sacrez comme calices et patenes &c. Itez que nul evesque appelle au siege apostolique ne fut a son retour receu sans lettres apostoliques. Item q̄ la messe ne fust celebree sinon sus lautel. Et aussi envoya vng evesque nommant aux parties des galles avec plusieurs fideles q̄ a la fin fut martirize hors de la porte [illegible] que [illegible] & ensepvelit en Vaticano.

¶ Quadratus evesq̄ dathenes & disciple des apostres

¶ Hermes prevost de la cite & martyr. [illegible]

Aquila aussi flourissoit qui fut second interpreteur de la loy mosaique premierement en furent septante qui la translaterent de hebrieu en grec & de grec en latin

¶ Galien medecin natif de pergame et interpres dypocras florist a romme.

¶ Ptholomeus roy merueilleux en mathematicq̃ et les astrologiẽs prisẽ special plus en son art a escripre a depulse que nul deuãt luy

¶ Cerdo heretique cestuy fut maistre de marcionne.

Cestuy anthoine fut gendre de Adrien et son filz adoptif a hõe moult expert a de nature tresbenig: laq̃lle chose ne se treuue pas souuẽt en telles gens. Car ceulx q̃ sont prudẽs ne sont pas cõmunemẽt benigs excellentement/ et au cõtraire ceulx qui sont excellentemẽt benigs sont cõmunemẽt moĩs [illegible]. Mais cestuy hõme en luy et en lautre fut excellentemẽt done pour laquelle chose moult de princes q̃ auoyẽt vescu soubz les autres empereurs/ de leur pleine volente tournerẽt a luy/ car il fut diligemmẽt pere du pays Et cher a vng chascun et a nul ne fut trop gricuy aux senatz il estoit treselemẽt/ et pourtãt fut il appelle pie et de luy les aultres empereurs furent appellez pies. Il disoit a scipion de cyprien et [illegible] me mieulx garder vng citoyẽ que occire mil ennemis/ et se auc

¶ Iskra martyr.

¶ Colocerus martyr.

Anthoine pius de .xxii.

¶ Maria martyr et vierge.

ũs ont estez martyrisez soubz luy ce na pas este par son mandemẽt/ mais par aucũs de ses predecesseurs. Et apres les tirans de nature p leur cruelle tellemẽt esmeurẽt le peuple a guerre et discencio que a peine la pouuoit appaiser les empereurs/ et tellemẽt fut hay le nom de crestiẽte q̃ entre les prelatz et specialemẽt entre les prestres des temples lesquelz esmeurẽt le peuple pour ce q̃ le dit nom pouoit q̃ leglise accroissoit et ilz descroissoient et q̃ leur prelature estoit mesprisee specialemẽt car les crestiẽs disoyẽt q̃ tous leurs dieux estoiẽt diables desquelz ilz attendoyẽt felicite et paix eternelle pour quoy il persecutoit les crestiens cõme blasphemateurs.

¶ Lan du monde .iii.ccclix.

Martir Thelesphorus.

¶ Romain de anacorite xiii ans .vii.

¶ Hec

Marcus Jginus .xiii. [illegible]

[illegible] de vng philosophe dathenes .iiii. ans .viii.

¶ Lan de crist .cliiii.

¶ Cestuy thelesphorus ordõna q̃ lon chãtast a la messe lhymne angelicq̃ gloria in excelsis deo. et lequel ordõna que quarante iours deuant pasques chascun [illegible] et q̃ le iour de noel lõ chantast troys messes p̃ estre les cureux. Et q̃ les clercs deuant leurs ordres [illegible] trois ans/ car aussi doit estre discrete la vie des clercs/ cõe le iour aussi ordõna q̃ nul ne presumast de chãter messe deuãt tierce et finablemẽt fut martyrise et fut enseuely pres du corps saint pierre. ¶ Dix mille martyrs furẽt couronnez p martyre crucifiez en vne grãde montaigne q̃ est en armenie et fait leglise leur feste le x. iour de iuillet et se doibt deuotemẽt celebrer car a ceulx deuotz ilz impetrẽt grãs biẽs enuers dieu

¶ Peregrin euesque auxisiodorẽs martyr.

¶ Serapia vierge et martyr.

¶ Sabine vefue martyr et noble auec sa sainte noble matrone et mere ensemble furent couronnees glorieusemẽt a martyre.

¶ Foy

¶ Esperance

¶ Charite

Jginus grec et de athenes philosophe despueille les degrez du clergie et le parrain a la marraine tenissent lenfant au baptesme a la confirmatiõ et catheci sme il escript aussi vne epistre generalle a tous les feaulx de dieu dung essence et trine en personnes Jtem q̃ nul euesque metropolitain excepte royal q̃ est le pape ne osast cõdampner son souffragant sy nõ q̃ la cause fust deuant au cõcille prouincial de ses euesques et finablemẽt fut martyrise et enseuely en leglise saint pierre

¶ Marcion heretique lequel policarpe dit estre le premier ne du dyable

¶ Valentian heretique dit que ihesucrist apporta son corps du ciel

¶ Pompeius trogus de la natiõ despaigne escript les hystoires de tout le monde/ despuys ninus premier roy des assyriens iusques a octouiẽ

¶ Justinus philosophe disciple de pompee abregea ses liures et cõposa de la religiõ crestienne le

ql dõna a anthoine par lequel liure anthoine empereur fut benin aux crestiens.

¶ Thaurus noble philosophe regna athenes lequel vit en public q̃ les meurs du peuple a le droit des gens fust garde

La quarte persecucion de leglise est faicte par le jndicement de lempereur anthoine en laquelle vng nombre innumerable tant de hommes que de femmes sont couronnez par martyre. Qui demoura pas la dicte persecucion impugnie/ car dieu envoya grande pestillence par toute ytalie/ et aultres prouinces/ batailles/ tremblemens de terre/ jnundacions deaues: grant nombre de locustes. Finablement lempire des romains estoit par tout plainne

Hose dit que la bataille des marcomannes fut tresgriefue car les nacions barbariques enuironnerent les romains de toutes pars/ mais iulius auoit aulcuns crestiens qui ayoyent Gerfe (?) adiuinacions/ et soubdainement tonnerres et fouldres descendirent qui espouenterent lesditz barbariens et tellement qlz fuyrent. Pour laquelle chose le nom des crestiens fut loue/ et le pere disoit que la victoire nestoit pas de luy mais des chrestiens et mitiga lenuie. Lucie estre mort anthoine demoura tout seul en lempire lequel fut bon et victorieux et ne scay que dire se non quil amenda la quarte persecucion estre donnee aux crestiens son diciel fut de tant grande seuerite et constance quant a riens quil luy

¶ Anthoine verus

¶ Aurelius commodus

¶ Empereurs

Marc luce ans .xix.

¶ Ces deux tindrent lempire ensemble anthoine pie et loua grandement deux a deux a tenir lempire.

aduint il ne mua sa face ne pour ioye ne pour tristesse/ aussi encore luy estant enfant fut de tant grande humilite que vne foys luy voyant que le vif estoyt failli et voyant quil ne pouuoit subuenir a ses cheualiers il ayma mieulx vendre sa vaisselle dor et dargent et les robes de sa femme que greuer le senat ou les prouinces/ mais apres quil eut eu victoire il recouura ses biens et relascha les tributz aux prouinces

¶ Pepiare euesque ierosolimitain et auditeur de iehan fist la declaracion des liures des sermons de nostre seigneur

¶ Lan du monde .v.m.ccclxii.

¶ Pape.

Marie Pie .i.x. ap. ans .x.

¶ Italicque de la cite aquille filz de Rufin. .xiiij. iours .xvi.

¶ Lan de crist .clxiij.

¶ Cestuy ordonna les peines pour ceulx qui seroyent negligens a saintement traicter le sang de nostre seigneur/ comme il appert de ce de .c.si per negligenciam .et. Item que pasques soyent tousiours le dimenche. Item que heretiques venans de lerreur des iuifz soyent receu en leglise et baptise. Cestuy fist .v. ordinacions/ finablement fut martyrize/ et sepulci pres de saint pierre in vaticano

Dolicarpe euesque de ephese disciple de saint iehan lune a come et conuoca plusieurs heretiques de leurs heresies/ adonc estoyt grande labeur aux saincts et grande tristesse quant par deux fois estoyt le glaiue de persecucion et par dedens le venin serpentin corrompant leglise/ et ceste grande persecucion dura long temps et le guerre a cesse touteffoys la malice de heresie accroissoyt de iour en iour. Et finablement le saint homme fut martyrise soubz anthoine auec aultres .xii.

¶ Hermes deuant escript de belles choses pour la foy et saige de dieu luy apparut et luy reuela que pasque deuoit estre celebree le dimenche puis apres il fut martyrise.

Justin philosophe fut conuerty a la foy et escript plusieurs choses contre les heretiques et puis apres fut couronne par martyre

¶ Justus euesque de vienne fut martyrise.

¶ Fotin euesque de lion fut martirize auec plusieurs aultres

¶ Alexandre medecin/ et pontique enfant martyrs.

¶ Felicite auec ses .vii. filz furent martyrizez. comme iadis auoyent estez les machabees auec leur

¶ Pocie glorieux martyr. (mere

¶ Marcellus et ¶ Sauiniel enfans martyrs.

¶ Donat auec aultres martyrs

¶ Dracede apres son oroison reposa en dieu apres plusieurs labeurs.

¶ Victor chevalier z Terence sa fem me martyrs.
¶ Concordius subdiacre martyr.
¶ Marcel martyr.
¶ Valerien martyr.
¶ Egisipus fist le livre des hystoires des apostres et des martyrs iusques a son temps.
¶ Arcesilus de pergame fondement de leglise martyr.

¶ De frigie z de cataffrige sont pris heretiques qui disent que eulx tous seulz ont le saint esperit et qui ne este don ne aux apostres ne a aultres gens.
¶ Montanus prisca et maximilla furent leurs acteurs
¶ Theophilus evesque de anthioche.
¶ Apolinaris evesque ierapolitai.
¶ Narcissus patriarche de iherusalem
¶ Denis evesq de chorinthiens
¶ Philippe evesque grecensis.

¶ Proclus et Jacintre des he ulx son lit mer veilleuses histoire

Comod. Aurelii avec lu-

¶ Gaius martyr
¶ Blandine sainte martyre

¶ Tertullianus affrica fut expire aultentique.

-cerz anthoi neanus pii.

Cestuy comodus filz danthoine fut hõme infame/ a fut tant luxurieux quil estoit de cement de tout humain lignaige/ il tua plusieurs senateurs/ et specialement ceulx q̃ estoyent excellens et nobles de couraige/ il fut de tant grant orgueil et vantance que souventesfoys il vestoye la peau dung lyon en disant que ainsi comme le lyon est roy des bestes aussi estoit il le roy des hommes. Pourtant que icy appert la pstance des martyrs il convient de plus parler des faictz mondains.
¶ Paix fut donnee a leglise mais elle dura peu.

D.m.cccliiii. | D.m.ccc.lxviii.

Marcus Aurel. de .x.iii

¶ Severus filz de cõm de la cite in/ tres iii.iours. iiii.

Marcus Gothei de s.ix

de champaigne filz de concorde

Clxiii

Clxxiiii

Micterus fit plusieurs decretz qui sont alleguez en plusieurs lieux du droit canon comme on allegue des aultres sains pe/ res leurs decretz lesquelz avoient donne leur sang pour le testament/ a pour ce cy sont ditz les saictz canons/ car premierement furent des apostres/ puis apres des martyrs z des sains docteurs. Et en quantes petites ont estez les plaies en la primitive eglise: z sõt estez cõfirmatz aux saictz conciles z nont pas estez ordonnez par humaine invention/ mais par la grace du saint esperit/ z cestuy qui temerairement reprent lesditz canons il blasme le saint esperit. de m. c. violatores. xxv. q. i.
Cestuy fist statuz plusieurs choses de le estat des eveshques z de leur consecration z finablement il fut couronne par martyre soubz anthoine et fut ensepvely in via appia au cimetiere saint calixte

Sother ordonna que les nonnains portassent le voille z quelles ne touchassent pas les pathenes ne ornemens sacrez ne ne portassent lencens par leglise/ z pourtant que soubz lombre de mariage se faisoient plusieurs abusions/ ordonna q̃ la femme ne fust pas legitime femme quelle fust benite par le prestre z par ses parens baillee p ses parens sollempnellement Et apres sa saincte vie il trouvent couronne par martyre/ z fes freres crestiens le sepvelyrent in vaticano en leglise saint pierre z cessa son siege episcopal .xvi. iours
¶ Theodocion le tiers interpreteur de la loy.
Cestuy diligemment q̃ selon les sains docteurs q̃ scripture souventesffois a fort este cõtre leglise mais iamais ny ala parfaictement selon dit toute la cõpaignie des saiges que la noble maniere de victoire est avoir paciẽce z il appert car leglise par sa pacience a fagement subiugue lempire. En cestuy tẽps les empereurs souloiẽt dire nous ne voulons pas quis nous procurons car nous avons de

¶ La quinte persecution de leglise fut faite par le commandement de severus / mais bien tantost en fut vengence par les guerres civiles aux quelles les rommains furent fort attris.
Il acoustume de commander car son dit que les rommains sont les plus sages: puis apres sains glerice on lance furent contris / et simplement confesserent le nom de ihucrist et les trois cardinaulx que les loys punicement ne voloyent confesser / ceci est imitacion de pierre excelsi / et a ce exemple le en vindicative appris a souffrir et ce est signe de souveraine providence de soy exercer humblement et insouffisant / la continuelle mutabilite des choses temporelles se moequent de la providence humaine.

¶ Empereurs

Heliogabalus regna .iiii. ans et demi.

¶ Alexandre narcissi successeur du maistre dorigene.
¶ Clement alexandrin philosophe.

¶ Pontheus storez
¶ Affrican historique.

¶ Cestuy helius passa la principaute / mais non pas de son bon gre et iamais ne paint conduit iamais ne fut seduit a prendre vengence / le .vi. moys il fut tue par ceulx qui conduisoit lempire / mais il ne preste riens car ainsi comme il avoit fait ainsi luy fut il fait.

Severus obtint lempire destitue / et fit trops batailles civiles premierement il batailla contre iulius maiseur de lempire et si le tua a romme / secondement contre pincennius / tiercement en galles contre albin compaignon de iulien / et fut grande effusion de sang dung coste et dautre et en toutes il eut victoire / cestuy fut aspre de nature et si gouverna le bien publicque et gardes labeurs. Les parties arabes / iuifz / et samaritains il vainquit et recouvra plusieurs choses aux rommains / il estoit bien instruit en philosophie et aux choses civiles. Et en faisant la quinte persecution aux crestiens il eut plusieurs infortunes apres.

¶ Symachus mart interpreteur de la foy divine.

¶ Lan du monde .v.m.cclxxviii. .v.m.ccxcii.

¶ Pape — Martir eleuteri. ix. d. sa — grec son pere se appelloit habonde ville nycopolis. an .xv. moys .iii. iours .v.

¶ Ascer — Martir Victor .xiiii. — filz de felice .xiii. ans .vii.

¶ Lan de ihesucrist .clxxviii. .cxciii.

Eleuterius selon lordonnance des apostres ordonna que nulle viande ordinable fut par les crestiens repudie seulement quelle fut raisonnable et humaine. Item que nul ne fut mis hors de son degre se non que premierement il fust accuse et convaincu. Alleguant de nostre seigneur qui ne souffrit pas iudas qui et fut accuse / et quelque chose qui fust entre les apostres pour la dignite du iudicature / il eut agreable et abstient celluy de que la cause est devisee / en nulle facon la sentence ne doit estre proferee. Il envoya aussi legatz a lucius roy de bretaigne lesquelz le baptizerent avec tout son peuple / puis apres il fut martyrize et sepulchre au vatican.

¶ Leonide pere dorigene fut decolle et martyrize pour la raison de ihesucrist et alors origene estoit en leage de .xvii. ans lequel se offrit a estre martyrize avec son pere / mais la sagesse de sa pucelle mere luy osta ses vestemens pour tant quil estoit presch / mais puis apres il se mist a tenir escoles de grammaire et de son gain il nourrissoit sa mere et ses sept freres.

Victor pourtant que entre leglise avoit le contencion du terme de pasques il assembla ung concille en alexandrie a palestine auquel il fut present / et narcissus et theophilus et hireneus et plusieurs autres auquel concille fut ordonne que pasques seroit celebre la dimenche en observant des la .xiiii. lune iusques a la .xxi. car cest le sault de la lune ou dimes affin quil ne semblast que leglise iudaizasse / car avant plusieurs evesques daise et des parties orientalles celebroient pasques avec les iuifz. Il ordonna que en cas de necessite lon povoit baptiser en toutes eaues naturelles / Et finablement il fut couronne par martyre et ensepvely au vatican.

Angleterre que lors estoit appellee bretaigne fut convertie a la foy / mais premierement le roy lucius fut baptize et apres luy tout son peuple se rendit voulentierement subiect a la foy. Et fuganus et damianus furent envoyez au dit pays par le pape eleuterius et furent les premiers qui prescherent aux angloys.

Helas helas ou est demouree la grant prudence des com/ munes vaillance legalite et incomparable honnestete de establissement en ce temps semple est de/ nu en la main des fols. Et note que le le fol se cuidoit estre fol/il a encore vng petit de sennerie de intelligence naturelle mais silz se reputoit saige adoncques est ac/ complie sa follie, et ne peult pas estre in/ struit/mais persecute le saige et se acco/ paigne a ses semblables

Methodye fut prelat aussi q̃ son pere il fut semblablement tres ... il print sa ma/ tiere pour sermon et mais reprenoit q̃ estoit garde leglise et tresor de la doctrine legalle. Et ainsi q̃l fut il luy fut faict car il fut ... de ses ennemis et fut tue dont moult de/ gens se reformerent. Note que cestuy tient la ma/ niere des fols qui sont de telle nature que se ilz sont puissans confondent persecutent les saiges mais quant ilz les ont prins il est de necessite que eulx mesmes perissent. Mortis ... taliter ... possidebit. Prouerbiorum primo

Anthonius caracalla ans

¶ Bassianus filz de seuerin .vii.

Lequel fist en bretaigne plusieurs batailles/et fiert en vne vallee et la ferma de grosses murailles a fortes tours lespace de quatre vingtz pies/et la se pourmena dune mer a lautre & la mourut de pydimye en vne petite ville appellee Eboracum.

¶ Saint hyrenee archeuesque de lyon fut martyrize auec vne grande compagnie de clercz et de peuple

¶ Andeolus subdiacre a disciple de policarpe fut martyrize

¶ Lan du monde v.m.CCCC.iii. v.m.CCCC.xiii

¶ Romains

Marcus zephirin a.xv.m. — Filz de habonde. vi. iours .x.

Marcus Calixte i.a.v.m. — Filz de dome/ ce q.iours.x.

¶ Lan de crist. CC.iiii. CC.xiiii.

Le fut ordonne par cestuy zephirin que tous crestiens de leage de xiiii ans receussent a pasques le precieux sacrement de lautel publiquement et que tous les vaisseaulx de lautel fussent de verre ou destaing et non pas de bois et aussi par succession de temps est croissu lornement de leglise/car puis apres a este prohibe de celebrer en verres comme il appert de consec. di. i. c. vasa. et fit plusieurs aultres statuz/puis fut martyrize et sepulchre.

Artemonius heretique dit que iesucrist fut pur homme et dit entre plusieurs choses faulses de dieu et seme ceste heresie

¶ Vulpian fut vng notable legiste comme il appert par tout le droit.

Cestuy calixte entre toutes ses oeuures q̃l fist il edifia vng cimitiere a voie appia ou il y a plu sieurs milliers de martyrs sepulturez et ... au temps present il sappelle le cymitiere de saint calixte. Item il ordonna le ieune des quatre temps/il fist edifier leglise saincte marie oultre le tibre/il ordonna chastete a tous les prestres et puis fut martyrize et sepulchre en son cymitiere.

Origenes vaillant docteur et de saincte vie est re/ nomme en leglise de dieu/les vngz dient quil fut bon les aultres q̃l fut faulx et meschant q̃ homes grans et auctentiques ont escript en mal/ signifiant vng homme de tant grande science et bonne vie Voyes en hystoire ecclesiastique au. vi. liure et aultre part tou/ tesfois ie nay pas peu trouuer la concorde des docteurs sino ce pas ... est seure fort au nom de dieu ... de escript plusieurs ... de salomon de trajan ... ou non ... le nombre de ceulx

Alexandre fut filz dune dame nommee mamaas laqlle estoit crestienne g oyt origene docteur. Cestuy fut tres debonnaire g gouuerna fort bien le bien publicq par le conseil de vlpiā prefet des loys il expressa fort xerses roy de perse g fist transporter le corps de saint thomas lapostre de inde en syrie et dung edifice la cite laqlle estoit dun roy abagarus en laqlle cite estoit lescripture escripte de la ppre main de nostre sauueur ihesus g finablement fedit alexandre mourut en vng grant tumulte darmes en magonce

Empereurs. | Maxil ā et hōme Aurelē | Alexād Mamee ās. xiii. | Maxi/ minus ās. iii.

Maximus auec son filz deradi mence pūne ferupz de g finablement en la bataille fut tue.

Methoryne de saint cruelle/ in cē po² quoy luy g sa mere firēt cuez cōe auoit este maximus.

Edi/ cte. oz et ce tuchetie, fut tres/ nee en ilec cuo en ce tēps mais nous lgno rōs la cte². et po² ceste raisō ... nemēt son appelle Vulgaire

¶ Barba/ ra dge
¶ Cecile martyre.
¶ Tybur/ ce⁹ martir
¶ Valeri/ en martyr
¶ Felix martyr
¶ Merci/ na martir
Hainac⁹ in

¶ Cestuy maxi/ min ne fut pas faict empereur par la volente des sena/ teurs apres que il eut vaincuz les p chef g les germans il fut tue le troisi/ esme an
¶ Palingerius la/ teine a sa famille martyrs.
¶ Zneiā martyr

¶ Cirieus martyr
¶ Iuste martyr.

Vo deus fa...r q la si. per/ secutiō de leglise fut faicte p second dunne de maximin lequel ne dauoit pas ipugnie car tantost il fut tue g spāllemēt il persecuto it les plats g clerges

Lan du monde | V.m. CCCCxxxi | V.m. CCCCxxxvii.

Pape. Fortunatus ¶ Martyr Vrbai. i. ās viii. moys .xi. iours ... Pontianus ¶ Martyr Pōcian. ās. v. iii ... Anterus ¶ Martyr Anteros ās. iii. ... i. iours .xi.

¶ Lan de crist. | CCxxiiij | CCxxviii.

De noble generaciō fut cestuy Vrbain g des sō enfance bō crestien/ g cōuertit moult de gens a la foy de ihe/ sus/ il fist tous les vaisseaulx necessaires au seruice d dieu dor ou dargēt ou destaing/ g fina/ blement fut martyrize et sepue ly auec saincte cecille et a lenree leglise cōmēca a posseder pos/ sessions de qlles son dire po² les despēs des clercz g des no/ taires q escripuoiēt les faictz des martyrs/ mais par deuāt ilz viuoiēt de vie apostolique escripte au faicte des apostres.

Lon dit q pontianus ordonna q lō chātast les pseaulmes ē leglise tousiours q q le pre/ stre auāt la messe dist confiteor se pourroit/ g cestuy fut mys en exil en leglise de sardigne g la fut martyrize
¶ Saīt sebastiē et du/ ist son corps a rōme et le sepulchre au cimitie/ re de saint calixte
¶ Aurelius martyr
¶ Astorius martyr

Antheros ordōna q les euesqs pouissēt passer de siege ē siege g quon escrip les faictz des martyrs/ finablemēt il fut couron/ ne par martyre et puis fut sepulcy au cimetiere de saint calixte

Nous ē auscunes histoires lō treuue q entre q succeda a pōciano g caroit celestine la papalite affin q il fut cou/ ronne par martyre auec les vierges/ mais le tēps ne moustre pas ceey car il treu est faicte aucune mencio en la le gende des .xi. mille vierges
¶ Maximus martyr
¶ Calopedius martyr

¶ Cestuy gordien estant enfant et les parties dalons fut p les siens frauduleusement occis.

Philippe fut le .xxviii. apres auguste cest empereur et fist son filz philippe coadiuteur de son empire. Et furent tous deux crestiens / et fut cestuy le premier chief des empereurs crestiens / et apres le tiers an de son empire a lonneur et gloire de ihesucrist il celebra avec grans ieux et esbatemens le millesime an de la cite et finablement fut tue par la fraude de decius.

¶ La .vii. persecucion de leglise fut faicte par le susdit decius / et fut fort cruelle mais non pas longue: car il fut donne pune a ses predecesseurs car il fut tantost occis.

Gordien ans .vi.

Philippe .v. a .vii.

¶ Crestien

Decius ans .iii.

En iceulx temps fut une chose merveilleuse car lon vit deux manieres de martyrs cestassavoir de ihesucrist et du dyable. Les martyrs de ihesucrist furent les saincts papes et les aultres prelas avec leurs subiectz lesquelz estoyent occis pour le bien publicq / et pour la foy. Les martyrs du dyable furent les empereurs / et les aultres princes avec leurs chevaliers lesquelz pour le bien publicque et pour les ydolatreries et adoracions dyaboliques se exposerent eux mesmes et leurs subiectz affin quilz peussent regner. De ces martyrs la peine estoit pareille: et les causes diverses / il nest pas merveille se ihesucrist a des martyrs mais cest merveille que le dyable aye martyrs veu que tous les roys et ceulx du monde et du dyable sont tous les roys ... comme en grant nombre et non pas ...

¶ Cestuy decius fut faulx tirant car il tua les deux philippes ses seigneurs et parut semblablement et comme il fist il luy fut faict / car il fut tue avec son filz.

.v.iii. cccc.lii.

Fabien .x.iiij. a. .vi. .io. .iii.

¶ Martyre filz de fabien.

¶ Environ ces temps scisme fut premierement en leglise de dieu / car novatus tint contre cornelium et se disoit pape combien quil ne le fust pas

¶ Lan de ihesucrist .ccxliiij.

Fabien crestian apres le trespas du pape anteros selon le ... acordoit quil fust ung nouvean pape esleu soudainement une colombe blanche descendit sur la teste de luy. Cy feras ordonne evesque de romme / et pour ceste cause tantost fut esleu / cestuy ordonna que la saincte cresme fust tous les ans sacree le iour de la cene / comme il appert de ... .iii. c. litteris. Aussi envoia par my les regions ordonnant a chascun diacre pour soigneusement escripre les faiz des martyrs / puis fut martyrise soubz decius a sepvelí au cymitere saint calixte / et est sa feste celebree le .xx. de fevrier.

¶ Lenfant triphon qui chassa les dia

¶ Agathe vierge et martyre

¶ Les sept dormans.

¶ Abdon et sennen martyrs

¶ Antholie vierge et martyre.

¶ Victoria vierge et martyre.

¶ Moyse prestre et martyr

¶ Maxime prestre et martyr

¶ Provinus prestre et martyr

¶ Nicostrate diacre et martyr.

¶ Serapion martyr

¶ Apolonie vierge et martyre.

¶ Alexandre evesque de iherusalem ...

¶ Affricanus ... p les escriptures ecclesiastiques et fut fort renomme

¶ Denis evesque des alexandrins disciple de origenes laissa plusieurs escriptures.

¶ Porphirius philosophe fut gentil ennemy de la foy moult parla contre la verite catholique / mais sa rage ... fut chassee par les sains docteurs ... que plus il ne parla et fist ... cedit les choses quil affermoit.

¶ Cyprian glorieux docteur et evesque de carthages fut homme de grant renommee et fut coronne martyr.

¶ Novatus prestre quant il estoit en ... que de romme devint heretique et ne vo

Valerien fut assez gracieux et debonnaire mais tantost qu'il fut empereur il persecuta les crestiens il fut prins par le roy de perse et mys en dure servitude pour laquelle chose galien son filz empereur rendit paix aux eglises / mais pourtant qu'il ne vengea pas plainement le sang des crestiens / il fut foulle par diverses guerres qui lors firent les rommains mais finablement le prouffit commun ne print pas que le bien publicque perist car plusieurs tirans incontinent furent tuez et la prosperite que on ne esperoit plus revint. Voyez Orose.

Astinus avec Valerien empereurent ensemble bataille contre emilion ou ilz furent en ce ce tiers moys pareillement fut emilion occis.

¶ Empereurs — Gallus avec Volusien. ii. — Valerien Galien. xv.

¶ Aussi ceulx desquelz quant aujourdhuy pour la pompe du monde pour les delices et honneur pour la richesse mondaine sont tormentes et finablement mors sans nulle pitance / mais saincte eglise ne pas devant a mille et ce fut autrefois est crestien / combien que en aucun temps il aye prins / toutesfois ne se fault pas glorifier et nous martirs en disant qu'ilz aient merite la gloire eternelle / car dit saint pol / que non sunt condigne passiones / quant ainsi doncques les mondains meurent pour la infinie vanite de ce monde / comme monstre saint augustin au .v. livre de la cite de dieu. Voyez les belles choses

¶ Priscus martyr. ¶ Malchus martyr. ¶ Marinus martyr. ¶ Fructuosus martyr.
¶ Patricius martyr. ¶ Proculus martyr. ¶ Iacintus martyr. ¶ Eugenia et Claudia martyres.

¶ Lan du monde — v. m. ccccliii.

¶ Pape — Marcus confessor. ii. m. iii. — ¶ Romain ii. tomes. v. — Martyr Lucius. iii. m. iii. — ¶ Romain tomes. iii. — Martyr Estienne. ii. m. ii. — ¶ Romain — Martyr Sixte. ii. ii. m. vi. — ¶ Romain

¶ Lan de lincarnacion — CCliiii.

Cestuy confessa a nom de grant saincte et nostre seigneur luy donna singuliere prudence et par sa science il tint. Cestuy resigna les corps de saint pierre et de saint pol et avec saincte lucine il les remist devant honnorablement et finablement avec plusieurs fut martyre et ordonna que les prestres pour certaines choses peussent vivre sans doubte.

¶ Eusebius martyr.
¶ Nabodius martyr.

Lucius ordonna que deux prestres et trois diacres tousjours accompaignassent levesque en toutes places pour donner tesmoignage de preudhomie comme quil luy souffist sa presence a salvation confessoyt. il voulut que aussi fut pour avoir meilleure renommee entre les fourfaicts et estranges comme il appert de pse. vi. i. ii. Infinis et finablement il fut martyr sous valerien. xl. martyrs a comme et. CCC. en affrique et des autres. dung nombre infini.

¶ Cesarius martyr et diacre.
¶ Iulia martyr. ¶ Concorde martyr.
¶ Cicilla fille de decius.
¶ Tropsina femme de decius.

Que nul ne desist de robbes sacrees si non aux ministres de dieu cestuy estienne ordonna. Martyrse il appert de pse. cra. iii. i. Desirnelius et finablement fut martyre en celebrant la messe pour ceulx que par son oroison avoit sauvez / en le temple de martine

¶ Nemesius avec ce luy martyrs a comme
¶ Abacuch martyr.
¶ Leonard. martyr
¶ Felix martyr.
¶ Hyrenee martyr.

¶ Cestuy sixte fut ne de la cite de saint laurent. et ordonna que la messe se feist celebrer sus lautel laquelle chose par avant ne se faisoit et finablement fut martyrise soubz galien avec laurent avec plusieurs autres

Laurent. martyr.
Felicissime. martyr.
Agapite. martyr.
Romanus. martyr.
Ypolite martyr.

La .viii. persecution de leglise fut faicte par Valerien/par laquelle furent fort blecez les commains (et) de la fouldre divine côme pestilence avoit este par toutes les parties du monde/ et specialement en tous les lieux ou les peuples cômunement avoiet estez mys a execution selleurs que ladicte persecution vengeance destruisit pour lempire romain (et) ses principaulx acteurs et executeurs/car de toutes pars se leverent guerres. Et dacie qui est oultre le fleuve de danubes fut fut ostee/ et me semble que ce fut la premiere diminution de lempire romain/ et oncques puys ne fut ledit pays recouvre

¶ La .ix. persecution fut faicte par le commandement de aurelie en laquelle moult de xp̄iens souffrirent/mais lire de dieu fut monstree au prince par une grande fouldre qui lespouventa affin quil mist sa sentence (et) pour tât que ladicte sentence il ne voulut mitter tantost il perist.

viii.

Claudi(us) aucteur(?) d.ii.ior(?)

Cestuy claudius cut pro/ble victoire p(ar) tre les gottez lesquels p(ar) le space de .xv. ans avoiet gaste illiricû (et) macedoine pour quoy il merita davoir statue dorer par grant maladie mourut

¶ Sabellius heretique ii...

Aureli(us) a6.v.iii vi.

Cestuy aurelianus fut prince moult de bonnes meurs et doulx tresfurieux (et) pour tant [illegible] il en toutes pars/et specialement contre les gottes/mais p(ar) lauxlx conseil il fut de/ceux contrainct a persecuter les/dictz crestiens (et) aucunes [illegible] 10³/mais de p(ar)cy fut occis

Tacit(us) moi.vi. flori.(?)

¶ Cestuy tacitus fut de bonne mais il ne regna guerres (et) fut occis en ponthe

Florianus ne fut pas es/leu car cesar se levoit et mesme mourut en tharse (et) non pas de mort comune mais fut occis

ignorit a par faulce opinion tenoit que ihesus nestoit pas filz de dieu

¶ Lan du monde | v.m. CCCClxiii | v.m.CCCClxviii.

¶ Romanien

Greec

Martyr dyonisi(us) [illegible] xxi.

Martyr felix .i. a.ii.m.x

¶ Tusc(us)

Martyr Eutici anz. ans

Sui ans ... jours.iiii

¶ Lan de crist | CClxiiii | v.m.CCClxviii.

Denis distingue les parroisses en diocese avec les passeurs donnez estre côtens de leurs termes et ordonna cimitieres en la cite pour les peni/tenciers (et) baptesme côme il appert .xiii.q.i. ecclesias. Et finablement il fut martyrize (et) honnorablement sepulcz.

¶ La grande (et) faulce heresie des manicheaulx côméca en ce temps par ung barbarië de ... nom(m)e manes pareillement ... disoit quil y sont deux principes

¶ Victor ¶ Victorin

¶ Marie egypcienne fut pecheresse mais elle fit grande penitence au desert par lespace de .xlvii. ans/ (et) fut selon aucuns saincte ihe. fucrist. ccclxxvii. (et) sainct zozimus escript sa vie

¶ Cestuy felix ordonna q(ue) son celebrast messe a la memoire des martyrs. Ite il ordonna q(ue) chascû an son celebrast la feste de la dedicasse de leglise (et) finablemët il fut martyrize (et) honnorablemët sepulcz en son eglise

¶ Columbe vierge et martyre.

¶ Theodore.

¶ Zenise

¶ Constance

¶ Cyprianus

¶ Saint pol p(re)mier hermite p(ar) le desertz

Cestuy eutichianus fut tresgrât docteur (et) p(ar) divers lieux il ensep/velit de sa main .CCClxiiii. martyrs. de la pyer mai cestuy ordôna que son beneist les fruictz feves (et) fruictz nou/veaulx (et) finablement fut martyrize (et) sepulcz au cimitiere saint calixte

Au nôbre des papes est mys marc confesseur selon aucuns (et) que apres felix il tint le siege apostolique .viii. ans/ (et) cestuy tout seul eschevia martyre entre tant de persecutions (et) fut sepulcz ê son eglise q(ui) est au [illegible] de côme mais damasus. Vincent (et) marcel de luy ne sôt aucune mention

¶ Quirinus ... ¶ Patroclus

¶ Symphorianus ¶ Xl. martyrs

¶ Agapitus ¶ CCCxlii. mrs.

¶ Priscus ¶ Maurus

La x. persecutiõ de leglise fut faicte par le cõmãdemẽt de dyocletien et maximien et fut ladicte persecution la plus grande et toutes car elle dura lespace de x. ans et fut tant ardente que en xxx. iours furẽt couronnez xvij. m. martyrs / et aussi furent bruslez les eglises et les liures.

Diocles fut grãdement victorieux et fut plusieurs batailles et tant honoura et procura en agrippine et en ferme fut tue par les cheualiers

Diocletien fut obscurement ne et oultre la cõmune plusieurs batailles et puys fut finablemẽt esleu maximiẽ et apres augustie et ce point la grande necessite des guerres et de rechief fist empereurs galerum et constance / mais si / nablement diocletiẽ mourut par venin

¶ Cestuy carus fut bataille pere les perses puis la fouldre le tua.

¶ Empereurs

Probus
an. v. m.
iiij

Car. a/
uec son
filz cari

et numeriano.

Diocle
ciã max
mien

¶ Le concille dantioche fut faict cõtre pol samosetã heretique et fut le dit heretique cõdampne et paule de son euesche

¶ Claudianus
¶ Papias.
¶ Asmõde
¶ Asianus
¶ Les iiij couronez

¶ Opolconus
¶ Babillus
¶ Longinus
¶ Sempronian⁹
¶ Marcellianus

Serapion.
¶ Carpoforus
¶ Oeteon
¶ Victor.
¶ Ursus

¶ Sainct morice duc et gouuerneur dune legion dhommes dames thebyens fut martyrize a/ uec ladicte legion a sedune

¶ Lan du monde

v. m. CCCC. lxxxiij.

Pape.

Martyr
Gaius.
ão. x. iij.

iiij. iours. xi.

Martyr
Marcel
. ix. lxiij.

¶ Romain
impo. ii. iours. xxx.

¶ Lã de ihũcrist.

CCiiijxxiij

Pour ce temps estoit deuine par Gayus q̃ nul ne salt accuser les chrestiẽs deuãt le iuge seculier / et q̃ nul ne pa yenne heretique point ne peust accuser ne supmettre les chrestiẽs / Item q̃ ceulx qui seroient dignes montassent aux ordres de degre en degre cest / assauoir premierement il fut portier / secondement fut lecteur / exorciste / accolite / subdiacre / diacre / et puis prestre. Cestuy fut pape la persecutiõ durant en cripte et finablement fut couronne par martyre longtemps apres / et sa feste est celebree auec saincte habondee de may.

¶ Castoun auec sa femme xxx. iii. martyres

¶ Basille auec. viij.

Marcellin⁹ fut pris au temps de la persecution et par craincte il offrit .iij. grains de encens au sacrifice des ydoles mais il sen repentit moult fort et publiquemẽt fut puny et pour sa foy demonstre seigneur il receut sentence capitalle et son corps demoura xxx. iours a sepulchre pour craincte de anathematizatiõ mais puis apres p le commandement de sainct pierre il fut sepulchre par saint marcel pape dedans pierre sa feste est celebree le v des calendes

¶ Petr⁹
¶ Lebã⁹

¶ Iustine.
¶ Erasm⁹

¶ Sebastien
¶ Cyriacus
¶ Eusanie
¶ Crisantus
¶ Nicostrat⁹
¶ Claudius
¶ Marcus
¶ Quentin⁹
¶ Marcus
¶ Tranquillinus
¶ Tyburcius
¶ Victorian⁹
¶ Castulus
¶ Mermas
¶ Dorotheus
¶ Bonifacius
¶ Iustine et
¶ Dorothee
¶ Cristine
¶ Theophiste

¶ Grisogonus.
¶ Felix
¶ Hylaria
¶ Daria
¶ Iehã ferme en costante.
¶ Iason
¶ Diodorus
¶ Marcianus
¶ Policarpus
¶ Cornacius
¶ Uincentius
¶ Simphorian⁹
¶ Cesarius
¶ Nobilis.
¶ Gorgonis
¶ Pelagia pechere⁹ selle fut guerie g̃ labbe veron.

¶ George
¶ Pancrasse.
¶ Blaise
¶ Primus.
¶ Felicien
¶ Alban
¶ Petrus
¶ Modestus
¶ Crescence
¶ Anastasie
¶ Vincent
¶ Rogacien
¶ Cosme
¶ Damien
¶ Quentin
¶ Vital z
¶ Agricola

En ces temps la paix de leglise fut restituee par constantin, z tellement establye que donques deslors crestiens estoient paix/ z certes fut une merueilleuse mutacion de la dextre de dieu comme le dit du psalmiste. Et la babylonne misse [illegible] c. xx. Et aussi par le providence du dit constantin les temples des ydoles furent clos z les sacrifices prohibez: comme auoit prophetize ysaye/ les dieux qui nont pas fait le ciel seront effaces de la terre/ cestoit une chose incredible que le nom de ces faulx dieux peussent estre effacez lesquelz auoient dure despuis ninus premier roy des assyriens iusques a cellui temps lequel auoit dure lespace de deux mille z CCC ans mais ce ne fut pas pour le merite du peuple/ mais par la diuine misericorde

¶ Panthaleon
¶ Katherine
¶ Margarete
¶ Lucie Vierge
¶ Agnes
¶ Christofle
¶ Simplicius

galerie Constant ans .ii.

Constant le grant ans .xxxi.

¶ Cestuy constantin fut glorieux empereur et deshoy demora bonne renommee/ car en bataille il fut victorieux z resplendissant en gouvernement fe bien publicq z aux besoignes de leglise tres deuot la sauuerte z misericorde appert par les liures de plusieurs sains docteurs q lon le peult mettre au nombre des sains: les grecz dient que a la fin de ses iours il fut mesme

Ces dieux pacifiquement se moquerent/ certe fermement mais ilz ne demeurerent pas longuement z apres ceulx grandes guerres z batailles suruindrent lesquelles cesserent deslors constantin z adonc furent creez aucuns empereurs lesquelz grandement persecuterent les crestiens desquelz marcellus fut [illegible]

eusebius z orosius z les aultres diligentement ont escriptz les faitz.

¶ Lan du monde	v. m. CCCxiiii	v. m. viii

¶ Fermiant

marcel. Marcel t. a. iours vii.

¶ Siege

Martyr Eusebe ans .ii. iii. iours

¶ Asie

Martyr Melchi atte ans .v. Et iours viii

¶ Sainct

Siluestre ans .xxiii. m. x. iours

ans .xviii

¶ Lan de crist	CCxciiii	CCCviii.

Marcellus eut grande auec/ cation auec maxentius a ce/ est a la bonne pensee apres ... de reparer les eglises destruictes z deshonnorer les prestres comme il appert .xcvi. di. Item il ordonna que le pisle general ne se pouoyt celebrer sans nostre saint pere le pape .xvii. di. c. synod. Item il esleut .xv. cardinaulx a la cure pour administrer le baptesme z les sepultures z finablement apres longue garde il fut mys en prison z mourut par la persecution de maxentius et depuis fut sepulchre au cymytiere prisille dela salaria

Cestui fut des sains eusebius fut fait pape et fut medicin la quelle chose sommaire a este faicte aucunesfois passe il ordonna que les papes ne peussent accuser son euesque synodal devant la sobriete z que un e laicos et finablement fut martire

Ceste melchiades ordonna que le diman che z le iendy nulz ne peust ieune pour la reuerence de nostre seigneur: car les payens ieunent en ceulx iours de pasc. di. iii. c. ieiunium Et finablement il fut martire comme ses predecesseurs/ z morut q despuis saint pierre a este le dernier des papes: car depuis en ce cas .xxxiiii. les glorieux res ... seruirent seulement pour le testament de dieu/ et des lors fut chose louable de estre appelle eusebe comme dit saint Gregoire.

Siluestre per|se|cute fut cestui filz natif de la grant reuerence honnora les crestiens et comme par miracles il fist plusieurs decretz et condampna les heresies il ordonna les cardinaulx z prince du pape/ et ce que de saint pierre par la mal de constantin cessa la cure de romme et tout le royaulme de ytalie et le conuertist a la foy crestienne z reprisa beleuine auec les iuifs et auec plusieurs aultres [illegible] ans et dit lespite a lieu

SAint anthoyne tresfaint abbe puissant en miracles et sa vie est renõmee haultement p tout le monde

Paulus dit tresnoble dit saint athoyne auec les aultres heremites estoit au desert auec les aultres heremites grandement renomme.

Une comette se apparut deuant la mort de constantin de laquelle chose dit macrobius quelle denota la mort diceluy constantin et q̃ tãt son insuffisãce dura diuerses maulx infinis q̃ durerent longuement

Eusebius euesq̃ de cesaree palestine fut grandement studieux en diuerses escriptures ¶ Dorymas abbe q̃ trouua macie egyptienne mais aucũs dient q̃lz furent du tẽps d valentinien

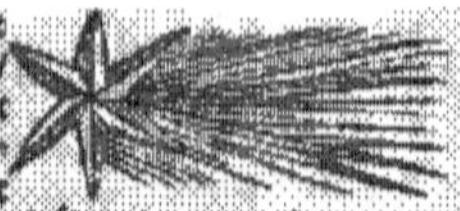

Helene mere de cõstãtin royne fut femme saincte et de grãde deuotion et trouua la saincte croix et fonda plusieurs eglises et dune grande ferueur glorifia toute leglise

¶ Empereurs

¶ Cõstãce fille de cõstantin auec plusieurs vierges seruẽt dieu en grãde deuotiõ et puis elle fut lepreuse comme fut son pere constãtin/mais par les merites de saincte agnes elle fut guerie

Athanasius euesque dalexandrie fut glorieux docteur et ferme cõfesseur fist le quicunque son chant Quicũq̃ vult saluus esse ꝛc. ¶ Patrice euesq̃ dyrlande perdit vng oeil en la persecution ¶ Arrien le heretique a faincte ypocrisie de dieu confesse la trinite/mais il mist le diuine essenciale de laquelle heresie il affliga grãdemẽt leglise.

¶ Nicolas euesq̃ de mirre fut saint et renõme p tout le mõde et resplendit de ses grãs miracles

¶ Siluestre pape voulãt q̃ les aultres cõciles fussent celebrez assembla. CC.lxxij. euesques et cõdampna arrius auec les aultres heretiques et constitua plusieurs decretz

¶ Lan du monde	V.m.ijxxij.	V.m.ijxxiij

Des possessions de leglise q̃les plusieurs amoncelerẽt a moitie en ce tẽps a este grãde altercation entre les docteurs les vngz disoiẽt q̃l estoit necessaire q̃ leglise eust habõdance de biẽs tẽporelz et honneurs terriẽs/et les aultres disoiẽt le cõtraire et ce nest pas merueilles/car quelque chose que leglise faict ou dit ou a est vng signe auq̃l sera cõtredit

¶ Lan de ihesucrist.	CCC.xxij.	CCC.xxiij

Or tãdis elle estoit long temps a viure en pourete et si est vng signe auquel sera contredit/pource receut les choses que gratis luy estoiẽt offertes et est signe auq̃l cõtradict/mais se biẽ nous cõsiderõs nous verrõs q̃ nostre seigneur poursuit et promist a ses esleuz q̃lz recepueroiẽt chãps et possessions cõe il appert au xix. de saint mathieu ou il dist a saint pierre Ecce hic duo gladij/et nostre seigneur respõdit il souffit il ne dist pas dit saint bernard rescripuãt a saint eugene q̃ le pape receut de ihesucrist le vng et laultre glaiue autremẽt nostre seigneur neust pas dit il souffit/mais eust dit/cest trop mais le glaiue spirituel le pape gouuerne p soy mesmes/et le tẽporel p plusieurs laicques. Et saint thomas fait vne belle raison fondee en droit naturel et diuin Disant que la vie crestienne est ordonnee a la fin spirituelle et nõ tẽporelle. Et le pape est vicaire de nostre sauluerr ihũs auq̃l est dõnee ceste puissance spirituelle il doit auoir plaine puissance de cõmãder aux crestiẽs pour paruenir a ceste fin/car a celluy a q̃ appertient la cure de la derniere fin appertient a estre subiect a celluy a qui appertient la cure des fins precedentes et par luy estre dirige exemple. Celluy qui doit vser des armes et les veult faire forger il commande au forgerõ les faire selon quil appertient a poys/pourtant que consecratiõ de gloire est vne fin tresdigne/pourtant aux prestres de leglise est donnee dignite sur toute puissance terrienne et pour ce leftat de leglise est appelle regale sacerdotiũ pour auoir sainte que tous princes tẽporelz leur soyẽt subiectz cõe a nostre seigneur ihũcrist/ainsi forcist toute puissãce a specialement la prestrise royalle/et de tãt est le dit estat plus hault que sa fin est plus digne et pour ceste cause les princes doibuent estre soubz la main du prestre selon la loy de ihesucrist/et pourtant aussi dieu dõna a leglise la cure de cõme pour estre le signe au tẽps aduenir successiuement le cõstãce a estre mise q̃ les terres de la cure soiẽt subiectz aux prestres mais de la foy crestiẽne eut este instituee pour

paradis sont passer les biens tẽporelz les prestres de

Nous devons que la .xi. persecution de leglise fut faicte par le commandement de Constantius arrien en laquelle la foy fut grandement subvertie car plusieurs furent couronnez par martyre et mesmes en exil et se faisoient oultre luy les aultres comme avoit paravant sainct anthoine

¶ Ces troys furent filz de constantin le grant/mais ilz ne furent successeurs daulcunes vertus de leur pere pour laquelle chose lestat de leglise et le bien publicque fut grandement trouble/car ilz se mirent le royaulme et si firent de grandes batailles aux quelles constantin et constant perirent et ainsi tout le royaulme demoura a constantius lequel fut envers par heresie arrienne pour laquelle chose il persecuta la foy crestienne dont moult de batailles se esleverent tellement que despuys il ne eut repos et finablement mourut miserablement dune mort inopinee

Costanci
Costance
Costan.

¶ Hylarius fut [illegible] p une [illegible] ans .iiii.

¶ Symeon archevesque de seleuce fut martyre avec martyr et aussi p .iii. daultres avec ung nombre quasi infini

¶ Cestuy sainct concile est le premier des quatre de leglise sainctoure est comme celle des quatre evangelistes et fut assemblee p le commandement de sainct silvestre et de constantin en une cite qui est en bithinie nommee nicea ausquelz furent CCCxviii evesques tous hommes saincts et glorieux par miracle lesquelz tous dung consentement condamnerent lheresie arrienne en la presence dudit empereur et firent le symbole cest credo que on chante a la messe/et en exposant la foy firent plusieurs statutz comme il appert .xv. di. c. sicut sancta synodus.

Le .i. sene g
neral fut uni
versal e fut
ren.ccc.xvii

enfance)

¶ Les donatistes heretiques commencerent en affricque et furent appellez donatistes dung donat ainsi appelle. ilz disoient que leglise estoit aux donatistes tant seullement en affricque et de celle se separerent les catholicques et ceux dura longuement

¶ Lan du monde. V.m.v.c.xxxiii. V.m.v.c.l.iiii.

¶ Constantin.

Marc les
xi. ii sep
to .xv.

¶ Rommain

Julius les
xx.iii. ii.
xv. viii

CCCxxxi CCCxliii

¶ Cestuy marcus ordonna que credo fust publicquement chante a la messe. Et que levesque dostie consacrat le pape et est dict du pallie

¶ Alexandre evesque dalexandrie fut trouve mort honorable a la [illegible]

¶ Cestuy julius soubstint plusieurs persecucions par constance arrien et fut en exil lespace de .x. ans/mais apres que constantius fut mort il retourna a son siege et fist edifier deux eglises et puys mourut et fut ensepvely sur la voye aurelienne au cimitiere calopodii

¶ Anian notable pere fut tue par les arriens avec .iiii. m. moynes. CCl. clercs avec daultres moynes et plusieurs sacrees vierges.

¶ Pachomius homme de grande renommee fut pere dung nombre innumerable de moynes et de nonnains lesquelz indifferemment il tenoit soubz la regle que lange luy avoit donnee en egypte

¶ Maximus evesques de trieve fut grant confesseur

Adheroient subiectz aux roys pource quilz estoient au temps passe et mondain avec les peuples deschaulx de noter aux dieux a celle fin quilz heussent subsistance de biens temporelz ces choses dit saincte brigide au .iiii. livre et au .lxxvi. c. a escript que la vierge marie luy dit ces paroles que leglise en son commencement estoit povre de biens temporelz doulcement mais par succession de temps les biens furent donnez a leglise soubz sainct silvestre affin que les servans de dieu fussent plus ardens a prescher la parolle de dieu et affin quon cogneust que les richesses ne sont pas mauvaises/mais labus dycelles desquelles les sainctz peres disoient tant seullement pour leurs necessitez et pour les amys de dieu et pour la substentacion des povres membres de iesucrist/sachez donc que il peult estre amy de dieu qui fort comme de la dispensacion de iesucrist a tenu dicte donc les paroles dicte saincte brigide/les aultres disent que ne fut pas tant seullement necessaires aux prelatz de leglise a avoir de la substance temporelle/mais aussi fut necessaire avoir iurisdiction pour appaiser de

¶ La .xij. persecution de leglise fut faicte p le commandement de iulien lapostat le quel voult quil effaces [illegible] le sang des crestiens / mais il ne demoura pas longuement car soudainement il fut tue p mercure saint martyr / a par le commandement de la benoiste vierge marie

¶ Eunomius heretique a lepreux en saint [illegible] fut dicte heresie eunomiane disoit que ihesucrist nestoit pas semblable a dieu le pere de nature / mais seullement par grace

¶ Macedonius heretique nyoit le saint esprit estre egal du pere a du filz q est grande heresie

¶ Flammes a Rosatius [illegible] le corps ou leur chaste en deux parties a [illegible] son [illegible] aux sepulcres des martyrs

¶ Paulinus euesque de treues

¶ Hylarion a donatus martyrs

¶ Il plouit a leyne du ciel

¶ A constantinoble tomba tant grande gresle q elle tua hommes a bestes.

Cementus

Iulian .i. moys .viij.

¶ Cestuy iulian fut premierement crestien a puys moyne a puys clerc a puys apostat a finablement empereur a auguste / a fit le [illegible] et [illegible] destruyre la foy crestienne

Iouinian .viij. moys

¶ Cestuy iouinian fut bon catholique / mais il ne regna guere

Valentinian .xi.

¶ Cestuy valentinian fut [illegible] et noe a ferme en sa foy a permise a lempire par lordonnance diuine car il ayma mieulx soubz iulien perdre le tribune a estre myo [illegible] que de regnier sa foy a pourtant nostre seigneur ihesus luy voulut retribuer le [illegible] a la dignite imperialle / a tousiours fut victorieux / il vaincquit les saxons a les bourguignons

¶ Victorin et les deux machabees.

¶ Donatus grammarien maistre de saint therosme

¶ Iulian martyr.

¶ Iehan expol martyr

¶ Lan du monde .v.m.[illegible]

Pape

Liberius ans .xvi. moys .iiij.

Romain. tome .ij.

¶ Scisme secondement fut en leglise entre liberius et felix pour lenuie des arriens aux quieulx estoit fauorable liberius et pourtant comme heretique il fut dechasse a felix fut pape constitue et ordonne

¶ Lan de ihesucrist. CCClxiij.

¶ Cestuy liberius premierement fut catholique et [illegible] resista pour les arriens po[illegible] la quelle chose constance arrien le mist en exil a le clerge du [illegible] [illegible] liberius ordonna pape ung pbstre nomme felix le quel [illegible] grandement [illegible] les arriens / [illegible] [illegible] [illegible] au siege liberius comme cellui q plus [illegible] [illegible] [illegible] a aussi liberius fut rappelle a felix [illegible] mais pource que liberius estoit fauorable aux arriens de ce [illegible] felix a les crestiens le deposerent a chasserent de leglise comme heretique a [illegible] a adonc fut [illegible] a grande persecution aux crestiens note q en ce temps leglise eut le [illegible] [illegible] car [illegible] les predecesseurs de cestuy liberius [illegible] a [illegible] p [illegible] il appt en .cccl. [illegible] ¶ Gregoire nazarene [illegible] docteur fut [illegible] au lieu nazarene on de constantinoble.

¶ Iustine emperesse [illegible] arrienne au temps de son mary / mais apres la mort de son bon mary valentinian empereur elle persecuta les crestiens a specialement ambroise

¶ Didimus fut aueugle des son enfance a par grace diuine il fut fait docteur [illegible] [illegible] [illegible]

¶ Dordan et [illegible] a plusieurs autres martyrs

¶ Ruffin prebstre escripuit plusieurs choses a translata lystoire ecclesiastique

¶ Basille grant confesseur a euesque de cesaree [illegible]

¶ Eunacius [illegible] martyr

¶ Dallianus martyr.

¶ La faulse hardiesse de ceulx q veullent a [illegible] [illegible] les biens de leglise / a il na pas este licite q le [illegible] [illegible] [illegible] [illegible] [illegible] [illegible] [illegible] [illegible] [illegible] ung [illegible] mais appert q[illegible] [illegible] [illegible] toutes ces choses [illegible] [illegible] [illegible] p les loys a p les diz des saintz [illegible] [illegible] de possessions [illegible] a possessions terriennes q [illegible] [illegible] [illegible] [illegible] [illegible] [illegible] [illegible] [illegible] [illegible] [illegible] [illegible] [illegible] [illegible] [illegible] p miracles [illegible] [illegible] [illegible] [illegible] [illegible] [illegible] [illegible] la doctrine [illegible] [illegible] [illegible] le soleil a la lune [illegible] [illegible] p les escriptures a [illegible] [illegible] [illegible] [illegible] po[illegible] la [illegible] de la liberte ecclesiastique [illegible]

Saint iherosme prestre et cardinal commenca a escripre de leglise de dieu / et fut de dalmacie homme de tresfaicte vie / marteau des heretiques fondement de toute la verite de leglise et principal docteur et grandement instruict aux lettres grecques hebraicques et latines

¶ Priamus fut noble homme et du lignage des troyens le quel vint en lombardie et se retira pres lempire mais lennemi des rommains tantost le tua / et ses filz senfouyrent et maulgre les rommains ilz commencerent le pays de france et edifierent colloigne et la demourerent entre labourage.

¶ Marcomirus filz du dit priamus fut le pere de Pharamundus son filz fut le premier roy de france et durant ce temps coloigne estoit appellee agrippine

¶ Les bourgoignons sont faitz crestiens

Valentinien avec gracien et valentinien ans iiii

Gracien avec valentinien

Valentin fut frere de valentinien lequel regna avec luy ung temps et puis la criaulte de son frere ne cousa pas faire aucunes folies quil avoit entreprinses / mais apres que son dit frere fut mort et quil tout seul il regnoit il commenca grandement a persecuter les crestiens et contraignoit les moynes religieux a aller en guerre / mais finablement apres plusieurs infortunes il mourut avec aucune petite penitence

Gracien donc fils de valentinien perdit la provincia de dalmacie et fist par la royalte il fut theodose empereur lequel par tout estoit victorieux de lesglise et plusieurs choses il restitua a lempire / mais finablement ung faulx et desloyal tyrant par grant traison tua ledit gracien et puis tantost apres theodosius le fist mourir

Le secont general de constantinople avec vingtesme de cl.

Macedonius. Contre macedonie heretique

¶ Lan du monde v.m.dlxiii. v.m.dlxvii.

¶ Espaignol

Marcus Felix ans ii. iii.

Damasus ans xviii. iii

x. iours. ii. iours. viii.

¶ Lan de crist. CCCLxiiii. CCCLxviii.

Felix fut homme saint et en declarant constance auguste heretique il fut dechasse de hors de la papalite et eut la teste coupee ainsi il fut faict martir.

Cestuy damasus fut glorieux prestre lequel fist plusieurs choses dignes de louange par faire de grans clercz il esleva grandement lestude tellement que de son temps furent moult de gens et savants clercz il ordonna que au comencement a la fin dung chascun psaulme lon chantast Gloria patri &c. et ceste ordonnance fut faicte a la requeste de sainct iherosme il fut merveilleux necrificateur il laissa plusieurs escriptures anciennes et specialement hystoire des papes et des martyrs il fist celebrer le second concil general a constantinople contre macedonie / la feste est celebree le xi. de decembre.

Macaire disciple de saint anthoine et autres moult de ce temps fut damasus pape fut en egypte grande presence dans par la grande sterilite contenue par secrets / le habondance de

Ambroise conseil principal docteur fut evesque par valentinien a millan lequel tantost fut esleu et / infante comme il tesmoigne au livre des offices

¶ Alepius fut homme saint et tresparfaict lequel escript a lentre

¶ Martin evesque de tours fut renomme en france comme homme de merveilleuse sainctete a peine du pays des panonies.

¶ Jehan tressaint hermite predist le triumphe a theodosius

Ilz sont contenus martirs / ostera celluy que ostera dire quantite de nobles sont faillis a deceuz les biens temps

epiphos / la dicte terre estoit inhabitee / mais il la rendit habitee par ung grant nombre de moynes preudes et saiges / et furent les speciaulx arsenius pacomius paulinus pafnutius onnomas maurus anthonius ioseph: severus agathon: achillio: gelasius: arsenius: et plusieurs autres innumerables dignes de memoire

celz pres la volunte de dieu et contre la iustice / mais iusques aujourdhuy avons veu les contredisans iuger a mort et puis estre assaillis le temps de grant qui ilz ne vouloient que le corps saint pierre la pagine du testament imperial comme il appert et perdit constantinus qui iamais nenst este hors de malediction sil

Augustin de carthage afficain fut inseparable rethoricien poete et philosophe en sa ieunesse facillement et sās grant difficulte argueit tāt q̄ les philosophes ne peu scauoit ou die ne ou trouuer/ et en icelluy temps il fut euesque a mylan ou tantost fut conuerty par saint ambroise et baptise et fut instruict et enseigne en la foy par saint simplician et ieune par la vie monachal et la difference des moynes par la saincte de eulx pour fonder la vie monachale cōe tesmoigne saint ambroise au liure qu'il a fait du baptesme saint augustin et fonda vng monastere dehors de la muraille de mylan en vne petite chappelle q̄ estoit au pres du monastere il eut la vie apostolique et escripte la regle et la maniere de viure laquelle il cōmanda a ses cōpaignons et a ses successeurs et leur donna vng a lequel au religion par la instigation de saincte monicq̄ sa mere il voulut retourner en son pays mais ladicte mere mourut a hostie tyberine et alors le glorieux docteur demoura au pres des freres heremitains q̄ sont appellez centus

Empereurs. catholiq̄ theodosi nō dit pī

cellis ou il vesquit en grande saincte/mais pour sa grant [illegible]

Estuy theodosius fut de vie moult religieuse et loyal a iesucrist et a leglise pour quoy dieu luy aida en tous ses faictz et miraculeusement vainquit les ennemys en quoy monstra cōbien proffite pour auoir victoire de nostre oraison auec larmes vng iour il fut enuoye vng noble de barbarie et alors il inuoca le nō de nostre seigneur et tantost il eut victoire/ nōpas par sa force mais par laide de dieu/ car les vents q̄lz auoient miraculeusement retournerent contre eulx/ laquelle chose voyans lesditz barbariens en grant crainte se rendirent subiectz et lempereur certes dont claudian poete q̄ fust payen testifia en disant. O nimium dilecte deo tibi militat ether. Et coniurati veniunt ad classica venti/ et comme il fut humble en la correction de saint ambroise il appert en sa legende. Voyez saint augustin au cinquiesme liure de la cite de dieu et cōe il cōmanda q̄ on destruist les temples et les ydoles cōe il le pcessa a iehan hermite et aussi il estoit plus content de voir charite q̄ seigneurie finablement il mourut et laissa le bien publicq̄ bien dispose qui auoit moult dispose. il fut premierement barbier destable mais pour sa grande bonte et prudence paruint a ceste dignite

Lan du monde V.m. CCCCC.[illegible]

Pape. Sixte iii dit p.S. mole pr. Innocent. iours. p.V.

Lan de crist. CCCC.xxviii.

Spuce ordōna q̄ de la secte des manicheiens nul ne fust receu sinon qu'il fust recluz en monastere/ pour faire penitence tous les iours de sa vie et q̄ seullement a la fin de ses iours lon luy donnast le precieux corps de iesucrist aussi fut mettre en exil tous ceulx q̄l trouua de celle secte.

Priscillianus euesque despaigne tōba en vne faulse heresie dont fut dicte secte priscilliane

Placelle femme de theodose eut grant cure des poures lesquelz quelle les seruoit de ses propres mains.

Hanaricque roy des gothes plusieurs chrestiens en son pays ou nombre de martyrs furent martyrez. Firmin euesque damiens Marcel euesque de apamie martyr. Honorat et sabi et amicos furent glorieux cōfesseurs. Paula vefue treffaicte et sa fille eustoche vierges furent en ce temps de grant renōmee desquelles saint ierosme souuentesfois fait mention en ses escriptures et grant des louenges a escript de la vie de paula

Theophilus euesque dalexandrie.

Germanus auxerrois euesque lequel son vouloit estre en ceulx de crist regnoit

Seuerin euesque de cologne fut homme de grant de sanctite.

[illegible] n eust fait penitence/ certes nous pourrions icy escripre le fait de gamaliel actuū.v. Si a deo est non poteris dissoluere. etc. Certes tāt de choses ont estes faictes par les pensees et faiges de ce monde contre le patrimoine de leglise et quasi par toute la chrestiente tellement que quasi il est chose incredible q̄ humainement elle ait peu pouoir tāt dassaulx ou recouurer aucunes choses apres tāt grandes despouilles/ mais pour tāt q̄ vn cierarde a este donnee aux chrestiens leurs ennemys sont pris [illegible]

912.

Rome fut prise par les gotz et fut bastie et fut faicte une altercatio entre les crestiens et les payens car les payens vouloient blaspheme et destruire la foy et remettre sus leurs faulx dieux mais ilz ne peurent car valerie roy des gotz fut crestien et pardonna a tous ceulx qui se retiroient au sacreffice de leglise et ainsi furent confus les payens pource quilz ne peurent prouver que linfortune des romains fusse venue pource quilz avoient chassez les ydoles et pour le nom de ihesucrist.

¶ Claudia[n]us poete a romme. ¶ Lucrisi et de ceste gradience traicte saint augustin a orose.

¶ Pelagius fut grant pere des plusieurs et apostolicque en ce temps fut en grant veneration car les heretiques et renoncier fait valoir cecy ce que dessus. ¶ Les fondacions pleurent sur et a ces seurs la peste desirant leur resigner son eveschie et se retraignit a prendre le faire ordre de prestrise et puis se vit eincy luy donna troys lieux pour habiter avec les religieux quil avoit amene de ytalie et de certain celui ou ilz menerent une heremitaige a laquelle une grant nombre fut appeller leur donna la regle et habit religieux saincte eglise espouvantez le donna le tiltre des freres heremites de saint augustin lesquelz par succession de temps ont tenez des hermitages tous aux citez et villes pour prescher et multiplier la foy catholicque et singulierement fut ceci dessus dit.

archadi us avec honori[us]. lviii.

Archadius estoit estant malade pe mourir et fut assez bon mais il eut plusieurs adversitez avec son frere honorius car par les tyrans barbariens cruelz gotz et vandales lesquelz desrompirent plusieurs provinces et se la grace de dieu singulierement navoist aux crestiens la foy fust perie.

Marcel pere de larchadie par le merite des saints quil mena avec luy comme avoit fait theodosius avec vi. m. hommes passa par dessus les ennemys qui estoient nombrez lxx. m. aussi a celle heure fait ambroise luy apparut en vision mais apres il devint orgueilleux et commenca a persecuter les saints hommes de leglise pourquoy tantost apres fut tue et ainsi il experimenta en soy le iugement divin par lequel avoit evade et quant il laissa dieu il fut tue et de ce avons plusieurs exemples.

¶ Saint eracl des escript la vie des peres a lauseun evesque. ¶ Prudencius poete et crestien.

¶ Lan du monde v. m. vi. c. [illegible]

¶ Lamineau.

Anasta sius i. xl. ans iii.

¶ ionco. xxvi.

¶ Lan de crist CCC.xcviii.

¶ Cestuy anastasius ordonna que quant on chanteroit levangille que tout homme fust droit et aussi que cestuy qui faulsoit aucun membre ne fust pas prestre / il fist faire une eglise pres de lescolle nummetum.

¶ Pelagius heretique a celestin [illegible] cecy a cedict une heresie pelagienne / en disant que lomme peult meriter sans grace et que le baptesme et les oreisons de leglise ne valoient riens / saint augustin grandement et comme lui sinet disant le vent / et perilleux les ennemys de leglise. ¶ Lesquelles durent celles heresies se tissons a leurs presence aussi lesquelz se sont mis pour laisser eglise plusieurs qui sefforcerent de lesfacer et gaster en une heure / mais ilz ne vindrent pas a leur intencion et furent lesditz presens en heretiques a present cest assavoir aucun lise lapostat valens. harriani[us]. barlarie. gaiseric. honoric. attila seneca la. theodoric. constanti[us]. iii. et v. leo et iiii. henri. iiii. et ii. frederic[us] et ii. otho. iiii. loys. iiii. avec les capitres. lesquelz cuyderent destruire leglise ainsi en une heure / mais ilz ne pourent pas / ancoys luy sont leglise et est glorieuse a ceulx qui la persecutent non faict pour ce / ilz sont au puis destruitz et le bien de leglise ne nest pas a mettre par seu baptesme / mais se dieu est pour nous nul ne peult contre nous / et ainsi regne leglise a la salut soy demande les peuples des ennemys / car nul ne peult resister a la puissance mal de dieu / comme dit david le prophete quant il dit Dixit dominus domino meo. Donec ponam inimicos tuos scabellum pedum tuorum. Et de ezechiel. Sepe expugnaverunt me a iuventute mea etenim non potuerunt michi etc. grans maulx sont advenuz aux successeurs pour les dispensacions que les tyrans ont faitz devant les prestres et voulant demonstrer que leglise licitement ne peult porter les biens terriens pourquoy le siege apostolique a deffendu que doresnavant lon ne doit faire doubte de ceste matiere puisque tant a este roberee pour la doctrine et exemple de tant de saints lesquelz se gardent bien les saintz princes de faire perir leglise car celles gens iamais ne prosperent / car ilz ne peuvent muer ce que le saint esperit a ordonne.

¶ La cronicque saint iherosme finist icy environ les ans de nostre seigneur. CCC.lxxx.

Constancius compaignon de honore en grant honneur et brief temps tua moult plusieurs tyrans et barbariens a laide de nostre seigneur ihesus Et note selon saint Jherosme que au commencement les rommains estoient vaincus et a la fin furent victorieux / car il leur faillit appeller les barbariens pour chasser leurs ennemys.

Honorius fut tresclement / car quant on luy disoit pourquoy il ne tuoit ses rebelles il respondoit a la mienne volente ie peusse reuocquer les mors a vie et pour la foy quil eut a iheshucrist il obtint plusieurs tyrans sans effusion de sang / et peu a peu les pa/ rtiz cesserent dessoubz luy

Empereurs. (Honori⁹ filz theodosius) theodose le mineur ans. xv.

Icy finit lystoire de paule orose prestre qui fut en ce temps

Maximus euesque nolanensis escript par prophetie

Cironus alex laissa plusieurs escriptures

Sulpicius seuerus

Orosius

Dorotheus

Vidonius panet.

Seuerinus.

Diocles

Amon

Menalla.

Seilla

Les reliques de saint estienne prothomartyr furent trouuees en iherusalem en ce temps

Les os de samuel le prophete furent translatez a constantinoble par archadius

Epiphanius euesque

Martyrius

Anastasia

Pachomius

Donatus euesque.

Tholomarius martyr.

Alexandre

Nathanael.

Alexandria

Saint iehan crisostome fut mys en exil par eudoxie royne et femme de archadie et la mo/ rut pour lardure du soleil et theophilus archadius pourtant quil en fut consentant

Lan du monde v.m.dciij v.m.dcxviij.

De albanie

Pape (xl. Innocent. i⁹ de.) xv. moys. ij. iours. x. Cesse (zozimus ans. ij. [illegible]) iours. xi.

Lan de ihesucrist CCCCiiij CCCCxviij.

Innocentius ordonna que nempas seulement tous les prestres / mais aussi tous ecclesiastiques a leurs fins iunassent du iour du vendredi et le samedi quant ieunast et que a la messe ledit donnast la paix et donna plusieurs regles en leglise de bien et les donnaux monasteres aux ministres et pareils / comme il appert xxxiij. q. i. c. omnino. et c. Cestuy condampna heresie pelagienne auec tous ses heresiarches et ce par le concil affricain comme il appert xxiiij q. i. de hac materia.

En quantes controuerses les sains docteurs fais pres et pre/ cesseurs ont eu au siege apostolicque lesquelx nosoient riens diffinir sans le decret de nostre dit saint pere et de ceste matiere saint augustin a escript plusieurs epistres

Cestuy zozimus ordonna que les prestres ne te nissent point tauerne ne ne vendissent vin et que le clerge fust vestu se la/ mesme fait et que nul ne soit fait clerc si non que premier fust cathecumene Cestuy enuoia legatz au concile de carthage pour la corobo ration diceluy

Ce temps le talmud des iuifz auant a deux comme heretique fut compose entre la et no/ stre seigneur CCCC. xl. deux souuerains maistres de la loy estoient en babillonne et ra/ bassi / et est vng liure plus grant que x. bibles. Et en ce liure sont execrables mensonges et choses abhominables contre la loy de dieu et contre la loy de nature et contre la loy de scripture / et pource que les iuifz doctes que la loy de iheshucrist prospere et la leur estoit mesprisee ces arceuesques des deux dessusdis affin quilz escripuissent ce liure et voulurent quon y adioustast foy comme aux li/ ures de moyse et deffendirent sur peine de la mort que nul ne leust chose prenant au dit liure et fut cho se a leur desplaisance et affin que les simples gens neussent occasion de laisser celle follie ilz ordonnerent [illegible] quil leur demanderoit aucune chose difficille quilz respondissent nous nous en reportons a noz docteurs et

¶ Alaricus roy des barbares par long temps fist maulx et tribulacions par diverses parties du monde et il fut cruel tyrant et aspre et specialement il infesta la religion crestienne et noblesse il print romme/il destruisit affrique et soubz luy saint augustin mourut lan de nostre seigneur CCCC ...

¶ Attila roy des huns fut le fleau de dieu et aspre tyrant/car long temps il persecuta lumain lignage finablement fut parce quil mourut de la mort des tyrans/car aucuns dient que son propre sang le estouffa

¶ Jehan cassien heremite fut mys dehors de constantinoble par crisostome et puys vint a marceille ou il escript la collacion des peres et aultres choses et furent plusieurs saints hermites et moynes.

¶ Amandus evesque dorleans par ses merites delivra la cite a hunis avec de son ...

¶ Emperes | theodosius .ii. fe... archa | viii avec valentinian .xxvii.

¶ Timothe heretique dit que ihesucrist fut dung ... homme mais il adjousta une fantasie/car il dit que nature divine fut convertie en nature humaine.

¶ Paladius evesque fut envoye aux escossoys.

Theodosius fut devot catholicque prince et si ne peut pas deffendre que les barbariens ne gastassent plusieurs provinces par permission divine ung grant exercite de gotz gasterent tout lempire comme aux parties occidentales et en oriencfut paix tranquille et salubre.

Le concille de carthage fut de CC et ... des peres contre pelagius heretique auquel saint augustin apparut solempnellement triumphant des heretiques ... il vainquit

¶ Les saxons commencerent en ce temps a entrer en angleterre et peu a peu ilz croissoient et finablement ilz obtindrent le dyademe royal.

¶ Lan du monde v.m. ...

¶ Romains. | .i. Boniface ... | ¶ Romain. viii ... | .i. Celestin ... | ...

¶ Lan de crist. CCCC xxiii

Par cestuy boniface fut ordonne que nulle femme touchast pailles ... / on la lavast / il ne fust avec ... il fut esleu avec luy la plus grande et saine partie aussi lempereur et sa femme luy estoient favorables

Eulalie archidiacre contre Boniface fut en ... et la discorde fut a cause de la election/mais boniface obtint car la plus grande partie et la plus saine estoit avec luy.

¶ De leur une heresie qui disoit que aux ... ne ... point ...

Cestuy celestin ordonna que les dist les pseaumes devant la messe/et de ceulx dit le commencement lusaige de leglise a despiter obsecrer ... de lintroite de la messe du graduel/et tract/en son temps fut celebre le saint sene dephese contre leresie de nestorius evesque de constantinoble qui nyoit que la vierge marie fust vraye mere du filz de dieu.

¶ Saint iherosme mourut en ce temps ... par ... et eusebius disciple de saint iherosme fut renomme apres luy

¶ Nestorius evesque de constantinoble disoit que ihesucrist estoit pur homme qui fut grande heresie.

¶ Cirillus evesque alexandrain fut au concil ephesi

¶ Lupus evesque trecassinus regna et merveilleusement appaisa la pillerie de attila

A vous ne scaurions respondre/et ainsi ilz pardirent ung sens ... / car ilz creoient plus a telles fables que a moyse et a ihesucrist/toutesfoys nous lisons que plusieurs furent convertis qui firent grandes choses pour la foy et escripverent et laisserent plusieurs escriptures

C Oute galle et affricque et espaigne perist par permission divine par la force des barbarres et en mourut dan. et quasi toutes les citez furent eues ino excepte aulcunes lesquelles ses quoit des sains evesques par lesquieulx dieu les garda et adoncques furent temps outribles.
¶ La cite de metz eut muracilles inseparables mais apres convertirent pour les pechez des citoiens et puys fut baillee

L Eglise de dieu en ce temps fut grandement tribulee specialement en affricque car apres que saint augustin fut mort tout le clerge fut ou martyrise ou mys en exil ne iamais navoit este telle persecution en ce lieu depuis a temps pour gauserique roy des vandales et par honoricque son filz lesquelz furent cerriés a clouptes les eglises/mais apres ilz perirent a la maniere acoustumee ¶ Hylari evesque darles fut renomme en galle

M Erlin fut engendre de incubo et en bretaigne lo destroit et moult clerc et prophete et par son instigation vortigorus roy des bretons grandement destruit la foy de ihucrist a cestuy succeda uterpendragon son frere qui fut pere de artus duquel prophetiza ledit merlin et capitulo draconis/car par dragon en lestoille il fut pronounce

Le. iii. sene ephesinum iterial de cc peres avec.

nestorii heretici

D Aricius filz de la seur saint martin fut par celestin pape envoye en pharence et fut en ses oeuvres merveilleux et delivre lorge de GOTS. ¶ Ilz furent plusieurs iuifz noyez en la mer par la deception du dyable qui sapparut a eulx en lespece de moyse faignant les mener en terre de promission de quoy il en y eut aulcuns qui eschapperent et se firent crestiens.
¶ Paulin evesque nolan fut de saincte vie duquel parle saint gregoire au dialogue.

¶ Lan du monde v.m. dcxxxij.

¶ Pape. iij Sixte. ao. viij. ¶ Fournai. ioures. iv.

¶ Lan de ihesucrist. CCCC xxxiij.

H umble a nusprocidence fut cestuy sixtus qui edifia leglise de saincte marie maieure il eut ung ennemys qui sappelloit bassius qui le diffamia/puys le saint homme se expurga au concille et tantost bassius mourut et furent les sepulchre a ses propres mains

¶ Germain evesque dauxerre resuscita troys mors et son asne
¶ Eucherius evesque de lyon et doctour.
¶ Saint severus evesque de treves
¶ Maniertius abbe au monastere de saint germain et alledicus fut deduit sur
¶ La feste ad vincula de saint pierre fut instituee et par sa chaine merveilleux miracles se faisoyent

¶ Les. vij. dormans se reveillerent en ce temps lesquelz dormans CC avoit avoit tesfois en une fosse.
¶ Petronius evesque de boloigne fut homme de saincte vie de son enfance et fut divus patronus
¶ Marianus moyne et plusieurs saincts et vaillans hommes flourissoient en ce temps
¶ Eutropius prestre escript plusieurs choses
¶ Victorinus de marseille
¶ Maruchas evesque chassa les dyables du filz du roy de perse qui estoit ennemy de la foy/et la grandement la foy creut.

O Rribles tremblement de terre et espoventable fut a constantinoble lespace de quatre moys/et ung enfant leur dit quilz chantassent. Sanctus deus/sanctus fortis/sanctus et immortalis miserere nobis. et adonc cessa le tremblement. Ceci puys apres fut conferme au sene de calcedoine.

¶ Dences a arcson le ciel sembla quasi comme feu et lambes comme de feu apparurent

¶ Trembleme de terre continue et plusieurs signes apparurent

¶ Le code ou liure qui est appelle theodosian fut fait lequel traicte la fin de tous les proces legitimes

¶ Saint iehan baptiste duquel le chief fust reuele a deux moynes qui estoient venuz en iherusalem.

¶ La lune fut obscurcie

Une comete la apparut

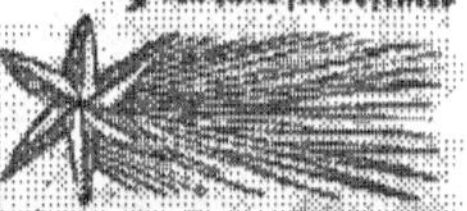

et puis vng petit apres a tholose qui est au pays des galles vng ruisseau de sang coula tout vng iour.

¶ Les gotz tenoient sainct iehan comme leur patron pourquoy long temps demouerent sans estre vaincuz.

¶ Empereurs — Marcian auec valentinien

¶ Onze mille vierges furent martyrizees a cologne agrippine et pour le peche tantost apres elle fut destruicte

¶ Cestuy marcianus fut bon catholicque et fut en lempire auec valentinien mais apres il fut tue a constantinoble pour la conspiration des siens cestuy vit en son songe vng arc rompu pourquoy il entendit quil deuoit mourir et ainsi luy aduint.

Le iiii. sene de calcedone de .vc. .xxx. peres.

¶ Ecius patricius batailla contre attilan et le chassa au territoire dorleans ou mourirent .Cxxxv.m. combatans.

¶ Contre euthice hereticque qui fut abbe de constantinoble cestuy disoit que cestoit vne nature la diuinite et humanite de ihesucrist Et dioscorus ladiz euesque alexandrin fut filz dudit hereticque

¶ Lan du monde — v.m. vi. c. lvi.

¶ Tuscani.

.i. Leo de. xxi. ans.

.i. moys, viii iours

¶ Lan de crist. CCCC.xliii — CCCC.liiii

Cestuy leo fut excellent homme et prelat en leglise son temps fauenteusement il labouta en parlz infinitz pour les tyrannies des prelatz et pour les heresies des faulx docteurs il escript plusieurs sermons et epistres moult nobles tellement que entre les docteurs son dit qui rapporte la fleur de dicter et tellement sont approuuez que a nulli ne est licite de contredire. Cestuy par ses merites chassa attilan de romme et conuertit ytalie il se coupa la main pour aucune tempta cion mais la vierge marie la luy restaura et adiousta que son

¶ Saincte geneuiefue a paris fut benisce par saint germain

¶ Valerien fut saint euesque

¶ Maxim euesque dephese

¶ Juuenalis euesque de iherusalem

¶ Anatholius euesque de constantinoble. ces deux furent les principaulx au concille de calcedone.

dist au saint canon sanctum sacrificium immaculatam hostiam et commanda quon celebrast sanctam synodum calcedonense par le moyen de marcien empereur et finablement apres plusieurs tribulations saincte ment il mourut et fut sepulchre pres saint pierre et saint pol mais aucuns disent que cest le .xl. daniel

Au temps de ce pape le mystere de la saincte trinite fut declare en france par vng grant miracle car vng euesque en celebrant vit sur lautel trops gouttes de sang tresclères les quelles descendoient de hault et estoient dune mesme grandeur et puis furent coniointes ensemble a firent vne moult belle pierre precieuse laquelle leuesque fit enchasser en vne croix dor mais tantost quelle fut posee toutes les autres pierres questoient en ladicte croix tumberent

¶ Nicaise euesque de rains fut martyrize auec sa seur entropia puis fut escript. Domine viuifica me secundum verbum tuum

¶ Artus roy de bretaigne fut de grande renõmee et victorieux et de son glaive tua .ccccl. hõmes / il fonda et augmenta leglise de dieu et amplia la foy et toutes les terres de france de dasie de norvegie il mist a son service Et finablement se perdit ne nul ne peut onc scavoir ou il demoura.

¶ Au tẽps du dit artus angleterre florissoit et luy furent donnez .xxx. royaulmes a son service mais ce ne dura guaires /

Ethicus senateur au tẽps de une grãde famine substẽta .iiii.m. povres dont il merita de oyr une grãde puresse / du ciel.

¶ Les os de helisee le pphete furent trãslatez de samarie en alexãdrie

¶ Une femme pecheresse fist a une foys sept enfãs et les getta de dans une pescine et finablement lung fut roy des lombards.

¶ Mercurius euesque de tours

I
Leo de.
xvii

¶ Cestuy leon selon aulcũs fut vray catholicq et selon les aultres il fit follement brusler les ymages des sains pourquoy le pape lexcõmunia / toutesfois il semble que ce ne fut pas le premier leõ mais fut le tiers car adõc furent les temps des tribulations

Zeno de
ix

¶ Cestuy zeno fut arrie et cruel per les crestiẽs et fut aliances avec les gotz il dona tant le filz de leon a ung aultre semblable luy fut baille puis apres il print theodoricque auguste puis apres il tint en ostaige le roy des gotz

La cite de venize fut amplie environ ce temps qui fut lan de nostre seigneur .CCCC.lx. et nõpas par les pasteurs cõe fut rõme mais par les pensiõs et riches des provinces estrãges qui la affluoiẽt pour la perfectiõ acquise. Cest une chose merveilleuse et digne de loẽge que une telle cite apres peu estre fondee de diverses cites et de divers peuples et tãt de tẽps regner cõme plus de mille ans en si grãt accroissemẽt en tãt grãde gloire par dõce et sagesse estre etreneue

¶ Lan du monde | .v.m.c.lxiiii.

¶ Pape.

I
xlarius
ans .vi.

¶ Sardus.

moys .iii.
iours .vi.

Simpli-
cius ans.
xv.iii.i.

¶ Ticerinus

Lan de ihesucrist. | CCCC.lxiii.

¶ Cestuy hylarius dedia leglise de saint estienne pres leglise de saint laurens / cestuy ordonna que nul pape apres luy ne peust constituer ung aultre cõme il appert .viii. q.i. hylarius / il fut sepulchre au monastere saint laurens lequel il avoit fait edifier.

¶ Le corps de sainct marc euãgeliste a este translate dalexandrie a venize

¶ Les letanies grãdes furẽt instituees par sainct mamert euesque de vienne.

¶ Saint remy euesque de reins convertit clovis roy de

¶ Prosper fut euesque daquitaine et hõme rẽpli de science et de saincte

¶ Theodorus euesque de syrie escript la cronicque et plusieurs aultres choses.

¶ Cyprianus aufridẽs euesque fut de tãt grãde mysericorde / que tout tãt quil avoit il le distribuoit aux povres freres pour leurs necessitez.

¶ Heresie acephalorum fut qui impugna le concil / le de calcedoine

Cestuy simplicius dedia la cite en cinq regions et sacra plusieurs eglises / il ordonna que nul prestre ne fust investi daulcũs lays puis apres fut ceste chose par plusieurs aultres comme il appert .xvi. q. vii. per totũ et fut sepulchre in vaticano.

¶ Fulgencius euesque rapensis fut ung vaillant docteur et temple de foy et de science et de sa nation affert

¶ Acharius euesque de constantinoble tomba en heresie pestilencieuse il fut condampne cõe publicque heretique

¶ Bonifacius martyr Et plusieurs aultres martyrs.

Une grande disputacion et de grande renōmee fut faicte a carthaige entre les arriens par le commandement du roy honoric. De laquelle disputacion nous auons les escriptures et en recelle les crestiens eurent victoire / et puis le faulx roy plain de heresie persecuta les crestiens de toutes pars / mais il ne demoura pas impugni car le. viij. an de son regne dieu luy donna une telle persecution que les vers lorrissoyent de son corps lesquelx miserablement le firent mourir.

Eugene euesque de cartaige et fulge euesque abritanensis auec plusieurs aultres euesques et clers le nombre de quatre mille. deccclxxvj. furent bannis et mis en exil par honoric roy des vandales et tout le pure clerge dafrique pour la foy de nostre saulueur ihesus fut merueilleusement tormente et si y eut plusieurs martirs auxquelx on couppoit les mains et les langues et si ne laissoyent pas de droictement parler.

¶ Dionise auec son filz maiorique et gerina sa mere leonce fille de saint germain.

¶ Heruliamus medecin

¶ Une famine merueilleuse vint que destruisit toute affrique et plusieurs aultres regions et alors pour les grandes abstinences qui se faisoyent plusieurs furent faitz sains et sainctes.

Gunthamundus roy des vandales commenca apres honoric a cappadoce eugene de exil mais castramundus luy succeda apres. xv. ans il rechiet fermer les eglises et bannit. cc. xx. euesques auec les clercs de par le frumachus fut maintenant.

Theodoric qui fut arrien et roy des gotz persecuta long temps ytalie et fut aulcunes cruautes contre les crestiens pour laquelle cause apres sa mort il fut par pape iohannes et par saint patricius iecte en la gorge vulcani lesquelx moustrement il auoit fait mourir comme il appert au dyalogue de saint gregoire.

¶ Lapparicion de saint michel au mont de gargano fut en ce temps.

Victorin pecsul martir aquitanie fut tourmente et victorin honorable martir auec plusieurs aultres.

.S. iii. dcl xxiii. .S. xi. dcl xxvii.

¶ Romanum [illegible]

iiii. Felix. xl. vii. iii.	filz de felix de la region sacrola. xi. iours. [illegible]	Gelasius. a. viii. iii. viii. iours	[illegible]	¶ Romanum	ii. Anastasius. a. iiii.

.cccclxxxiii. .cccclxxxiiii.

Felix fut saint homme comme il appert par le sermon saint gregoire ou il racompte de troys sereurs de sa mere / cestuy dapna acace pour tant quil auoit receu / a la communion pierre euesque alexandrin / cestuy ordonna que son dominical seroit et respondre et se comparoistre a cestuy qui seroit accuse a celle fin que les accusateurs et les iuges fussent sans suspection et mauluaise / et de luy est faicte mention en la. xvi. dis. ou. c. orosie.

Iehan damascene selon aulcuns fut en ce temps / et les aultres disent que ce fut apres gregoire cest cestuy a qui la vierge marie restitua la main et fit le salue regina a son honneur. Et il declaira plusieurs escriptures subtilles et fut solempnel euesque de chartres et la est tenu pour homme saint.

Gelasius ordonna le canon de la messe la preface les hymnes / et mait / les oraisons comme il fait ambrose / et donna entre les escriptures au centiesme et apocriphe. xv. dis. c. et appert au. c. la / crosetu. Il excommunia le pere et demonstra comment on peult excommunier. xxiiii. dis. dno.

¶ Sainte brigide fut renommee en escoce.

Anastasius premierement fut bon mais apres il fut deceu par acace et eut communication auec luy / pour quoy le clerge se tourna contre luy pour tant quil vouloit restituer achace et non pas secretement il fut pugni par iugement diuin car il rua ius ses boyaux. xix. di. anastasius. Et aussi cestuy fut le. ii. pape infame entre tous les papes iusques a ceste heure / car le pape et ceste faction sont tous estoyent fauorable aux arriens et cestuy aux nestoriens et tout pour la rage des empereurs.

¶ Pascasius fut homme saint duquel fait mencion saint gregoire au dyalogue en disant / quil souffrit vng gref purgatoyre pour ce que en la scisme pertinascment il se accorda auec laurens iusques a la fin de sa vie / contessoys deuant sa mort il sen repentit.

Clouis premier roy crestien de france fut baptise enuiron ce temps par saint remy/ et eut belle fe
me qui sappelloit clotildis tres crestienne qui fut fille du roy de bourgongne/ laquelle souuentesfois
lu admonestoit quil renonceast aux ydoles et quil creust au vray filz de dieu/ mais riens ne vou
lut faire mais apres quant il bataillloit contre le roy dalemaigne son ost commenca a tourner et
les grandes seruices il commenca a dire. Jhesucrist que ma royne presche estre filz de dieu et qui secours aux tribu
lacions et donne aide a ceulx qui ont esperance en toy deuotement te requiers ton aide/ et ainsi il eut victoire et
dit receuoir le sacrement de baptesme auec iii. m. hommes/ et du ciel vit une colombe laquelle apporta une
ampoule pleine de cresme de laquelle les roys de france ont acoustume destre oingz iusques a la iournee de
au iourdhuy et alors que de luy tout le royaulme print la foy de Jhesucrist et conuersions despries il fut de[illegible]

¶ Empereurs — Anastasius .xxvii.

Anastase a maintenu [illegible] de concorde car il fut heretique par le seruice de acace encontre de constantinoble/ et quant il fut amoneste du pape par solempnelz legatz en laissant la faulcete erronee/ il respondit comme [illegible] que nous sommes empereur nous ne voulons pas que vous nous commandes mais voulons commander lequel mot darrogance la diuine puissance pugnit car par la vengeance diuine la fouldre le tua/ et ainsi la vengeance fut exemple a ses prelatz/ il fut aussi miserable car il ne merita pas dauoir victoire et si fut ennemy de dieu et des hommes

[illegible] et destruicte les gotz et les celle heure commenca a estre tres chrestien et ses fais especialement a saint martin auquel il offrit ung cheual et quant il le voulut rachepter il commanda quon luy donnast c. soulz dargent mais le cheual ne se remua/ adoncques le roy dit/ donnes luy [illegible] lors adonc le cheual fut deslie et ala a la volente du roy. Adoncques le roy auec grant liesse dit saint martin/ il est bon en aide mais il est cher en ses negoces et cestuy semble estre dune le secours constantin et la seconde Helaine.

¶ Lan du monde .v.m. [illegible]

¶ Papes — Simachus .l. pape .xv. ans .xxviii.

¶ Lan de Jhesucrist .ccccxcviii.

Symachus fut bon homme et amateur du clergie et des pouures et esleu auec laurens/ et par deux fois il eut scisme auec le dit laurens/ mais il eut victoire par le iugement de leglise et de theodoric roy. xvii. dist. cestuy ordonna que on chantast hymnum angelicum gloria in excelsis. et ordonna que on le chantast/ et ordonna moult de choses bonnes/ et par sa grande misericorde il fist laurens euesque nucerinum mais il ne le recompensa pas bien de ses biens faitz mais de rechief se leua contre luy et si ne proffita riens/ car symachus se purga deuant tout le peuple de tous les crimes que on luy auoit mis dessus et aussi honnorablement fut en son estre restitue et laurens condampne auec tous les siens.

La scisme .ii. qui fut entre laurens et symachus fut cause de la discorde des esleuz mais simacus obtint par le iugement du conseil auquel le roy theodoricque comparut personnellement car la maieur part estoit auec luy mais apres quatre ans de rechief se leua altercacion entre le clergie pour les crimes que lon auoit mis sus symachus et adonc fut faicte la scisme de leglise mais simacus se purga deuant le concile et deuant le roy et aussi fut restitue en sa gloire et honneur et laurens condampne.

¶ Simacus patricius fut notable martyr saint et vaillant et resista souuentesfois a theodoricque mauluais pourquoy fut martyrise auec Jehan pape.

Boece homme de grant conseil et de grande science incomparable et cler en toutes lectures fut frere du dit symacus et apres quil eut fait plusieurs choses glorieuses il fut exille et descolle pour maintenir iustice et fut enseuely a pauye et aucuns dient quil fut canonise soubz le nom de seuerin conclusion de choses et quantes graues il a escript la [illegible] qui eut une femme tres prudente nommee elpise laquelle fist lhymne [illegible] etc. et Felix per omnes etc. de saint pierre et de saint pol.

¶ Guard premier euesque de laon fut homme saint qui eut premierement une femme quil laissa et de celle et la prinst et delle eut ung filz qui fut saint homme lequel luy succeda en leueschie il fit merveilleuse penitence.

¶ Sebrant leql fut hõme de grãd saincte aussi furẽt ses freres et seurs

¶ Leonard de soucyn et siphardus furent disciples de saint remy.

¶ Seuerin abbe dangers qui garist clouis roy de france.

¶ Digniffim⁹ et gosdianus et plusieurs aultres furent martyrisez par laurens scismatic.

¶ Cancimus eoconēsis.

¶ Maxenci⁹ abbe de poytou

¶ Arnulph⁹ euesque de tours

Vedast arceuesq̃

¶ Eunodi⁹ euesque

ticinensis euesque

¶ Le cõcille de orleans fut celebre par le cõseil du roy clouis lequel saint melaine⁹ agrega/ et note quil out estez plusieurs cõcilz a orleãs.

.l. Justin anz.ix.

Cestuy iustin⁹ fut bõ catholique et toutes choses q̃ anastasi⁹ auoyt fait cõtre leglise il les corrigea/ il receut devotement le pape hormisdã/ et luy intima q̃ de bon cueur luy vouloit obeir laquelle chose il faisoit quãt saint germain euesque capuanus vint a luy de par le pape affin quil reuoquast les euesques qui estoient bannis avec grãt ioye il le receupt et ses euesques rapellant si eust fait plusgrãdes choses po^r la foy. Se la tirannie de theodoric roy ne leust empeschie

¶ Carilephus fut homme fort saint et oncques ne voulut que femme le vist/ aussi ne le peut veoir la devote royne de france.

¶ Lan du monde v.m.iiij.c.iiij.

¶ Capuanus

Hormisda.l.iiii. ro xviii.

¶ Tuscan

.l. Johãnes a.ii.iii.

ix.iours.xviii.

¶ Lan de crist v.xiiii.

De grande misericorde fut cestuy hormisda/ il dõna aux eglises grans et riches ioyaux et fort entendoit aux povres il orna le clerge et reconcilla les grecz qui avoyent estes excõmuniez pour lerreur neutorie/ et puis fut sepulchre au palais de saint pierre

¶ Avitus abbe dorleans qui pria pour les filz de clouis.

¶ Elpides femme de boece fut femme devote laquelle moult et q̃ grand elle fut son epitaphe disant

¶ Elpides dicta fui sicilie regionis alumpna.

¶ Quam procul a patria coniugis egit amor.

¶ Porticib⁹ sacri iam nũc peregrina quiesco.

¶ Judicis eternum testificata thronum

¶ Solinus sylvinus fut grãt docteur

¶ Mercelinus chancelier du roy florist

¶ Albinus homme saint avec plusieurs

¶ Victor Marcel⁹ et Laurenti⁹ avec plusieurs aultres furent renõmez entre plusieurs aultres

Saint hõme fut cestuy iehã et martyrise p theodoric roy des gotz et arrien lequel p le commandemẽt de iustinien empereur des grecs tenant pour les catholiques il trouve par astucieux et paison avec symach⁹ et avec les aultres catholiques hommes lesquelz son faict la feste le xxvii. du moys de may.

¶ Theodoricus roy des gotz soubdainement mourut et ung saint hermite et iehã pape et symachus lesquelz il avoit tuez furent deux veuz et le tenãs et desch... estre noyez en olla vleani/ dõt dit au dialogue saint gregoire. Dont dõcques il est endurcie les princes etc.

¶ Germanus euesq̃ capuanus resplendist.

¶ Victor euesque de rome fist ung notable...

¶ Cassiodore fut glorieux hõme et vaillant docteur premierement fut senateur et puis chancellier du roy theodoric et puis moyne et grãdes choses escripte

En ce temps regnerent deux excellens conducteurs des loys / cestassavoir Benoyst excellent pere a iustinian empereur / le quel est le prince sur la regle de toute leglise de dieu especiallement de religion / il eut tresmerveilleux disciples dont plusieurs furent martyrs il acquist biens par tout le monde / et [illegible] dire a son honneur que entre les docteurs de leglise nul tient a digerer sa vie comme a fait le discret pape Gregoyre qui celebrement a escript que toute son escripture reluist comme or. Il a este fait par disposition divine que cestuy excellent ordinateur de loy fust tresgrandement honnore que luy / ses ordonnances et sa vie / ont estees roborees par le saint siege apostolique.

¶ Claude evesque de Vienne entre les docteurs issit cler et resplendissant.

¶ Empereurs — l. iustinian I xxxviij.

Iustinien fut excellent en toutes les choses car en luy sont trouvees troys choses qui font ung prince glorieux / cestassavoir puissance / sapience / et bonne pacience / par le premier il vainquit ses ennemis par les seconds par iustes loys / il mist le monde en ordonnance / par le tiers il honnora dieu et ses ministres en edifiant grandes eglises et donna grandes richesses aux dictes eglises. Note que les loys civiles que lon appelle commandemens furent fort plusieurs diverses et variant homme / mais merveilleusement et iustement il les corriga et abregea iusques au nombre de xii livres et de tous il fit ung volume lequel il voulut quil fust appelle le code iustinian / il fit aussi le livre des instructions et le divisa en quatre livres / et les loys nouvelles quil avoyt faictes il les redigast en ung volume / et voulut quelles fussent appellees nouvelles lesquelles communement lon appelle auctentiques et sont distinctes par collations / aussi toutes les loys et tous les maistres iuges et iuristes qui les devoyent estre en luy nulle livres il fist abbregier en grant labeur et au nombre de cinquante livres et commanda.

¶ Lan du monde .v.m. dccxviii.

¶ Pape — xlii. Felix .iii. [illegible]

¶ Le corps de saint anthoine abbe est trouve et translate en alexandrie.

¶ Lan de iesucrist .d.xxix.

Felix ordonna les malades estre oingz du saint huylle avant quilz morussent dont il appert que ung confesseur est insuffisant / car cestuy nest pas tousiours donne a execution / pour quoy il est necessaire de le repeter souventesfoys / toutesfoys le sacrement avoit este or / donne par nostre saulveur iesucrist qui nous a donne tous les sacremens de leglise. Toutesfoys les papes donnerent les preceptes contraire a les observer / et pourtant cestuy pape confirma le dit statut.

De sainct benoyst le sacre ordre qui fut le chief dung auner au lieu de bouche / blanc / noir / de chanuelos de laie ou de lin comme ilz ont de coustume en divers lieux / cestuy est la monarche et patriarche des religieux qui recommencent a luy il donne regle aux solitaires / a forme aux anachorites / et droicte maniere de vivre / son usage regulier est distribue par tout le monde et si est le mirouer de [illegible] servir dieu devotement. en ung lieu qui sappelle mons cassin / ou il se monstra reply de dieu / et apres fut descendu avec ung grant [illegible] en alemaigne ou fait gouverner moult de cloistres [illegible] / dessoubz luy / sont aussi ceulx de clugny et ceulx de cabrichil et ceulx de cirteaux valombreuse avec les celestins et silvestrins soubz divers habitz sont ceulx de mont olivet et les freres blancs soubz ceste mesmes regle regnans institues avec diverses choses iusques a lentre.

¶ De rechief est faite persecucion en affricque aux catholicques crestiens par les vandales arriens et a aucuns enfans on coppoit les langues et si parloyent par le saint dieu et de divine cleremement parler.

¶ Totilla roy des gotz fist plusieurs tyrannies et destruisit quasi toute ytalie.

Bellisarius patricius preigaion de iustinian merueilleusement triumpha en perce et en apres fut enuoye en affricque et destruisit et effaca les vandales/ en apres il deliura come de la main des gotz qui tout lan auoyent assiege la dicte cite/ il prist aussi le roy des gotz et le mena a lempereur/ come souuentesfoys fut prise par les gotz et quasi redinite a neant. ciens.

¶ Arator poete florist
¶ Priscianus gramarien.
¶ Nicetius euesque de treues
¶ Cassius euesque narniens
¶ Maurus disciple de saint benoyst.
¶ Romain moyne qui pasissoit saint benoyst en sa cauerne ou il faisoit sa penitence et est en monte cassin

¶ Que le liure fust appelle liber digestorum ou pandectarum et le dict escripre par dg. mais au tout vng tous les iuristes les escripuent ff. pource silz vouloient dire que premiere certain fait la loy le conseil efficace anciennement dg auoyt aucune similitude en escripuant auec ff doubles par les loys des ce temps la/ iusques a present le monde est ordonne et regi excepte a aucunes petites qui sont differentes pour matieres par les droitz canons elles ne pouoyent accorder auec la loy diuine ou que elles ne contenoient aux meurs des crestiens/ et ceux desira lempereur estre fait par le lise en quoy se monstra vray catholicque/ car il disoit les loys humaines ne mesprise a obeir aux droitz diuins/ aussi plusieurs loys sont canonizees pourquoy leglise demonstre grande humilite et exemple que loy soubz mettant aux loys humaines en tant quelles nempeschent point consecucion de la seur qui est vie eternelle laquelle dieu promist a ceulx qui garderont sa loy

¶ Lan du monde .v.m.dcc.xxvi. .v.m.dcc.xxxiiii.

¶ Pontificats

.lii. Bonifa ce ans.ii. iours.xxvi.

.lii. Johannes an.ii.mo iiii.iours. vi.

¶ Rommain

.lvi. Agapit/ e an.i.m. xi.iours.xviii

¶ Rommain

¶ Lan de crist .v.c.xxx. .v.c.xxxvi.

Cestuy Boniface ordonna que les prestres celebrans le messe fussent separes dauec les lays aucuns disent que cestuy fut esleu en discord auec dioscorus et que fut lestrif en leglise le xxviii iours. mais dioscorus mourut et Boniface demoura et les aucuns disent que cecy fut fait au temps de sylvestre comme plus apres il apparestra

Cestuy fut excommunie ...

Ce pape Johannes ...

Agapitus ...

Estant disceptation entre cestuy iehan auec iustinian/ sus vne proposition cest assauoir se en ihesucrist auoit deux natures/ le pape comme maintenant quil en y auoit deux lequel luy dist aucunes a moi ou dons le ces baulx. Adoncquesle pape dist loyaulment ie suys venu a iustinian empereur tres crestien. car cestoit mon desir de le veoir mais ie congnoys que le trouue dyoclecian persecuteur de leglise toutesfoys tes menasses en rien ne les crains. Adoncques lempereur se humilia et se gecta aux piedz du pape en luy demandant pardon

Agapitus euesque iustinian le sereine catholicque/ cestuy ordonna quon fist processions les dimenches/ il mourut a constantinoble et fut raporte a romme et est saint et est sa feste celebree le .xvii. kalend.

¶ Germanus euesque de paris
¶ Gildardus euesque de rouen frere de saint medard.
¶ Eleuthere euesque de tournay
¶ Medardus euesque de noyon.

¶ Victor euesque capuanus subtillement descripuist les cicles ou termes de pasques.
¶ Gregoire euesque de langres fut premier senateur et marie/
¶ Theophilus qui fit hommage au diable mais par la vierge marie il fut reconsilie.
¶ Benoyst le plus ieune souffrist moult de paines par totilla
¶ Domicianus tongrensis
¶ Clodoaldus filz du roy de france fut prestre et constitua vng monastere.

¶ Signes orribles apparurent/une estoille vive contre la lune et entre deux ans/ensuivant neiga tant ung temps/il fut ung si grant froit que les oyseaux passoient et les prenoit on a la main/ et derechief fut une si grande famine que en plusieurs lieux les femmes mengoyent leurs propres enfans au pays des gaulles/fut veu le ciel comme sil ardist et sang distilloit des nues.

¶ Theodebertus roy de france donna a saint mor abbe disciple plusieurs biens pour la sustentacion des moynes qui estoyent soubz la regle saint benoyst/pareillement fist son filz clostere le dit saint mor fist de grans miracles comme avoit fait son maistre saint Benoyst.

¶ Empereurs

¶ Radegondis royne de france femme du roy clostere entra en monastere et fut saincte.

Ceste condampna lerreur de theodore qui disoit aultre estre le vray dieu et aultre ihesucrist/et que la vierge marie ne fut pas mere de dieu mais tant seulement de lomme crist il accordoit assez avec nestorius. Et note que communement les heresies varient leurs noms selon leurs divers acteurs/car en la premiere eglise elle fut dicte hebionite laquelle communement fut destruicte/et de rechief mise au dessus par la machination du dyable. Et ainsi fault entendre des aultres/communement ilz varient aulcunes choses ou adioustent affin quel ne soyt pas totalement semblable de ceste matiere en xxiiii. q. iii. c. quidam.

Le. v. sene de constantinoble contre theodorus

¶ Ce sene est semblable en auctorite aux aultres .iiii. les aultres heretiques.

¶ Lan du monde .v.m. vcc.xliii.

¶ Pape

Marcie silverius a.iii.m.

¶ Campanus .v. iours.xi.

Vigilius an. xvii. m. vi.

¶ Romain iours.xxvi.

¶ Lan de ihesucrist .v.c.xliii.

Silverius est martyr pource quil fut mis en exil a la procuracion de theodora femme de lempereur pource quil ne vouloit pas restituer anthonium evesque heretique/cestuy fut fait pape par force car le roy des gotz theodatus fut corrompu pour pecune/a donna grandes menaces au clerge a au populaire silz ne consentoient en son election/sa feste est celebree le .xx. de iuing.

La feste de la purificacion fut instituee a constantinoble pour appaiser une grande epydimie. Et note que lon list que communement les festes ont este instituees pour divers/non pas sans cause/car ou elles ne furent pas receues/ou ne sont pas communes/ou aucune chose par este adioustee/lon dit aussi que sergius pareillement institua ceste feste ou paradventure adiousta que lon portast les lumieres.

Vigilius mauvaisement entra en la papalite/toutesfoys il se gouverna bien et souffrit de grandes persecucions/car a son temps silverius il vainquit les gotz glorieusement/mais finablement apres grandes persecucions il endura a constantinoble par theodora/et mourut et se trouva estre martyr / sa feste est celebree le .xxvi. de iuing. Il commanda que le pseaulme fust tenu a constantinoble/il fut premierement archidiacre de silverius a commencement durant la papalite il donna le moyen a la femme de lempereur comment elle pourroit oster silverium legal pape apres plusieurs le tractat car a ung cordeau se fist lyer par le col et trainer parmy la cite despuis le matin iusques au soyr. et ceci dit paulus comment lequel maulgre luy entra silverius et visse Dum machinator scelerum non effugit et non evidit certa certant mais apres il se repentit lequel ouvra fort pour la foy et bien finist ses iours.

¶ Herculianus evesque de perose par totilla eut la teste coppee et fut martyre

¶ Le temple de saincte sophie tresgrant/fut edifie a constantinoble par iustinian/ son oncle que depuis le commencement du monde na pas este fait vng tel ouurage et ainsi acomplit auquel temple ledit iustinian glorieux empereur honnorablement fut enseuely.

¶ Alors fut vng temps asses trouble z furent grandes mortalites en ytalie car tant que lempire fut mesparti furent continuelles tribulacions et de ceulx en souuentesfoys saint gregoire fait mencion.

¶ Vng enfant iuifz enuiron ce temps receupt la communion auec les enfans crestiens pour laquelle chose son pere fut indigne et le getta dedens vne fornaise ardant/de laquelle il yssit sans lesion et disoit/ la femme qui est paincte en leglise z tient vng enfant en ses bras a estaint le feu auec son manteau.

¶ Empereurs — lx. Iustinus ans.xi.

CEstuy iustinus fut bon au commencement et catholique mais par la suasion de sa femme il degenera et deuint cruel et auaricieux pourquoy il fut hay de tous/plus seulement de courage/mais narsses eunuchus homme deuost et misericordieux par le merite de sa saincte et par sa vaillance par tout se fist triumpher/il eut totila z deffist tous les barbariens/z mist en repos toute ytalie mais le dyable fut enuieux contre luy voyant que bien il disposoyt toutes choses/et fist q sophie la femme de lempereur fut contre luy et tellement que lempereur follement le laissa z par telle indignacion et ire il se venga z introduisit les lombards et ainsi destourna ytalie et ne fut plus dessoubz lempire iusques au temps de charles. Cecy est vng notable exemple pour les princes admonester/que tantost ne doiuent pas croire au conseil de leurs femmes enuieuses car souuentesfoys ce que le dyable ne peult faire de soy mesmes il le fait par le moyen de la femme.

V.m.lxxiii.

¶ Pontifices — l. Pelagius ans.iiij moys.x.iours.xviij.

Item.

PElagius ordonna que les heretiques et scismatiques doiuent estre punis par la puissance temporelle comme il appert .xxiii.q.v. de legentes/et plusieurs autres/cestuy fut diffame et encoulpe de vigilius/mais deuant tout le peuple en touchant la saincte croix et iurant sur les sainctes euangilles il se purga

¶ En cestuy temps vng iuifz frappa secretement dung dart limage dung crucifix z si le perca dont le sang saillit /mais quant les crestiens leurent apperceu ilz le lapiderent.

¶ Les os de saint estienne prothomartyr furent portes a romme et furent loges en vne tombe auec les os saint laurent.

¶ Au pais des galles vne grande montaigne fist vne grande voix z se separa dune autre montaigne z auec les hommes z auec les eglises descendit dedens le rosne

¶ Radegonde royne de france femme du roy hilpier lequel de ruyne la descolla fut trouuee saincte femme et faisant miracles

¶ Macrites disciple de saint brandan fist choses merueilleuses.

¶ Fortunatus poete ytalie z euesque de poictiers escript plusieurs choses

¶ Colombanus venerable pere fut renomme en ybernie z puys vint en bourgongne z apres en alemaigne z fist le monastere luxouielle et erent en grant gent

¶ Leonard hermite fut du pays du mans z fut saint homme

¶ Agericus euesque de verdun en ce temps fut de grande renommee

C Ompagnies enbiales de feu ont estes veues au ciel desquelles sait gregoire fait mencion en son omelie / et des robes daucuns pris dung sang / aussi la maison daucuns hōe fut veue arrousee dūg sang de vermeil telles chrestiens et aultres deffeaux que nul ne peut effacer.
¶ Radian⁹ sait homme fut en estoct pere de .iii. moys du quel son dit choses merveilleuses.
B Aralle sainte se essiona entre saly germain euesque de paris / et childebert roy de france car vng thresor se desbatoit pour soubuenir aux poures et vefues / et pourtant cōme vng pietre sainte luy grande precieuse entre eulx tenu scay que ses choses sont deuenues ne en de que elles sont perdues.
¶ Sampson euesque dolens
¶ Cetibinus breton
¶ Sinpercius
¶ Simulien abbe
¶ Gundulphe prestre

.li. Tiberi⁹ de .vii.

¶ Jehā lamnesinier euesq alexādrie grādement renōme appelle helemosinaire pour les grādes aulmosnes qlfaisoit et que plus est il dōna tant quil auoit.

T Iberius fut hōme saige et tresmisericordieux / il refist mouste et eglises / Il estoit tant saige a dōner que sa femme luy disoit quil estoit destructeur de lempire / et il respondit tenue fay en dieu que nostre habitacle ne defauldra pas / De ses choses que dieu nous a dōnees nous faisons aulmosnes pour acquerir tresor au ciel / et tantost il vit vne croix paincte au pauement et dit / hostes la table car il nest pas chose digne que la croix soit mise dessoubz les piedz / laquelle dōne estre en grande reuerēce mise en la poictrie et frōt des hōmes et en ce lieu trouua vng grāt tresor il damanist ceulx de perse.
¶ Hospicius et vng aultre Senatus breton furent sains en france.
¶ Leander conuertit les gotz pour lors fait euesque yspalensis auquel saint gregoire enuoya le liure de iob.

¶ Lan du monde .v.m. declxiii.

¶ Papes

.lxi. Johānes .iii. pōtif.

¶ Rommain. .xi. ans .vii. mois .viii. iours.

.lxii. Benedictus .i.

¶ Rommain. .iiii. ans .i. mois .xv. iours.

¶ Lan de lincarnacion .v.c.lxxiii. .v.c.lxxiiii.

I Ehan restaura les cemeteres des martyrs et legise des apostres iacques et philippe / et en son temps il fut signes et miracles nō pas signifians choses aduenir merueilleuses. Et finablement apres ses bonnes oeuures il mourut et fut sepulturé de saint pierre.

¶ Cestuy benedictus soubtint plusieurs pleuresies il vit a son peuple plusieurs maulx pour vne grāde famine et pestilence auec guerre / car les lōbardz pillerent toute ytalie entre les quelles labourez il mourut et fut sepulturez de saint pierre.
¶ Paulus beneuētin euesque
¶ Amande saint homme et euesque traiectensis
¶ Vigalus prestre et plusieurs aultres sains florissoient de temps

A V temps de ces papes ytalie fut absolute du seruice de constantinople et commencerent les rommains a seignourir par patrices et au regne dytalie fut sait habitacion des lombars.
R Echaredus roy des gotz lequel les hystoires disēt auoir este derrenier lequel chāta en terre fut premierement conuerty a la foy auec tout le peuple des gotz au concile de tholette par leander euesque dyspalence grāde grace a este au peuple barbare lequel nas en ceste heure a en mariage remanence et malediction cōmēce a auoir de sains hommes
G Regoire filz de gordian fut senateur de romme lequel par force fōda en ecclise .vi. monasteres et vng en sa cite auquel il fut fait moyne / et puis par grace diuine fut esleu pape
¶ Gregoire euesque de tours fit les expositions de la saincte escripture.
¶ Maglorius euesque de dol fut successeur de saint sampson

M Aurice eut sa fille de teberius appelle constance laquelle le pere luy bailla avecques lempire en desirant. Sic tibi imperium meum cum hac puella et dare ea feliciter et habe in mente esteant et iusticiam perpetua esse insignia operum imperatoris. Et apres quil eut dit ses parolles le bon teberius expira/ est. Mauricius apres qil eut pris lempire fut moult bon au bien publicque mais semblablement en demandant par saint gregoire il semenca aussi de moult il prononca contre soy luy de dieu/mais saint gregoire pria pour luy pourtant il fut purgie en ce monde car il fut chasse de son royaulme et luy que a une ysle ou laquelle luy sa femme et ses deux filz par focas furent tuez. Et se bien il eust garde la doctrine de son seigneur il eut en devant ses piedz celluy apres qu'il tenoit devant de dessus luy. Toutesfoys de sa saluacion il est bonne esperance pour la cause dessusdicte

¶ Empereurs

Maurice greec, ans

M Elitochie fut subvertie par lage de dieu qui se monstra devant une rose blanche et tout semblablement aussi ung homme qui bolentiers faisoit aulmosnes/les ungz disent que la moitie de la cite subverent et que lautre moitie fut saulvee pour la priere de cest homme

¶ La robe de nostre seigneur qui estoit sans costure fut trouvee en saphat et portee en iherusalem

I Nundacion de pluye grande fut tellement que lon cuydoit que ce fut ung second deluge. Et par le tibre grande multitude de serpens avec ung grant dragon qui descendirent en la mer puys les bestes se commencerent a pourrir et par aincte fut si tellement infait que en peste sourt une grande mortalite qui sappella inguinatis tellement que les hommes que du ciel descendoient saiettes qui les frappassent.

¶ Laa du monde | v.m.ccc.l.xxxvii

¶ Romains

S. Pelagius ans xii.

mois x. iours. x.

¶ Laa de crist. | CCCCC.lxxxviii

C Estuy pelagius fut ordonne sans le vouloir du prince pourquoy les lombardz assiegerent romme donc elle fut moult gastee et ce que malheureusement avoit este. Comme ce souffroit il estoit de pres en pays pour la tyrannie des barbariens et la pestilence il envoya le sainct homme gregoire en divers lieux pour faire les negoces de leglise mais semblablement il mourut de ladicte pestilence et fut sepulcre a saint pierre.

P Lusieurs merveilles advindrent environ ce temps une comette sapparut et ung chasteau alloit a devant pied et ung aultre ayant deux testes nez a bon raison et une nuee fort clere se vit descendre du ciel comme lances de sang/ung enfant naquit sans mains le quel par dessoubz estoit comme ung poisson et sans yeulx/en aussi au fleuve nylus quest en egypte sapparurent deux bestes qui avoient forme humaine masle et femmelle et estoient ung cas/ moult regarde/ et ainsi par une journee depuys le matin iusques a midy le soleil sembla estre aperceu de la terre pour lors/ les choses dessusdictes signifioient aucune grande nouvelle advenir les ungz cuydoient que ce figurast la bestialle et monstrueuse secte des sarrazins laquelle en brief temps corrompit la terre de partie des crestiens et advint ceci tantost apres ladicte vision.

¶ Hermigildus filz du roy visigothorum et espaignol fut converty de sa infidelite arriane a la foy catholicque et puis fut par son pere martyrise

¶ Saint gregoire institua la letanie maieur et lange de nostre seigneur apparut sur le chastel adrian et les anges prumierement chanterent Regina celi letare alleluya etc. Et alors cessa la grant de plaie qui estoit en la cite

Augustin venerable moyne et saint anthoine avec iehan et melitus avec des aultres fu rent envoyez en angleterre pour convertir les anglois Et note que souventesfois est faicte mencion de la conversion de diverses regions et provinces pour ce que la foy ne demoura pas entre eulx pour diverses raisons comme nous lisons dangleterre/france/perse/et inde/mais en rome comme en singulier privilege car en romme la foy de saint pierre iamais ne faillit

Empereurs.	Focas dix viij	
	¶ Phoca dieu gardere et noble et son frere	¶ Pharon conte puis apres evesque de meaulx et son frere
	¶ Carnealdius archevesque de leon	¶ Didier evesque de vienne martir.

¶ Cestuy focas a grant hayne des chevaliers quant il fut fait empereur il tua mourice son seigneur et plusieurs aultres/et car meschamment il commenca a regner plus meschamment il proffita et meschamment il acomplist/car les rommains furent en grant de guerre aux persiens et si les chasserent et prindrent plusieurs provinces et finablement eraclius le tua.

¶ Boart homme saint estoit renomme plus le vingt plusieurs aultres tant hommes comme femmes furent de grande memoire comme il appert au registre de saint gregoire.

¶ Fursel fut homme saint et filz du roy de yberie

¶ Baugericus evesque de chambray

¶ Marchulphus abbe de rancestre

¶ Cosdras roy de perse print iherusalem et plusieurs aultres citez et travailla fort les crestiens car il en tua xc.mille/ et la croix fut prise avec le patriarche zacharie puis apres il cuidoit estre dieu mais eraclius le tua duquel eraclius son pere quil avoit tant grant force que souventesfois il tua luy les lyons

¶ Lan du monde	v.m.deiiij.xx	v.m.dCCCiij.

¶ Pape.	.i. Gregoire ans	¶ Vacquit xiij.moys.vi iours.x.

¶ Lan de lincarnat.	vi.c.iiij.	vi.c.v.

Gregoire duquel plenierement faisons mencion fut de noble lignage mais encore fut il plus noble de vertus et de tres noble sainctete/il fut moyne de lordre saint benoist et merita destre appelle grant gregoire pour plusieurs choses qui excellentement furent en luy cest assavoir puissance/richesse/vertu/noblesse/sapience et sainctete/renommee/et experience/peu de choses par quoy nayse exercite a dugeheslen estat dessoubz luy de peu a peu cesserent les mauvais temps qui avoient este de lincomparable utilite quil fit a saincte eglise plusieurs livres de fort escriptz/il est lung des principaulx des iiij.docteurs de leglise et quantes choses il a escript le glise tesmoigne/il fut tout seul avec fabien apres saint pierre par grace divine vnus in cathalogo pontificum romanorum et fut vray pape il ordonna plusieurs choses comme il appert en son registre/il adiousta au saint canon Diesque nostros in tua pace disponas etc. Et ordonna quau commencement de toutes les heures lon deist Deus in adiutorium/tout loffice de leglise il escrit et mist a meilleure forme et maniere et de cestuy office leglise use iusques aujourduy et lappelle loffice gregorien. Il eut du esprit grande grace et tant plain de lumiere de science que combien il proffita par exemples et escriptures a peine le pourroit racompter langue domme mortel

¶ Icy par ledit saint gregoire fut ordonne que tous les papes eussent tiltre de grande humilite/cest assavoir Servus servorum dei/duquel ilz usent iusques au iour duy.

¶ Auelierius fut saint homme et frere de pharaon disciple de saint colomban et saint blidechild du la femme de pharaon et plusieurs disciples dudit colombanus flourissoient/cest assavoir Galus. Eustace. Attila Valarius. Andoenus et Walbrinachus.

Isidore euesque dispalance entre les docteurs fut recommandable/il nous a laisse plusieurs liures escriptures pleines de grandes sentences et auctoritez/il fut homme fort studieux/et nombre plus de .lxv. sectes de heretiques lesquelles successiuement durant pres de legli se lesquelles furent dampnees par les saints peres iusques a leure presente comme lon peult veoir .xxiiij.q.iij.c. Quidam et cetera. Il commanda que son prist machomet qui estoit venu en espaigne mais par la fraction du dyable il senfuyt

¶ Adaloath roy des lombards fut baptise et prinst la foy de iesucrist

¶ Theodelinde royne des lombardz fut tresrelevee car conuertie son mary a christianisme et fut auoit puissance tousiours commune et a celle saint gregoire escripte et luy enuoya le dialogue

¶ Empereurs — Eracli⁹ .ds.xxx.

Cestuy eraclius aux croniques il a en partie bonne renommee et en partie mauvaise/car en aulcunes choses il se porta tres saintement comme il appert en la legende de sainte croix ou lon peult veoir comment miraculeusement il vainquit les perses et tua cosdras/mais apres sa victoire il conversa auec le patriarche des iacobites et voulut auec luy disputer de la foy pour le reduyre a la droicte voye il fut deceu et tomba en lerreur manicheiste quant en laquelle il mourut et pour ce il appert comme cest folle chose a ung chascun exceder et exceder sa regle et son estat/car cest chose perilleuse a ung homme lay de vouloir parler des subtiles questions de la foy comme des clercs qui se veulent mesler de la guerre laquelle a peine peult venir a bonne fin pour quoy ung chascun doit demourer en sa vocation ou aultrement le saint esperit les delaisse sans lequel lon ne peult bien faire

¶ De ceux aucuns fundateurs de ozias roy de iuda .ij. paralipomenon .xxvi. par ces choses maleditions vint sur eraclius pour son orgueil/car apres ceste victoire il oppressa indignement ses subiectz

¶ Lan du monde — .v.m.ij.decexvij.

¶ Romains

¶ Cessans — Sabin/man⁹ .a. .i.an.vi.

iii Boniface .iii.ans — Rome .xxviij.

¶ Martyres — iiij Boniface .ds.vi.ans — Vng.romms.xx

¶ Lan de crist — .vi.C.viij

Sabinien ordonna que lon sonnast les heures canonicales et pour cela il fut trop reuere et que il nest pas par de demiers a saint gregoire il mourut mauvaisement: et cestuy est le tiers qui est mys au cathalogue des papes lequel est mort de mort subitement et detestable et note de mauvaise vie specialement iusques icy.

Cestuy boniface ot obtenu que le siege de romme fust dit chef et appelle de toutes les eglises

Apres cestuy boniface quatre consacra pantheon temple de rome des dieux ou les crestiens estoient foulez par la malice des diables. Et icy a une feste fundee de mon eglise comme le saint esperit de manifestes communs precieux estre excitee de deuocion et dignite medecine contre le venin car la ou les diables estoient servis et adorez la les crestiens seruent et honnorent tous les saintz de paradis/et ainsi ars dediacion a cete.

¶ La feste de tous les saintz fut instituee par boniface pape .iiij

Machomet deceptr⁹ du monde faulx prophete faulx messager de sathan precurseur de lantecrist accomplissement des heresies et signal de toute faulcete conmence en ce temps a demonstrer sa rage il fut enchanteur et preter des larrons subtillement il attrya les arabes lesquelz pour lors estoient grans par eraclius il vainquit les perses et plusieurs aultres gens aux deulx il donnasa loy en disant quil estoit saint prophete enuoye de dieu et se luy enseigna sergius apostat de la foy comme de confederacion manifester le quel composa ceste loy. Cestuy comme lautre hierobo⁹ osta la .x. pere de la maison de david cest de legli se et quasi destruit tout le monde/et se charles et les aultres princes a laide de dieu ne les eussent contraints et euls tous la foy fust perie souuenteffoys elle eust esté destruite iusques au tour ung an de nostre seigneur. M.cccc.xxxvi. on en congnoist la foy

¶ Conibertus euesq̃ de cologne ¶ Austregisilus de bourges ¶ Johannes tungrenensis.
¶ Siplicius euesq̃ de bourges ¶ Salaberga saincte femme. ¶ Magnobaudus dangiers

[illegible] Empereurs

Oswaldꝰ roy des nor ¶ Lupus euesque de sens ¶ Braulio euesq̃ de saragoce.
humbres ꝛ angloys/des
escecops ꝛ bretons fut tressainct homme ꝛ plein de misericorde en tous lieux et trium-
phoit de ses ennemys son bras dextre auec la main et faisoit grandes aulmosnes est enco-
res en chair ꝛ en os en la cite de [illegible]/il fut tue p vng homme nomme penda roy merciorum
mais puis apres oswin frere de oswaldus tua celluy penda ꝛ les gēs merciens ꝛ plusieurs fut con-
uertis a la foy/ꝛ les prelats rendit subiectz a son pape dangleterre
Ce qui est vne chose fort desplaisante a dieu/il fut aussi apres ceulx malheureux ꝛ perdit plusieurs
choses semblablement il mourut meschamment [illegible] de ydropisie [illegible]

¶ Dagobertus roy de frãce fut notaire de contes de meurs en son tēps leglise de sainct de-
nys en france fut dinnement cōsacree

¶ Lan du monde

¶ Pape. Honorius

Deusde dit .iii. io. xv.

¶ Capeanus

S. Boniface .v. io.

xvii

L'Empire romain durant ce temps commença a deffaillir par tout le monde car en orient les sarrasins et en occident les gothz prindrent a eulx les seigneuries et domaines les ont tenues. Item les sarrasins de septentrion et longobars tindrent cent cinquante mille combatans/ item ainsi est ung grant exemple qui demonstre que dessoubz le soleil ne a chose estable considerant que une grande puissance et prosperite est faillie la cause de ceste destruction divers docteurs assignent diversement. Les ungs dient que la cause fut la insaciable avarice des rommains lesquelz devoient tenir inmiserables a leurs subiectz laquelle chose tous princes et prelatz doivent garder/ car tant que les rommains ont heu avarice ilz ont estez seigneurs de tout le monde. Les aultres dient que heresie ou [illegible] fut cause car la les empereurs [illegible] habiterent et aussi ilz ont habite avec les payens pour quoy ilz ont estez faictz payens/ et nulle chose qui ne puisse estre subiecte a destruction excepte la vraye religion/ et seigneurie plus noble en ung prince que la vraye foy. Les aultres dient que la cause de ce deffault fut lorgueil des seigneurs que mesprisoient leurs subiectz car ilz les appelloient chiens mastins et asnes/ pour quoy ilz furent par eulx et doulent contraintz et soulevez contre eulx/ mais par advienture toutes ces choses sont une cause il y a une autre cause qui est la [illegible]/ et aussi les quatre monarchies sont faillies et ne reste plus synon la adventement de la seconde qui est tant seullement a la congnoissance de dieu/ et ainsi les seigneuries diverses sont variees en particulier.

Dagobert roy de france cum les anglois lesquelz alors estoient appellez saxons et mesmement ceulx qui gardoient la mesure de leurs glaives et entrerent au royaulme de cette contree des frisons/ et de ceste cause de guerre et dissension entre les anglois et françois qui est ung grant dommage durant grant temps et jusques a ce que dieu voulsist mettre bonne paix entre eulx et les aultres.

¶ Ardanus euesque et disciple de saint colomban fut en angleterre en renom.

¶ Lan du monde	v.m.deccc.iii.	v.m.dccc.xvi.
.i. Honorius dos.x. ¶ Capuan. ii.moys.xi. iours xvii	Severinus dos.i.iii.moys ¶ Romain iours xxviii.	.iiii. Johannes dos.i.iii. de Salinasie iiii.iours.xviii
¶ Lan de crist.	vi.C.xxiiii	vi.C.xxxviii

Cestuy honorius fut homme large aux povres et tous les iours donnoit aulmosnes et moult de eglises enrichist dor et dargent/ il ordonna que en leglise de saint pierre lon chantast la letanie et enseigna le clergie et honnestement lordonna

Severinus fut homme tresbenig et saint et aprint le clergie envers luy/ pour lequel diligement regna de leglise laquelle eglise il a esleve grandement en ornemens et possessions en son temps. Ung homme nomme mourice avec ses satellites corrompit les tresors de leglise le commune amandoit sacrilege pour

Cestuy iehan moult de nobles hommes enchies des tresors de leglise estient dune prouince en laquelle les sarrasins envoient pour prendre et dalmasie/ cestuy fist admener les reliques des saincts vincent et anastase et des aultres martyrs et les mist a rome en grande reverence

quoy dieu monstra ung grant miracle car quant il eut misere toute la cite a rompre le lieu du tresor de saint iehan de latran nul ne le peult rompre ne aussi entrer dedens et quant il vit le miracle soubz une petit commerce il accomplit ce quil entendit a faire car il prist tout ce que les bons empereurs avoient donne pour la subistance des pupilles des vefves et aultres povres mais toutes ces choses iniquement perdit. Exaclius fut perpetre au sacrilege/ cestuy fut envoye une partie des deniers et ainsi par ce mal plusieurs furent grandement dommaiges.

¶ Saint eloy artisant fut saint homme et de spirituel et ceulx qui fonderent plusieurs monasteres en france qui furent tous famis/ la foy refroidist en orient et se reschauffe en occident.

¶ Aurea saincte abbesse fut a paris en grant de renommee et eut le regime de troys cens pucelles par le commandement de saint eloy.

¶ Ercubertus roy dangleterre fut le premier qui en son pays destruisit les ydoles

¶ [illegible] constable [illegible] cestuy [illegible] contraire respondit que en saloniq [illegible] xxi.

[illegible] mensongeres mais tout le demourant estoit dechie [illegible]

¶ Cestuy constantin fut filz de eraclet le quel le quart moys de son empyre fut empoisonne par sa marastre 3 pour ce qui il gouverna si brief temps il nest point faicte mencion de luy lautre cõ/stantin luy succeda 3 celle marastre fut bannye avec tous ses filz Il fut mauvais crestien 3 heretique psel de vilaitez 3 de mauvais vuauys des catholiques crestiens 3 si ne pardonna pas a pape martin/mais mena grande compaignie contre les lombardz/il fut vaincu 3 en venant a romme il fut reveremment receu/3 par [illegible] 3 les [illegible] mais il ne les retribuit pas selon les be/nefices quil avoit receu deulx comme doit faire ung bon prince/mais fut grandz tyrãnies 3 sacrileges car il emporta tout le plus beau 3 le meilleur de romme pourquoy mal luy en print/car luy estant dedens le baing ses chevaliers qui ne pouvoiẽt plus endurer sa tyrãnie le tuerẽt 3 ainsi cõ meschamment avoit meschãment mourut comme cõmunement font sacrileges 3 tyrans.

¶ Empereurs | iii. Cõstãti 3 pogon.

¶ Rodoaldus euesq de treues.

I Herusalem fut prise par les machomites/et leur capitaine estoit hunnus lequel au lieu du temple ancien en fit ung aultre ou il estoit son nom supersticieulx 3 prophane/mais premierement il osta la croix.

D Iligentement noter devons que moult de maulx adviennent quant la seignorie est troublee/cecy dessus nous a apparu des assyriens 3 de ceulx de mede 3 de grece et semblablement des rommains 3 principallement icy car les sarrazins prindrent affricque 3 secille/car il ny avoit point homme qui resistast a leurs tyrannies/aussi subiuguerẽt espaigne 3 effacerẽt grant le nom de ihesucrist auquel trouble moult de maulx furent faitz les gentilz donnerent constans et fermes 3 furẽt tribulaciõs grandes/car quãt la seignorie est troublee les mauvais hõmes prenent hardiesse de mal faire côme de piller 3 desrober et tuer mais [illegible]

¶ Lan du monde v. m. d CCC. lxiii

¶ Pape. | i. Theodorus ans | ¶ rec vi. moys. v. iours. viii. | i. Martinus ans. vi. | ¶ Tuscain xii. i. iou. xxvi. | i. Eugeni ans ii | ¶ Romain. moys. viii. iou. xxiii.

¶ Lan de crist. vi. c. xliii.

¶ Cestuy theodorus fut tout misericordieux et benigne amateur de povres/cestuy ordonna q le samedy saint lo benist le cierge pascal euesq d constãtinoble le anathematize/pource quil commencoit les catholiques

¶ Cestuy martinus fut saint hõe 3 cõtrta beaucoup po la foy catholique dite foys ung hõe tyra so glaive luy estant devãt lautel po le tuer mais soudainemẽt il devint aveugle cestuy assẽbla le sene en la cite de romme 3 cõdãpna syrus alexandrin et paulx heretiq po quoy cõstãs le mist en exil la feste se fait le . x. iour de novembre

¶ Cestuy eugenius fut hõe de saincte vie au me de tous 3 benig ordõna perpetuelle chastete estre tenue a tous prestres diacres 3 soubzdiacres il fut sepulchre a saint pierre

¶ Iodocus filz du roy de bretaigne fut lait hermite 3 fait grãs miracles

¶ Fygacrybha vierge saicte a fait miracle entre les galles

¶ Veneva abbesse estoit de ro/

¶ Dernieux le conte Chilperic

¶ Forceus aurelius et bulong les freres furent tous filz du roy de hermie vidẽt 3 estoit et furẽt sains.

¶ Rodoaldus homme cler et saint enseigna saint laurens

H Arnulphus hõme de saincte vie pere de pepin duc de lorraine puys hermite puys fut euesque de metz pa/ r s sa fẽme doda fut recluse a treues ou elle finit de mourir 3 dieu et saint clodulphus so filz fut euesque de metz mais aulcuns dient quil fut grant pe de charlemaigne/et cecy nous ne cõfessons pas car il nya pas cõsonãce des tẽps mais karolus marcellus fut pere de pepin q estoit pe de charlemaigne

¶ Sigibertus roy de france fonda douze monasteres et le faisoit grant fruict en france en angleterre par les sainctz hommes.

¶ Il y avoit ung marinier qui ne voulut point donner du pain a ung povre et le povre pria dieu quil voulsist ses pains converties en pierres et tãtost tous les pains furent convertis en pierres

F En tomba du ciel z fait saint bernard aucteur dit pas moult grât simpcer/ certes
q le peuple cuydoit estre a la fin du mode les signes furet si grâs q po^r les grâs ton-
noirres z fouldres z grâdes inudacios deaues tres excessiues tât q les villes chroict
moys sur terre tellemet q grât peuple perit auec ce grâs mutacions de bestes z puys
vint vne grât pestilece/ z vng signe de fer de feu feut sut veue/car visiblemêt vngchescu vec a
côme venir vng âge bô z vng âge mauluais lesqueuls frappoiêt detous les maisos/ z ainsi de
corps qlz auoyêt touchez auâdit dgês il mouroit ê celle maisô Et alors mourut tât de gês q pres
mieres z enfans freres z seurs en vne biere estoiêt portez sepuelis soumitessors nostre doulx sauf
ueur a môstrer ses signes pour espouêter les pecheurs z pleust a dieu q pour leurs ensemble dauscun
nous fussions tellemêt espouentez que nous delaissessons nos pechez aulcûs dient que ceste pe
stilence fut au temps de leuoist pape second

C^e maule vie z le pleure de corrûpit les pretres z aussi est vne chose orrible veoir comme ce misé
rable monde est egitre sans intermissiô cest vne chose bié dure q apres les labeurs z tribulatios
que finablemêt nous faille estre subiectz a la mort de tol les iours auoir playes nouuelles il ne
souffit pas a lumain linage auoir eteu sentence de dampnatiô mais encores adiouste paine a cau
se de son peche/car le seul peche est cause de toutes ces misres/car po^r lug la diuine iustice deuil
prêdre vegêce/z ne pêse pas q ces signes soyent dignes retribuciôs po^r leurs pechez mais ainsi
se pour monstrer la peyne quelz auoiêt au temps aduenir/car ces choses au regard du temps
ne sont que choses doulces:car se en ce môde les bons seuffrent q sera il des mauuais

¶ Saint Claude archeuesque de bezancon z puys abbe du monastere saint eugendi resluyst de
miracles en Bourgoigne.

¶ Lan du monde | v.m.dcccliij. | v.m.dccclviij.

¶ Pape. Vitalli anus ans xiiij.iii. ¶ Côpaus^t vi.iours.ij. Adeoda tus ans iiij.ii. ¶ Fo mani ij.io^r.s. Donus ans.iij.iii. ij.io^r.s. ¶ Vacant Bonifface ans.iiij. ¶ Fonmai mois.ij.

¶ Ligne de crist | dcliij | dclviij

Cestuy Vitallianus composa le chât des romains z le concorda auec les orgues et eut la grace d le peuple q offendoit les precedêts: touteffoys il ne demoura pas ainsi/ne iusques pen ie nay pas peu trouuer q legist le romain apres en plainement apres constantin le grant

Cestuy adeodat fut de tel le grandeur benigne q toute personne grâde ou petite qui venoit a luy sen alloit ioyeuse il fut sepuely a saint pierre

Cestuy donus natif de ro me fut vitant saint pier re z est appelle paradis q en ce lieu il fut sepuely

¶ Cestuy bônisface nest pas trouue dauscuns liures z le suyuant est appelle bonifface. de/ceste dinersite ie nay pas peu trouuer la verite,
¶ Le corps sainct benoist z le corps de scolastica sa seur sont transpor tez de mô cassin au monastere flouia sence z toutesfoys les freres: mais les ytaliens dient encores au mô cassin deuant le pitie q sa tenoise

la seignourie de la cite des aultres choses quil auoit douees si | Cheute
non par aduenture au temps daulcuns petits princes et encores bien peu mais ce-
stuy vitallianus eut pour grande grace que cest empereur ytalie conforma les preuileges de leglise
laquelle confirmaciô finablemêt il rompit

¶ Foilenus larmacum z folliam^t fosseuse eslevient vne religion p le don de sainte gertrude z la il
fut martyrise z encores son corps repose

¶ Clouis roi de france irreuerentemêt descouurit le corps de saint denys z luy rompit los du bras
lequel se desrobant lemporta dont grandement il fut pugny/car il deuint côe fol et enragé

B On catholicque fut cestuy cõstantin ꝛ ennemy des heretiques il repara les eglises ꝛ reconcilia les grecz auec leglise rõmaine il assẽbla le. vi. senne auquel fut prins aux grecz auoir sennes seigneurs / ꝛ pareillement aux aultres orientaulx / mais ne fut pas ce deffẽdu aux occidentaulx car ilz auoiẽt la bonne chastete de leur volẽte au tẽps de gregoire et saint iheroſme. cõsiderer combiẽ vault la bonne vng prince pour entretenir lestat de leglise et de la foy ꝛ par le contraire comme la malice du prince ceux nous demõstre les deux presidẽs le pere ꝛ le filz / il est chose veritable q̃ par permission diuine q̃ ne peult pas resister aux sarrazins ꝛ aux bargaires / mais fist paix auec eulx en leurs donnant tribut ꝛ ainsi cette mauldicte secte fut deffendue ꝛ finablement il mourut de bonne mort ꝛ fut sepulturé a constantinoble

¶ Eutheme | iiii Cõstãtin ãs. xvii. | filz de cõstãtin

¶ Le. vi. senne de cõstãtinoble fut de. cc. ꝛ lxxxix. pers.

¶ Ce senne fut egal en auctorite aux quatre principaulx precedens il condampna le herese monothelitarum

¶ Nota quelz sont les sennes principaulx desquelz lauctorite est pareille aux euangiles car la verite fut declaree audictz sennes alencontre de les principales heresies lesquelles sesleuerẽt contre leglise car les heretiques estoiẽt subtilz a decepuoir simples gens ꝛ estoient ꝛgnans pour affliger les constans ꝛ fors ꝛ pour hesbahyr gens de simple couraige ce sixiesme senne condampna lerreur monothelitarum qui disoit que ihesucrist nauoit q̃ vne volente ꝛ que vne operation

¶ Lan du monde — v. m. dccclxxiij. — v. m. dccclxxxiij

¶ Donus — Agathõ ãs. ij. m. vi. — ¶ Sixtus — ij. Leõ ans iiij. m. x. — ¶ Siecle tours. xvij. — ij. Benoist ãs. ij. m. — ¶ Siecle — v. Iohãnes ãs. vi. iours. xvij

¶ Lan de ihesucrist — dclxxiiij — dclxxxiiij

¶ Cestuy agathõ fut saint hõme lequel benist vng ladre et tantost il fut guery il reconcilia leglise de rauenne laquelle long temps auoit estee rebelle ꝛ la reduist a sa obedience de leglise rommaine ꝛ adonc cõgneurent quil nestoit pas bõ de estre rebellẽ contre la religiõ il condãda aussi du cõ sentement du prince que le. vi. senne fust celebre auquel leur les grecz retournerent a lobedience du siege apostolicque / incontinent apres plusieurs playes / car vng chascũ doit trouuer son inferieur ainsi que il est a son souuerain / car qui bien obeyt a dieu ꝛ a ses prelatz cestuy semblablement trouue bonne obedience en ses subiectz ꝛ pareillement il est il du contraire / car telle est la loy de la iustice diuine

¶ Cestuy leon fut hõme saint et cõpetemẽt instruit ẽ lãgue grecq̃ et latine ꝛ singulierement eloquent de chãt ꝛ diuinite il fut ꝑtecteur enuers les poures cestuy ordõna q̃ lõ dõnast la paix cõme agnus dei ꝛ que larcheuesque po̾ lusaige du paill̾ ne fust ẽtenu de nõ riens payer sa feste se celebre le iii. iour de iul / let ꝛ fut enseuely deuers leglise de saint pierre.

¶ Cestuy benedic / tus en toutes choses estoit dertueux la vie saccordoit auec son nom / ẽ sõ temps fut grãde pestilence: cestuy par le ꝑteur ẽpereur fut fait pape cest honneur est souuentesfois faicte aux empereurs pour certaines causes merueilleuses

¶ Cestuy io / hãnes fut dõ syrie hõme vaillant fort modere ꝛ ꝑsẽt de grãdes sciences

S Ecretement dune casaria royne de perse a constantinoble ou elle se fist baptiser laquelle chose quant le roy il luy manda quelle retournast mais elle luy respõdit faire ne fo ꝛ mais quil deust pasiblement auec quarante cheualiers ce receupt le sacrement de baptesme / nostre seigneur congnoist les siens ceste femme ayma mieulx laisser sa gloire mondaine que de nensuyure la pourete de ihesucrist ie ne scay qui luy aprint ceux elle demouroit au millieu de la mauuaise nacion

En iceluy temps les espaignolz commencerẽt vaillãmẽt a batailler cõtre les sarrazins les quelz auoiẽt mis hors de leur terre. Ilz deffendirẽt petite terre cõtre toute affricque moyẽnãt laide du glorieux apostre saint iacques. regarde la generale histoire despaigne ou seras merueilles de la cheualerie des cristiẽs. ❡ Une grãde estoille apparut en oriẽt puis apres vint grãde pestilẽce et vne mõtaigne en champaigne getta feu ardant. trouua le feu martin p seyl.

y Iustini / an⁹. ã. p.

les romains vaincrẽt les nauires des sarrazins ❡ Le regne bulgarorũ est cõmance lequel grãdement acreust lempire et eulx partãs de scythie ilz prindrẽt tarsie

❡ Cestui Iustinian⁹ fut filz de constãtin bon hõe prudẽt et sage il amplia grãdemẽt lempire rommain il honnora grãdemẽt les officers de leglise / il ordõna plusieurs loys puis apres deuint mauluais car il voulut destruire le. vi. sene et troubler leglise / et le. x. an de son empire leon patricius et thiberius et gallinicus patriarche le prindrẽt et luy osterent le nez et la langue et fut mys dehors de son royaulme en exil a cersonne et fut faicte grande turbation en leglise par les scismaticques et herreticques Et note que quãt les haultes seigneuries ont faictes violẽces adoncques les erreurs sõt multipliees car il ny a pas q corrige les erreurs / ceulx soubmectent leglise a opprimer dont fut faite altercation entre leon et thibere et / thibere eut la victoire lequel coupa le nez a leon et le mist en exil le. iiii. an de son empire et regna pour luy Iustinian⁹ fen fouyt aux sarrazins lesquelz le restituerẽt en son regne quãt ilz eurẽt tue leon et tibere lesquelz estoiẽt fauorables aux herretiques adõcques il se reconcilia auec nostre mere saincte eglise et grãdement se repẽtit / mais pource que trop se voulut venger de ses aduersaires cruellemẽt il vouloit tuer les enfans innocens pour quoy il fut tue luy et son filz p philippe quil auoyt mys en exil

❡ Lan du monde v. m. vCCC. xviii

Syriac

❡ Romains

Ieno ã. ii. mipt iours. ix.

i. Sergi⁹ ã. ix iii. mois. io⁹ pnĩ.

❡ Lan de crist. vc. xxiii.

❡ Ieslianus fut hõe saint et de la nacion descoce il prescha la foy de ihesucrist en fraconie et conuertit gosbert duc du pays lequel tenoit la femme de son frere nommee seilla et pourtãt quil donoit plus aspre de la laisser elle le fist secretement tuer auec ses compaignons / ❡ Depin prince duc de fraconie eut plusieurs belles victoires il vainquit les frisõs et les amena a la foy il fut vray catholicq et principal deffenseur de leglise a vne chose il faillit car il commist adultaire / ❡ Le roy adrulfred⁹ fut fait moyne et puis euesques ludesfardensis / ❡ Leodegarius euesque de auguste est mis par martires / ❡ Cõstantinõis royne dangleterre fut mariee a troys hõmes et si demora vierge et aussi furent plusieurs aultres faictz cõe len peult veoir in speculo

Cestuy leo fut hõe tressaint iamais ne se voulut occuper es choses seculieres ne il auoyt vng regard angelicq venerable en sa vieillesse orne de bõnes meurs et vie religieuse honorable en ses sermons simple de couraige cestuy cy fut esleu de vne voix p vng bõ accord et vn presẽtement desquelz en aloit estoit grãde disceciõ car le clerge auoit sõ intẽcion a pierre archiprestre et les aultres compaignons voulõient theodore prestre mais le saint esperit accorda tout et donna a cestuy qui estoit tresdigne

❡ Cestuy sergius fust saint hõe et de treshõneste vie et en son election fut grãde dissẽciõ car vne part du clerge esleut theodore archeprestre et laultre paschal mais p la voulẽte de dieu tous prindrent a cestuy saint hõe. cestuy transporta a rome vng le corps de saint leon et ce fut p la reuelaciõ de dieu aussi trouua il en vng lieu obscur vne grãde piece de la saincte croix il baptiza le roy dangleterre et des saxõs et puis tantost trespassa au ciel il ordõna q en la messe lõ chãtast troys foys agnus dei et cestui mesmes reduist a vnite la seue vaslee q ne voulut pas receuoir le v. sene de constantinoble et ainsi fut grãde scisme en leglise de dieu car deux sielz diuersaulx auoient diuisiõn ensemble mais sur la fin il mourut et fut sepulturé a saint pierre

Vuestphalia comméca estre convertie environ ce têps. la p̃miereméť Vuid: et Vuy saīs hōmes Āglise partans de angleterre lesquelz diligéteméť pschoiéť lesquelz par leurs preres fireť so me signe rostre Une femme estre en une ville qui sappelle lace ꝫ ꝑfaireť ung champ pour lusage des prestres lequel chāp iusqs au iourduy est appelle chāp saint auquel iournellemēt on a veu merveilles/aulcuns voulurēt faire pere le restaureť des saints lesqlz fureť oxibleméť purges. Et semblableméť ilz fureť martyrises en la conte dora pres de la cite baniens: leurs corps furent translates a cologne ¶ Beda venerable pstre ꝫ moyne fut pre de grāt auctorite celuy ci en āgleterre il a laisse plusieurs escriptures et une histoire moult renommee.

¶ Empereurs

.ii. Leō.auf .iiii.

.iii. Tyb.ei ius.abs[illegible]

Justini anus .ii. .ii.

Saint hode succesde da ... fist miracles

¶ Les Roys pandent lieu ... ce

Cestuy iu ... nuestre filz de Constantin

¶ Saint lambert filz du conte apres comtes apos il eut fait plusieurs saintes oeuvres il fut martirize par dodoue duc de ... pour ce quil dit que sa femme alpai da nestoit pas legitime femme de pepin pourçe quil auoit deporte contre son ... de dieu encore vivant avec plectrude

¶ Les romains en ce temps tuerent grāt nōbre de sarrazins deux roys dangleterre vidrent a rōme a fureť faictz moynes pour estre chevaliers du prince immortel (Ce qui est iusques a ceste heure.

¶ Frise fut convertie a la foy et p̃mierement leur prescha saint vuilibord traiecten a puis apres saint

¶ Icy est lanuent de belles ... ¶ Saint hubert translata le siege episcopal au siege avec le corps saint lambert.

¶ Boniface

L'an du monde .v.m.dcccc.iii.

¶ Papes

.iiii. Leo.a.ii iiii.x.i.

¶ Formose

¶ Sixte

.lx. Johānes .a.iii.

.lxi. Johānes .a.iiii.iii.

Sisin nius.ion ... vii

¶ Constantin

.i. Cōstāti. us .vii.

¶ L'an de l'incarnation .dcc.iiii.

Cestuy Leo fut faict pape p la volunte des rommains ꝫ si nest pas mis au cathalogue des papes pour adventure car il estoit mal et cestuy q̃ dit apres luy est appelle leo.iii: toutesfoys nous ne lisons pas quil aye fait mal et si ne fut pas pape

¶ Le temple de saint michel larchāge fut cōstruit en la mer pres il est au mont gargane. Arripertus roy des lombars fut hōe pieux misericordieux ꝫ iuste il souloit aller

¶ Cestuy Johānes fut sait hōme et glorieux martir mais q̃l se martiriza ne la cause pourquoy nous ne trouuōs pas aux histoires toutesfoys son intēcion q̃ ce furent les ducs des lōbars ceste Ravenne les nemerēts ou spoleti et ... pour la deffense des droictz de leglise

Cestuy Johānes fut hōme tres eloquēt et tres grāt orateur istruit en plusieurs sciences il fut cōstruire lautel de la vierge marie auquel il fut sepulti.

¶ Cestuy Sisinnius vescut quarante et cinq iours. Entre discorde toutesfoys elle fut esleue puis apres entre boniface et dioscoro ꝫ puis le dit dioscorō mourut q̃ retenoit la papaulte par force et boniface fut restitue et de ceux cy nest pas faicte memoire car par aucune pour le scisme son double ilz ne furent pas vrais successeurs de saint pierre et ainsi tribulatiō fut en leglise de toutes pars ꝫ durāt viii. scismes tres cōmunes car ces deux demeureť deuaciō a leglise semblablemeť il fut sepulti a saint sebastiē in cathacumbis.

¶ Cestuy cōstātin fut hōe tres benign deffenseur quil estoit ainsi de vous il sen ala oultre la mer iusques a cōstāt. ennoble a instruict lempereur et la fut honorablemēt receu il excōta philippe cōtre heretiq pourtāt quil avoit efface ꝫ rōpu les ymages des saintz ꝫ puis il fut sepulti a saint pierre.

secretement parmy son royaulme ꝫ par tout il se enqueroit quelle iustice ses vassaulx faisoiēt au peuple deq ung grant exemple pour les princes de maintenant.

Charles martellus filz de pepin eut moult grans victoires & batailles contre les infidelles moyennant la grace de dieu il fut victorieux en toutes pars / mais pourtant quil usurpa les biens de leglise pour les necessitez des guerres il est grandement pugny / car son ame a este veue par ung saint homme estre tormentee aux grans tormens & peines infernales. O quel peine sera aux princes & marchans desquelz sont aduertiz par cest exemple lesquelz non pas pour la deffension de la foy mais pour leurs pompes & vanitez mondaines font exactions a leglise & a ses ministres contre toutes communications divines & humaines / & pour toutes ses loys non pas pour de faire grans exactions & ne cuydent pas que la sentence de dieu soit muable qui a monstre sur charles / ne scay se ilz cuydent eviter

Empereurs	philippicus an. i. iii	Cestui philippe fut heretique & ne regna guerres car il	Anastasius an. iij	Cestuy Anastasius fut feal homme & catholique mais pour	Theodosius an. i.	Cestui theodose fut homme bien & tout catholique & ainsy

tua son seigneur comme il fut ainsy luy fut fait & tantost perist. ce quil crea les gens a philippe theodose da cause contre luy & le vainquit / puis il fut fait prestre & deschasse de lempire. comme il avoit fait on luy fist car leo le deposa & prinst le fit ordonner prestre.

La heresie des ymagiers commenca / & est ainsi appellee / car il vouloit effacer les ymages des sains lesquelles sont faictes aux loys en disant que ce estoit ydolatrie & furent esmeuz a ce faire par la instigation des sarrazins & ainsi son peuple desvoie comme leglise continuellement est exercee

Magnus archevesque de ungnes. Eucherius evesque de ledo. Wolfstanus evesque de les. Agilolphus evesque de cologne. Bedes fut tressaige et fut de greec aux galles

Lan du monde	v.m.dcccxxiij.

ij Gregoire an. xvi.	Papes. xvij. moys viij. iours. xx

Lan de iesucrist	vijc.xvij

Gregoire duquel presentement parlons fut homme chaste & bien instruit aux sciences divines plaisant a son parler ferme en courage deffendeur des biens de leglise & fort impugnateur des ennemys. Et note que en ces temps les seigneurs papes commencerent plus quilz navoient acoustume eulx opposer contre les empereurs & mesmement aux choses temporelles a cause de la malignite des empereurs & transfererent lempire des grecs aux gens que le temps le requeroit. Cestuy anathematiza les portans qui brusloient les ymages / et mesme leon duquel avons fait mention commanda a gregoire que semblablement bruslast les ymages mais de ce ne luy chaloit / mais plus fort pour luy commanda soy opposer & aussi appert que la principale cause de la destruction de lempire a este heresie / car pour estre cause le seul peuple se accorda avec les prelatz / & tous avecques le pape / & ainsy contraignirent les empereurs a cesser de leurs erreurs & heresies.

Es parties orientales durant ces temps la foy de machomet grandement faillit pour la sainte loy de machomet / & par elegance contre vraye sapience & honnestete faillit de laisse execrable loy sont pres de villanies & de charnalitez & fantasies / mais iamais homme saige & instruit des choses divines & humaines ne creut a celle loy mais tant seullement les hommes bestiaulx demourans aux desers ignorans toute la loy pour la grande multitude de gensdarmes de celle loy ilz ont fait violance & contraint plusieurs a leur volente come dit saint thomas en la somme contre les gentilz au premier livre chapitre vi. A celle meschante loy nul tesmoignage de prophetie a este donne ne enseignemens de vertu ne estre trouves en eulx & ne nulles choses qui se peuent congnoistre par engin naturel & si na point eu signes fait supernaturellement mais plustost a enseigne fables & faulses doctrines en promettant charnelles voluptez & pource quelle a lasche la bride aux plaisances charnelles elle a legierement estre a loy le villain commun peuple en contrepuissent le soing de dieu pour quoy fonte est deffendue & deffendu sur celle & sur le facteur de leur loy le deceptur & faulx machomet et na pas cognu & la loy que lya du vieil & nouveau testament & si ne laissa pas pour lyre ces tenebres

Boniface archeuesque de magunce subiugea a la foy catholicque plusieurs princes dalamaigne cestassauoir, boemiam franconiam bauariam turingiam hassiam sclauoniam frigiam & lesquelles terres sont en alamaigne cõe dit est. il fut de la voulẽte & cõsentemẽt du pape zacharie de la cite herbipolẽsis & y mist pour euesque saint bocard et le xxxvi an de son eueschie il fut martirize en frise auec plusieurs crestiẽs & puis apres õ voulut rauener sõ corps pour ensepuelir ou monastere de fuldense quil auoit fait edifier en boemia par la diuine vertu sõnerent toutes les cloches soudainement

¶ Theodose emperiere abdique.

¶ Constantinoble fut assiegee des sarrazins mais elle fut deliuree par la vierge marie & a vng saint hermite fut demonstree vne merueilleuse vision de ioseph qui auoit espousé nostre seigneur & puis apres vng petit daucuns vint vne pestilence pour la quelle il mourut xxx m. hommes

Empereur constantin

¶ Egbrech saint vint viuerne en france

¶ Cestuy leon par sa puissance deposa theodose et regna en son lieu et fut sedult. par orgueil ... les ymages des sains pour quoy dieu le punit pour guerres pestilences et autres infortunes pour tant quil auoit este corrige par gregoyre tiers il demoura patriarche pour quoy il luy osta tout le regne qui estoit en occident, et manda que nul ne luy obeist/ il entredist ses ... et pour tant quil ... les sains hommes luy contredirent et ainsi par luy plusieurs furent martirizez et finablement mourut meschantement en son heresie

¶ Pelagius roy despaigne par grant miracle recouura sõ pays

¶ Germain est mis en exil ¶ Rachobodus duc des frisons auoit ... estre en enfer auec plusieurs que paradis auec peu car il nauoyt pas cogneu ses parens/ mais son filz voyant la mort subite de son pere eut peur et se conuertit ¶ Petrus damascenus euesque de damascene

¶ Lan du monde	v. m. dccc. xviii.	v. m. dccc. xxxiii.

¶ Pape. ¶ Rommain

mois viii. iours xxiiii.

¶ Lan de lincarnation	dcc. xviii.	dcc. xxxiii

¶ Cestuy gregoyre dignement succeda au deffault de leon & de ... & de constance/ et courageusement preschoit par ... son entention il assemble en la cite le ... au ... regne le concil general auec tous les heretiques la veneration des ymages fut approuuee & les contre disans furent excõmuniez/ il appella charles a laide de leglise contre les lombars/ au fait canon il adiousta Quorum hodie sollempnitas est & institua a vienne archeuesque

¶ Le monastere de saint benoist in monte casino fut reforme pour vng bourgoys ...

¶ En alemaigne plusieurs monasteres tresriches furent fondez & magnifiquement doue/ cestassauoir fuldense & herffelden

¶ Les sarrazins ... en mal & a ... subiuguerent toute espaigne & le charles martellus ne fut venu en ayde ... toute galle & ... que plusieurs foys il les a vaincuz & une foys il en tua CCC mille & plus & des siens ne mourut que mille

¶ Ledunnus prestre saint angloys ... et apres ... son corps est honore en bauiere

¶ Et si ne permist point ... la constitution disputations a celle fin que par telle occasion la faulcete ne fust descouuerte/ mais dieu qui estoit encore en puissance ... en signe ou de miracles ou doctrines supnaturelles laquelle chose est plus de ... a tresfermes larrons & a la ... aux spirituelz pouoir du foy/ & ainsi pouons dire ... que la terre iadis estoit fructueuse & que portoit hommes bons & vertueux/ que maintenant elle porte & produyst chardons et espines pour brusler au feu eternel combien que iusques au iourdhuy les ... habondent en richesses infinies & pompes inestimables & dangiers & vices ... ilz ... tant ... quil se adiouste aux choses que sont contre raison tellement que vng chascun homme fuist leur compaignie

¶ Pepin filz de charles martelli fut fait roy de frãce par pape zacharie ꝛ fut hõme trescatholique ꝛ par tous dictõ especial deffenseur de leglise rõmaine ꝛ en nulle chose il ne degenera de la vaillance paternelle

¶ Charles le grant frere du dit pepin fut touche du saint esperit ꝛ p le dõ de timeur il laissa le royaulme et se fist moyne

¶ Rachis roy des lombards fut admoneste par zacharie ql cessast de guerroier les romains laquelle chose il fist et que plus est il se fist moyne.

¶ Cestuy cõstãtinus fut tout plain de heresies deffendit ql sacrifiast aux ydoles ꝛ persecutoit leglise et si ne fist aulcune chose digne de memoire/ ꝛ ainsi par permission diuine long tẽps il greua leglise laquelle a este contraincte destre oppressee

Le Cõstãt. ans. p.

Merueilles aduindrẽt enuiron ce tẽps. Premierement tremblement de terre merueilleux tellemẽt que aulcunes citez q estoiẽt sur les mõtaignes les mõtaignes demourãs estoyent transportees au plain pais ꝛ nõ pas seulemẽt les citez mais aussi les mõtaignes sãs que lesdictes citez fussent rompues ꝛ ne fut pas tant seulemẽt trãsportee dne cite mais que dilles q citez plus de di.m. Mesopotamie fut rompue le long de deux milles/ et ainsi il eut dng murier qui parla de voix humaine/ du ciel descẽdit cendres en la terre ponthique lon pouoye les glaces espesses de .xxx. couldees et de .c.m. et fut de negez .xx. couldees de hault et sembloit que fussent mõtaignes et fut dne merueilleuse frayeure il sembloyt que les estoilles tombassent du ciel tellemẽt que les hõmes furẽt tant espouẽtez qlz cuidẽt estre a la fin du monde de ceux lon peult veoir la verite in speculo et en cognoistras la merueilleuse mutacion que ses signes demonstroyent/ ainsi les choses q sensuyuẽt le declarent

¶ Saint sennius premier abbe du monastere de fulde est renõme in boecia

¶ La trãslatiõ du corps marie magdalene p girard duc d bourgoigne de la cite aquensi de veselian

¶ Lan du monde d.m.dCCCCL.iij.

¶ Romani. Zachari as. dõ. p. iii. ij. io. p. d. — ij. Estiẽne ãl. d. io. ppdij.

¶ Lan de crist. dcc.xlviij.

¶ Cestuy zacharias fut hõme tresbening ꝛ orne de toutes vertus ainc dung chascun porte sa grãde doulceur. Il deposa hilderic roy de france et mist en son lieu pepin pource ql estoit plus utile/ ꝛ par cy appert la puissance de leglise ꝛ quant en ce tẽps elle estoit obeye dieu aime le regne dng si grãt royaulme il transporta des deux hereties a la generaciõ de pepin pour cause legitime cõme il appert. xv. q. d. alius

¶ Cestuy stephanus en toutes choses il fut utile a leglise tant en parolles cõe en doctrine ꝛ vaillamment gouuerna le bien spirituel ꝛ temporel il aimoit ꝛ deffendoit les poures il oignit pepi roy d frãce ꝛ lenuoya cõtre les lombards affin ql les cõtraignist de restituer a leglise ce que long tẽps iniustement ilz auoyent detenuz ꝛ du fut fait cestuy aussy transferer lempire des grecz aux frãcoys cõe il appt extra de electiõe venerabile ꝛ ceci les le .m. mist a execuciõ

¶ Hildericus roy devint moyne ꝛ par adventure fut enclin a cela faire pour la horrible dãpnaciõ de charles martel/ car cest chose perilleuse destre en puissance car peu sen voit sauvemẽt car lon cõsidere que cestuy charles fit beaucop por la foy toutesfois por dng cas criminel il fut dãpne

¶ Lullus hõe tresaige fut successeur de saint boniface en larceuesche de magõce reluyt p miracles

¶ Le corps de saint siluestre fut trãsporte en dng petit monastere qualloit soit de saint anseline.

¶ Remy archeuesque de rouen reluyt de sainctete

¶ Au territoire carthusiensis auoit dne assemblee de religieux qui auoiẽt dne eglise que nostre seigneur sacra en la presence de estienne pape ꝛ du roy pepin

¶ Le chef de saint iehan baptiste vint en acquitaine ꝛ plusieurs amys du roy pepin qui furẽt tuez en bataille tantost resuscitent ꝛ sen allerent

¶ Les turcs que lon dit qlz prirent des montaignes caspies gasterent le pays darmenie languedoc/et puis une pestilence leurs hommes & les cheuaulx leurs pluuderent qlz se consisterent les testes en maniere de croix la quelle chose ilz firent et tantost la pestilence cessa et tousiours depuis ilz retindrent celle coustume

¶ Par tout furent le sanglans & moult troubles car les sarrazins & payens & chrestiens eurent plusieurs batailles a charlemaigne a laide de dieu fut le principal acteur & glorieux triumphateur et durant long temps/et si ne fut pas semblant de grande occision ceulx fort peult de voir aux faitz de charlemaigne

¶ Une chose horrible fut faicte a tours car quant les moynes de saint martin se donnerent a pompes et a delices les anges descendirent du ciel & tuerent tous les moynes de lamoserevre ung/et puis alcuyn reforma plainement ledit monastere.

¶ Empereurs

Lempire fut mespartit en deux enuiron ce temps car pape estienne transporta ytalie a charles qui deuoit estoit venue/lequel leon tiers puis apres infeuda mais constantin obeirent auec aultres regions oultre mer auec grans labours.

¶ Charles encore tenne de noble courage commenca a regner sur les francoys il fut filz de pepin et sa mere sappelloit berthe.

¶ Plusieurs martires furent faitz par constantin faulx heretge son ennemy que a peine aye este aucun empereur ne payen que tant aye fait mourir de crestiens come cestuy cy. et aussi leglise fut grandement affligee et acheta chierement la veneration des ymages des sains par la grande effusion de sang mais lempereur ardent venoys pas impugnit car quant il eut acomply le misere de son iniquite horriblement il cria Jesus et ung feu inextinguible et incontinent il rendit lesperit

¶ Lan du monde | Ui.m. deccclxiii. | Ui.m. deccclxvii | Ui.m. deccclxviii

¶ Rommain | ¶ Rommain | Sicilians

i. Paulus a.p.m.i.

ii. Constantin a.iii.m.

iii. Estienne a.iii.m.

Uictoire ... ung.

¶ Lan de iesucrist | dcclxiii | dcclxvii | dcclxviii

¶ Cestuy pol fut saint homme et tresdoulx/il fist la construction de garder loffice que lon fait en karesme, iamais il ne rendist mal pour mal mais auec aucun de ses familiers il sen aloit de nuyt visitant les chambres des malades et visitoit les poures prisonniers et leur administroit toutes leurs necessites aux vefues & orphelins & aultres poures il distribuoit les biens de la papalite come vray imitateur de saint pol.

¶ Cestuy constantin fut homme layz et puis fait darrenement prestre et par tyrannie il print la papalite et grant esclandre fut a leglise de dieu quant il presida car les aultres crestiens le deschasserent et fut priue de sa veue & me semble que cestui a este le .v. pape mis au nombre par gratz nombre mais despuis le saint esperit a garde le saint siege apostolicque & honneur et saintete

¶ Cestui estienne enuoya contre les erreurs de constantin/il degrada au saint conseil qui la estre auoyt ordonne puis fut sepuelit in vaticano

¶ Soubz ce regne fut plusieurs miracles au pays des galles il acheta une fontaine qui fut maistre en bourgoigne il fut separe de sa femme pourtant quelle fut prinse en adultere.

¶ Le sang saillant de iesucrist a tous ceulx qui buuoient du saint gueriffoit de toutes leurs maladies et les mutz qui auoient frappe lymage se conuertirent/ce beau miracle nostre seigneur monstra en ce temps a la confusion des heretiques et a la confirmation de nostre foy

¶ Ludgerus fut homme saint & a la maniere de moyses des le ventre de sa mere fut consacre a dieu il conuertit a la foy innumerable peuple. Tant de frisons comme de saxons/il fut apostolicque & premier euesque de monsteros il fit plusieurs miracles & edifia plusieurs monasteres & puis mourut en billerbeck & fut sepuely en [illegible] lan de nostre seigneur .dCCCx

¶ Sergius euesque fut hayneux de dieu pourtant quil consacra pape indigne/car sa bouche & ses mains seicherent

¶ Le soleil fut obscur et si napparut de .xvii. iours / et le signe de la croix apparut aux robes des hommes / et le sanc tomba de puis le ciel iusques a la terre

¶ A constantinoble fut le corps dung mort fut trouuee vne lame dor en la quelle estoit escrip Ihesucrist naistra de la vierge marie ie croy en luy. O soleil de rechief tu me verras dessoubz constantin et hirene.

¶ Cestuy leon fut pecheur mais non pas tant que son pere cestuy par sa conuoitise print la couronne de vne eglise / et la mist sur sa teste / et soubdainement il print vne fieure de laquelle il mourut. Il eut vne femme tresprecieuse nommee hyrena la quelle tantost apres luy regna auec son filz.

iiii. Leo ans v

vi Constanti. ans. x.

¶ Cestuy constantin fust homme bon et piteux il osta sa mere du regne affin quelle entendist aux oeuures qui appartiennent aux femmes / mais puis apres elle dissimula sa rancune / et puis secretement luy creua les yeulx / et pareillement a ses filz / puis apres elle regna troys ans mais finablement quant les grecz cogneurent quelle vouloit espouser charles le grant ilz la priuerent / et la reclusirent en vng monastere et prindrent nichefoum

Le vii. sene constantinoble pre lesche des images

Cestuy sene septiesme fut celebre pre lesche des ymages auquel sene de rechief les grecz furent reconciliez apres plusieurs playes / et recongneurent que le sainct esperit procedoit du pere

¶ Lan du monde v.m.iii.CCCC.lxxxiii.

xi. adrian

Pontifes

ans. xxiiii. moys. x. iours. xviii.

¶ Lan de crist. vii.c.lxxxiiii.

¶ Cestuy adrian fut homme tresparfaicte puissant / et noble et fit plusieurs choses magnifiquement tellement quil semble que par auant naye este semblable a luy en gloyre temporelle et en richesse il reedifia les choses descouvertes comme toicts et murailles. Il fut asseur le regne des lombars par charles le grant. Dont pour ce il celebra deux senes / il institua plusieurs eglises et monasteres et donna a charles droit sur lordonnance du siege apostolicque / et sur la institucion des euesques et des abbes et cela fist il au concille general pour appaiser les violences des tirans pource quil appert lxiii. di. p. totum. Et finablement cestuy bien heure pape apres sa louable vie mourut / et fut enseuely a saint pierre.

Es saxons iadis tres dures gens / et anciens ennemys des galles sont conuertiz a la foy et renduz subiectz par la puissance de charles / et ceci est vne merueilleuse dispensation des ingenieus de dieu et vne chose imperscrutable comme la foy croyst et decroist / selon la diuersite des temps et des lieux comme il appert en egypte et affricque qui furent destruictes par les sarrazins et deca ey comment que la foy doulast au peuple par ce et semblables choses diuinement souuentesfois

France auec toute galle triumpha par tout et oultre les monde comme iadis faisoit romme et le royaulme des gotz et des lombardz fist cesser lequel commenca lan de nostre seigneur CCL. ou enuiron

¶ La heresie felicienne ainsi dicte par son acteur felice fut condamnee laquelle disoit que ihesucrist fut filz adoptif de dieu le pere.

¶ Lestude vniuersel que iadis fut translate dathenes a romme fut de ce temps par charles translatee a paris

Otgerus duc de danemarche et prince tresexcellent fut au temps de charlemaigne/ il obtint a la crestienté quasi toutes les parties de dela la mer. Despuis ihernsalem iusques aux arbres du soleil moyennant laide de dieu lequel par manifestes miracles conforta lost et en ordonna ... ou il fut empereur. Jehan filz du roy des frisons et fut appelle prestre iehan pour sa sainteté et bonne vie qui aucuna luy ... xiiii. barons ... sa subiection qui estoyent de son lignage lesquels tenoyent seigneuries toute en tour de luy affin que la religion ... et ...

Jherusalem en ce temps fut recouuree par Charles avec toute la terre saincte et par tout la fut gastee la secte des sarrazins pourtant que le temps de misericorde estoyt venu.

Empereurs — Nicheforus a. ix — Michel ans. ii.

Cestuy michel fut homme catholicque et amic de ... et se efforce de deffendre tous ceulx qui estoyent condamnez de faire heresie/ et tous ceulx qui estoyent blecez par la malice de Nicheforus il consolloit et enrichissoit.

Nicheforus fut auaricieux/ et blessa plusieurs gens et fut fait empereur par les grecz mais il ne persecuta point car longuement auoit/ ... pacificque et les rommains se conioignirent auec charlemaigne.

A aquisgrani fut instituee une solempnelle peregrinacion de sept ans pour lamour des sainctes reliques que leans apporta charlemaigne.

Une espine de la couronne nostre seigneur flourist en la main de charlemaigne laquelle il apporta de constantinoble a paris et en la translacion des reliques ressuscita ung mort.

Lan du monde	.v.m. ccccclxxxiiii.	.vi.m.iii.

Pape — iii. Leon d. xx.iii.b — Rommain. tous. plus.

Lan de christ	ccclxviii	ccciiii.

Cestuy leon fut homme fort saint doulx et plein de scence quant le iour de saint marc il chantoit la letanie auec son clerge par aucuns faulx ennemys de la foy il fut prins et luy coupperent la langue et luy creuerent les yeulx et puys le mirent en prison/ mais le piteux createur ne laissa pas son seruiteur mais en tout le guerit et luy restitua tous les membres puis apres il sen fouyt en france a charlemaigne et luy compta toutes les choses qui luy auoient este faictes et benignement charles le receut et tantost apres ledit roy charles retourna auec luy a romme et fist vengence de linfame iniure qui auoit este faicte au dit pape leon et de luy receut le dyademe imperial et les rommains crierent charles auguste couronne de dieu ... et ... administrer du ciel finablement apres louable vie et le dessusdit pape fut enseuely a saint pierre.

Tresillimus roy de hongrie auecques plusieurs princes de sa terre vint a la foy et ... a charlemaigne il fut baptise

Aaron roy de perse envoya a charlemaigne le corps de saint cyprien et le corps de saint speratus et le chief de saint panthaleon

Anselme conte dauuergne gendre de charles fut martyr.

Le corps de saint ... fut translate de ... a ...

Apianus et bercarius martyrs furent tuez en champaigne

Usuardus moyne par le commandement de charlemaigne recueillit les legendes des saincts de tout le monde en ung volume ... et ... trouua toutes les ... des CCC festes ... ... martyrum et confessorum

Paule dyacre par le commandement de charles recueillit les dictz des saincts peres et les leczons conuenantes a une chascune feste

La translation de lempire fut faicte par leon pape des grecz aux francoys par le conseil des rommains pour causes iustes et necessaires apres la longue pensee de le/ glise laquelle long temps auoit attendu le mandement des grecz mais pource quilz auoient trop failli ilz furent delaissez de la part des rommains

¶ Ung signe rouge en maniere de croix enuironne de lances apparut ou ciel. Et puis apres vint grande destruction de crestiens.

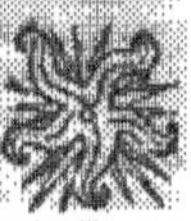

¶ A roncheuaulx furent tuez plusieurs roys ducz et contes de larriere garde des crestiens en nombre plus de .xx.m. combatans. Et ce fut par diuine permission

¶ Milles de angleterre capitaine de la compagnie de charles pere de roland fut tue auec plusieurs crestiens par angolande

i. Charles grant des xxvi

¶ Le soleil demoura ferme lespace de trois iours affin que charles eust victoire

¶ Omas duc de bauiere fut martyrise en pannonie

¶ Cestuy charles appelle quen il eut regne en france lespace de xxxiii. ans il fut fait empereur et commanda dessus emperer. xiiii ans. Je ne scay qui sera celluy souffisant a le louer et a monstrer les prerogatiues quil a eues car il a eu tout ce que veus ung prince souhaitable mais quant a present il nous souffira dire que depuis le commencement enfance a la fin de son regne a este dune grande exposte et tousiours il sest trouue que iamais en aucune chose ne la peu corrompre mais certainement sa fragilite humaine a tousiours este dessoubz sa prouidence diuine ainsi comme le louons car ainsi magnifiquement il a faictes oeuures et finablement il mourut de saincte mort et fut ensepuely en acqus grane la de sa vie lxxii. Et sa legende escript turpin

¶ Lan du monde vi.m.x.iii.

¶ Romains

iiii Estienne do.iii.m. vi.

¶ Ligne de crist viii.c.xiiii

¶ Cestuy estienne rachetera plusieurs prisonniers il couronna lempereur loys a Rome et fut ensepuely en leglise de saint pierre

Depuis auons fait racompter que charles estoit de moult belle corpulance mais il estoit fier de regard sa grandeur estoit de viii. piedz et sa face auoit ung pied et demy de long/ et sa barbe ung espan et son front auoit ung pie a ung cop despee il fendoit ung homme darmes depuis la teste iusques a bas auec le cheual/ il prenoit quatre fers de che/ uaulx tous ensemble et de legier a ses mains les estandoit/ ung cheualier tout arme il leuoit sur sa main et legierement le leuoit. Il mengeoit ung lieure tout entier ou deux poulailles ou une oye et beuoit peu de vin bien trempe il estoit tant sobre a boyre que iamais ou peu souuent il ne beuoit que trois fois a son repas.

¶ En compostelle une eglise et siege patriarchal fut ordonnee et construicte a lonneur de saint iacques ainsi est accomplye la peticion de marie zebedee car saint iehan leuangeliste est en ephese a la dextre et saint iacques a la senestre et comme auisulem

¶ Cinq eueschiez furent dotez magnifiquement en alemaigne par charles. cestassauoir magonce colloigne treues salezburg et bremensis.

Plusieurs signes furent veuz deuant la mort de charles saint et glorieux empereur eclipse du souleil oultre maniere acoustumee fut faite. Lecy au souleil lespace de vii. iours apparut une macule noire. A acquisgrant ung pertuys portant tomba de sons en fune

¶ Ung tresgrant pont ansagontie fut brusle en troys heures. Le piteux empereur de par que sa mort sapprochoit commist tous ses tresors a distribuer aux prelatz de leglise et fut em/ pereur loys son premier filz le second fut seigneur des alemans et le tiers seigneur despaigne

Une comete singuliere sapparut ⁊ moult terrible dont le/ peuple fut tout estonne pourquoy il eut conference avec ung philosophe nomme egnard lequel luy dit que ceste/ cy signification de mutation de regne ⁊ de mort de prince mais le philosophe ne le voulloit pas troubler/allegua la parolle du prophete qui dit a signis celi nolite timere ⁊ lempereur bon ⁊ devot respondit. Nous ne devons pas aultre chose doubter fors que cellny qui nous a faict par sa saincte grace ⁊ les signes celestiaulx en sommes tenuz devant cellny qui a nous preservo a digne donner tieulx signes ⁊ monstres. Et note que quant ces signes apparissent ilz touchent communement toutes gens pour quoy ung chescun est tenu de soy amender. Et bien faire a ceste fin que nous puissons avoir la misericorde du createur. Pareillement lon croit que pour ceste humilite il appaisa dieu car la playe ne tomba pas sur luy mais sur ytalie par la fureur des sarrazins.

¶ Empereurs — .l. Loys des xxvi. touts

¶ Cestuy loys fut filz de charles ⁊ homme de grande clemence pourquoy il fut appelle piteux/il eut deux freres qui surmonta ⁊ tous deux veincit manifestement. Il estoit en adversitez pacient/⁊ en la fin tousiours il demouroit/car tousiours il a este devot envers dieu ⁊ leglise/ses enfans le persecutoient lesquels benignement il reduysit a penitence/⁊ puys quant de toutes choses il eut bien dispose il mourut de bonne mort Et pourtant que la infirmite humaine peult pas long temps soubstenir delices ses enfans devindrent pouvres ⁊ miserables ⁊ est bien miserable la condicion de cest homme tressois nous experimentons ⁊ avons veu les choses faictes devant nous/cestassavoir que bien peu il ny a eu que la felicite de la generation dung permeine a ses successeurs.

¶ Lan du monde	iiii.m.xxvi.	iiii.m.xxxvi.

Paschal des iiii. ioᵉ.xvi.	¶ Papes Rommains	ii Eugene des iii.iii.ii.	ii. Valentin ioᵉ.s. xl	iiii gregoire des xvi

¶ Lan de iheſucriſt	deccxviii	deccxxiiii

¶ Cestuy paschalis fut grant diligence de honnorer les reliques des sains. Il releva ung grant nombre de corps sains ⁊ les myst moult honnorablement ainsi comme luy avoit este monstre en la vision de saincte cecille

¶ Cestuy eugenius fut homme de grande saincte ⁊ simplesse il inspira le monde ⁊ seulement affiance en qui est de nostre seigneur iheſucriſt il fut martyrize ⁊ les fais de ceste le sepulchre a saint pierre

¶ Cestuy gregoire apres quant secou fut mort il fut esleu ⁊ fit moult de biens/a ses temps furent plains de tristesses pour les playes qui estoient devenues aux peuples cestuy cy leva plusieurs corps sains de terre ⁊ honnorablement les myst sur les aultres a sa peticion loys ⁊ guygue marquis de lombardie chasserent les sarrazins dehors dytalie ⁊ apres quil eut fait biens innumerables il mourut au temps que mourut lempereur ⁊ fut enseply.

¶ Rabanus fut poete ⁊ moyne/puys abbe de fulde ⁊ puys archevesque ... a saint pierre de magonce/il fut vaillant docteur ⁊ escript plusieurs livres il avoit ung disciple qui sappelloit strabus qui pareillement fut dernierement ⁊ notable docteur en ce temps

¶ Harald duc des danes fut baptise environ ce temps a magonce avec sa femme ⁊ ses enfans ⁊ lempereur luy donna le pays de frise

¶ La translation de plusieurs sains fut faicte en ce temps comme de saint sebastien ⁊ saint gregoire pape sueſſionenſis

¶ Saint marcellin ⁊ pierre de romme furent translatez en gaules ⁊ saint victor en savoie ⁊ saint genes en angleterre

¶ Charles fonda avant de fors paris monasteres comme il ya de ceulx en la dessus a ung chescun premist dire des lettres.

¶ Le .viii. scisme estoit entre eugene ⁊ zisinus pour la discorde de election mais eugene obtint car la plus grant part estoit avec luy de rechief se leuerent contre ceulx a la cause fut la rebellion de leur pere car quant lors fut mort les enfans eurent debat et contencion ensemble et quant les sarrazins le congneurent/ et les saxons et les autres occidentaulx se esleuerent contre eulx et ainsi fut faicte une greffue playe

¶ Du ciel plouyt comme au pays de masconnois et estoit le grain semblable au froment fors quil estoit ung peu plus petit

¶ Une grande tempeste se leua au pays des galles avec tremblement de terre et le feu est descendu du ciel qui a bruslé plusieurs villes chasteaulx et maisons plusieurs hommes et bestes par les fouldres sont tuez et avec les gresles tomberent pierres de merveilleuse pesanteur et pieces de glaces descendirent qui auoient .vi. piedz de large et .xvi. piedz de long et deux piedz despes et puis apres suruint grande pestilence

¶ Empereurs — l. Lothaire ans .xv.

¶ Il y eut en ce temps une ieune fille de .xii. ans laquelle receut le sainct sacrement a pasques et puis ieuna [illegible] moys en pain et eaue puis apres demoura troys ans sans boyre et sans menger

¶ Cestuy lothaire apres la mort de son pere passé lempire il eut .ii. freres/ cest assavoir loys et charles lesquelz il vouloit priuer de leritaige paternel/ mais ilz esleuerent une guerre contre luy en laquelle mourut tant de gens dung coste et dautre que en ce peuple iamais ne fut tant grande occasion et alors lothaire [illegible] pays [illegible] et les grans seigneurs les accorderent en leurs vouloir les royaulmes et apres ne peurent resister a leurs aduersaires a cause de ceste grande ruyne qui auoit este faicte des cheualiers et aussi leurs ennemys prindrent leur pays voluntiers en partie ainsi car cestuy qui veult auoir trop a la fin il a trop peu ainsi est de ceulx qui vouloient deffendre les autres et maintenant ne se peuent deffendre eulx mesmes finablement lothaire renonca au monde et deuint moyne en la fin fut grande contencion entre les anges et les dyables qui le deuoit auoir mais pour la priere des moynes les dyables senfouyrent.

¶ Lan du monde .vi.m.xliiii.

ii Sergius de .iii.m.ii. — ¶ Romai.

¶ Ligne de ihesucrist — dccc.xliiii.

CEstuy sergius parauant sappelloit groyne de porc et pour tant que son nom estoit deshonneste et non conuenable a la dignite il mua son nom et voulut estre appelle sergius et a son exemple de cestuy les autres depuis ont muez leurs noms mais ceste raison ne plaist pas a plusieurs mais disent quilz font ceste mutacion a lexemple de ihesucrist qui changea les noms a ses apostres et semblablement nous lisons des patriarches et ceste raison semble estre meilleure

¶ Les liures de saint denys furent translatez de grec en latin lesquelz lempereur michel enuoya a loys: et quant les liures luy furent presentez .xix. malades furent tantost gueris

¶ La feste de tous sainctz fut translatee par gregoire quart au kalendes de nouembre et les galles et les germains la commencerent en ce temps a celebrer

¶ Mais romme a fut toute gastee [illegible] une grande playe car aucuns sarrazins vindrent par mer [illegible] les rommains et les [illegible] sarrazins firent estable de cheuaulx de leglise des saincts apostres mais loys uint avec les galles et avec les lombardz lequel chassa ceste grande multitude de sarrazins et ce ne fut pas sans grande effusion de sang crestien. aussi en ce temps les sarrazins gasterent ytalie et apoulle et le pays de terre fut rendu solitaire.

GAlle fut quasi toute gastee par les normans et frisons et autres et tout entour plusieurs citez brusleez. Je pourrois noter mutation de temps car les galles long temps deuant auoient triumphe par tout le monde et les sont craintifz [illegible] pays [illegible] premiers triumphes et glorieux car par eulx ilz auoient [illegible] en frise en espaigne en germanie et en saxonnie et aussi oultre la mer.

¶ Les sarrazins venans daffricque & rochies prindrent romme / destruisirent les eglises des a postres / despoillerent tout mais quant ilz cuyderent retourner en leur pays auec la despoille si ce de dieu leur frappa dessus car tous furent noyez en la mer

¶ Douze ducz des bochmes furent baptizez a la procuration de loys frere de lothaire.

¶ Une famine vint en germanie tant grande que le pere vouloit deuorer le filz. Ensuyuāt ce tēps magonce fut en grande affliction lespace de troys ans / car le dyable publicquement sapparut lequel mettoit le feu dedens les maisons / quant les prestres luy gettoient leaue beniste il les lapidoit / chassoit le peuple

¶ Empereurs — ii. Loys ans xxi

¶ Leō pape ordōna quō celebrast les octaues de lassūptiō nostre dame.

¶ Aymond roy dangleterre fut homme de saincte vie / fut martyrize / angleterre fut gastee.

¶ Magnaldus hermite fut martyrise

Cestuy loys filz de lothaire fut couronne roy par pape sergius par aucuns autres pe res / puys il regna tout seul xvi. an cestuy loys eut vng filz qui sappella charles auquel le dyable entra / durant son pere le tourmenta pourtant quil auoit conspire cōtre son pe re en son temps aduindrent plusieurs choses merueilleuses

¶ Saincte helayne emperiere fut translatee de romme en france

¶ Il y auoit vng euesque dorleans / lequel le iour de pasques flories composa Gloria laus / ho nor ... fut exprime pour laquelle chose lempereur le deliura et le restitua en son euesche

¶ A couloigne fut vne grande tempeste laquelle rompit leglise de saint pierre / tua troys hommes / et en autres demourerent comme dung mors / auoit forme comme vng dragon.

¶ Rodulphus archeuesque de bourges fut de grans miracles

¶ Lan du monde — iiii.m.liii. — iiii.m.lviii.

¶ Papes romains — iiii. Leō ans viii — ...

iii. Benoist ans .ii. — ...

.i. nicolas. ans .ix. — ...

¶ Lan de iesucrist — dccclviii — dccclxiii

¶ Cestuy leon fut homme sage auquel auoit prudence spirituelle / simplesse colombine et fut nourry en monastere premierement en science / sainte conuersation / comme vng moyne il prouffita puys fut fait pape / tantost commenca a reedifier les eglises lesquelles par auant auoient gastees. Il fit contre les sarrazins dire oraison: Deus qui beato petro / laudate Dominum de ... petrum. Il fut tresardant preschiteur de la saincte escripture il estoit ententif a ieunes / a vigilles puys mourut de louable mort et fut sepulcre en leglise saint pierre / sa feste est celebree le xvii. kalendes daoust.

¶ La cite leonine fut edifiee par leon pour la deffension de saint pierre pres de romme

¶ Cestuy beno ist de nom et de fait de tout est appelle tresbeneureux cestuy ordonna que les clercz assistens ordonneement / honnestement.

¶ Cestuy nicolas fut de tant grande sainctete que apres le grant saint gregoire ne este trouue au siege apostolicque qui a peine on peult acomparer a luy son ordonnation loys fut present / semblablement il mourut de saincte mort / fut sepulcre en leglise de saint pierre

Jehan vi. germanie

¶ Cestuy iohannes fut de ... appelle anglois / mais il estoit de la nation de magonce / fut enclos en temps combien quil fust pape / toutesfoys estoit vne femme Vestue dabillemens dhomme laquelle tellement auoit estudie / prouffite en la science qui estoit presque quon ne trouuoit son semblable / pour ce puys fut esleu pape mais puys apres elle engrossa / en celebrant procession publicquement elle enfanta / mourut. Et icy sensuit le che ... iii. pape qui eut nom de sainctete / non estant aucunement nombre icy / aussi elle fut punye de dieu comme auroient estez punyes les autres / nest point mys au cathelogue des papes pour ceste cause aucuns le mocquerent en disant que nul allemant ne doit estre esleu pape toutesfoys il nest point verite.

En france plouyt vng temps sang & langoustes merueilleusemēt gasterent le pays des gaules car elles auoient six elles six piedz & dens plus durs que pierres & volloient ensemble par trouppeaulx contenant vne grande iournee & six milles de large & finablement elles vindrent iusques a la mer de bretaigne & les grans vens les getterent en la mer & ainsi furent noyez & puis la mer les getta au riuage ou elles pourrirent & pour leur puanteur corrompirent tellement lair quil sensuyuit vne grande mortalite auec famine tellement que la tierce part des hommes fut consummee/& ainsi aux gaules double fut affliction double/car ilz auoient eu guerres & puis eurent pestilence & famine.

¶ En lapponie auoit vne ville laquelle en vng moment fut perie auec ses habitans

¶ Le chief sainct gregoire & le bras saint seon furent translatez p pa pe iehan en leglise de sens

¶ Empereur — ij. charles le .iii.ii.xv.

¶ Cestuy charles fut appelle chauue il auoit vng frere qui sappelloit loys & estoit roy de germanie lequel institua bataille pour luy mais charles fut empoisonne & mourut deuant que lassemblee fusse faicte cestuy fonda plusieurs monasteres

¶ Le siege de constantinoble est celebre lequel est le .viij. en lordre des grecz est la .v. de constantinoble.

¶ Iehan diacre escript la vie de sainct gregoire en .iiij. liures & les enuoya a pape iehan & estoit ordinei (solennel)

¶ Maurice roy des bretons en gastine france fut tue p saint maurelin

¶ Le roy bulgarois est conuerty a la foy de ihesucrist lequel prouffita tellement quil laissa son royaume & deuint moyne mais son filz apostisa pourquoy il reprist le royaume & le print et luy creua les yeulx & puis lemprisonna & y en mist vng aultre & puis reprint le saint habit de religion.

¶ Lan du monde — vi.m.lxxij

¶ Pommel. — ij. Adrian. ans .v.

viij. Io hannes ans .x. .xv.

¶ Ligne de ihucrist — lxxxiij.

Adrian excommunia lothaire frere de lempereur roy de lorraine pour son adultere/et mais quant il vint a romme pour soy excuser il communia indignement auec ses principaulx pourquoy tous moururent & luy vng an & le roy mourut au chemin en vne ville qui sappelle plaisance

Iehan huytiesme fut en mention de que lempereur charles et ordina en iniure des romains pour ce qui il nestoit pas fauorable audit empereur il fut mys en garde il deschassa & desgrada formose euesque portuense qui fut occasion de plusieurs maulx.

¶ Cirillus fut fait homme qui quasi enseigna toute esclauonie & fut homme apostolicq il trouua le corps de saint clement en la mer cersone seche & le transporta a romme & le myst en son eglise tres honnorablement

Pareillement estoit iehan instruit aux escriptures & vint en france a la priere de loys il translata de grec en latin le liure q saint denys auoit fait de la ierarchie angelique puis fut frappe par ses disciples & mourut. Et note que tousiours depuis les liures de saint denys ont estez translatez.

En icelluy temps charite refroida grandement en tous estatz & iniquite commenca a habonder plus que iamais de sorte les glaiues et les heresies estoient cessees pour la plus grant part/mais conuoitise auarice et ambicion persecutoit plus la foy crestienne que la heresie.

¶ Normandie fut conuertie puys robert nasquit lequel acquesta pouille calabre & cecile.

Il vainquit les sarrazins & lempereur des grecz nomme alexius — l iij

¶ Les hongres estoient une generation qui nestoit point exercitee en lermes seurs(?) a com tu (?) ces parties de cecille et de la fut chassee a vint en panonye ou elle demoura a chassa les habitans ilz mengoient chair crue et beuoient sang humain comme les phalangines ceste generacion de gens prindrent come les aultres pays a leurs(?) avec les aultres biens de leglise comme iadis auoient fait les gotz et ainsy tribulacion est continuee.

¶ Flandres fut faicte conte et le premier conte sappella bauduyn

¶ Gaulle fut fort gastee devant la liance de rolant car les germains voyans cologne et treves estres despoillees ilz se toignerent aux francoys a aristolo duc de normandie se deperya et print gille fille du roy pour femme et par ainsi luy fut conferme le pays de normandie.

¶ Emperers

iii Charles le gros(?) / des viii.

¶ Cestuy charles fut appelle gros ou plus crasse lequel possedoit pacifiquement gaulle et germanie il fut couronne empereur par pape iehan et finablement apres glorieuse victoire il rendit les normans a la foy chrestienne car plus ilz ne povoient resister aux francoys et quatre ans cestuy regna en france puys fut dechasse car il fut trouve inutile

¶ Mondevolbus(?) euesque de magonce fut martyrize par les normans

¶ Saint martin fut translate de tours en auxerre et la guerist ung ladre puys apres fut rapporte et guerist ung paralitique et ung aveugle contre leur voulente car point pour ce de perdre les aulmosnes du peuple ilz ne vouloient pas estre gueris

¶ Lan du monde	vi.m.lxxxiij.	vi.m.c.viij.

Pape — ii Martin ans .i. — iiii, v. — iii Adrian ans i.m.ij — v Estienne ans .vi — ¶ Romain iours .xvij. — Formosus ans .v. iii.vi

¶ Lan de ihesucrist	dccc.lxxxiiij	dccc.xcviij.

¶ Cestuy martin ne regna guieres ne aussy adrian cestuy adrian ordonna que en nulle facon lempereur ne se entremette de lelection du pape mais ceste ordonnance ne dura guieres: car leon viij. ordonna tout le contraire et par experience saichie que par la variete des temps fut faicte variete de statuz come il appert extra de elect. nos de

¶ Le corps de saint calixte fut transporte en france

¶ Au temps de cestuy estienne le corps de saint martin fut translate point(?) et auxerre des normans, et note que les livres assez discordent du temps de ces papes dont la figure des empereurs et par consequent cecy fut fait pour les secondes lettres contradictions et oultre plus cecy est peu de chose car il nous souffist des memoires de sfigurer(?) les temps et choses dignes de remembrer a memoire.

¶ Cestuy formosus fut premier euesque de portues et pour son inobedience pape iehan le priva et le degrada et le mist iusques a le fait des lays mais apres il fut restitue par martin et contre son serment vint a romme et print la papalite pourquoy fut faicte grande altercation

¶ La .x. scisme de leglise fut entre formose et sergium mais sergius fut repoussé par formose et puys fenyt(?) en france et finablement fut fait pape et secretement retourna a romme et print en prison(?) et puys destera le corps dudit formosus ainsi il fut plusieurs deshonnestetez. Il fut ainsi en ceste scisme une autre melee entre leon et cristofle desquelz(?) car cristofle print la papalite

p force leon estant en prison/mais tantost apres sergius la print comme invaseur. Anicius descent quil fut fait moyne ialoux furent multipliez plusieurs maulx au clerge et en toute leglise.

r° i

Au temps de la grande tempeste et de tel scandale les ordres des sains peres de clugni commencea a resplendir comme lestoille matutinale ou millieu des nuees en grande humilite et ferveur et commencea a prouffiter par ordre moyne et homme saint et avec plusieurs aultres sainctes personnes ilz ont estez les premiers de lordre du glorieux saint benoist et en plusieurs lieux quilz avoient deffailliz ilz ont estez reformes. Et note que les richesses sonventesfois ont estees causes des deffaillemens de cestuy saint ordre et pourete aussi semblablement a este cause et moyen de reformation Certainement devotion a enfante richesse mais la fille a tue la mere. O abisme inscrutable des iugemens de dieu Veez en lempire comme en la papalite alteracion scandaleuse et tenebreuse mais en ces tenebres est nee la lumiere de ceulx qui sont droictz de courage.

¶ Empereurs

Arnolphus .xij.

¶ Cestuy arnolphus oppressa les nacions sequentes des grans et lui que douze ans avoient gaste gaulle/ puis tomba en une incurable maladie tellement que les medecins labandonnerent et finablement les pusces et les poulx le mengerent et ainsi finist sa vie

Helas helas helas vray dieu comment est lor ainsi obscure la tresbonne couleur est muee quelles choses sont advenues environ ce temps au saint siege apostolique lequel en son garde en tant grande amour iusques a ceste heure/ et maintenant nous en lisons les destractions quelles contencions quelles emulations certes envyes ambicions et persecutions. O temps tresmaulditz auquel le saint deffault et verites sont diminuees des filz des hommes toutesfois apres ce temps ont estez plusieurs sainctz papes/ mais non pas ainsi continuellement ne aussi grant nombre comme au temps passe helas devoit cesser la congregation des hommes/ maleureux qui sera celui se ainsi deffault la primitive sainctete

¶ Lan du monde | iiii.m.c.iij

vi Boniface iours .xv.

vi Estienne ans vng

ij. Theodore iours .xx.

.i. Romain iii.m

iv. Jehan ans ij

iiij Benoist ans .iij.

v. Leon iours l.

¶ Ligne de christ | dccccvj.

¶ Ces huyt papes dessus dictz successivement et en brief temps lung apres laultre ie ne scay quelle chose notable le dire fors que ie ne trouve de eulx sinon choses scandaleuses pour la contencion qui estoit au saint siege apostolique car lung estoit contre laultre/ car estienne condampna les faictz de iehan. Puis il condampna formosum et ses faictz reputa pour nulz et deshonnesta son corps/ cestuy coupa deux doys de la main au tyrant et commanda estre gecte au tybre pource que formosus par avant lavoit fait euesque/ mais en brief temps il reposa avec ses oeuvres. Et ceste chose apres ces choses theodore reprouva tous les faitz de estienne et approuva les faitz de formosus semblablement iehan .ix. au conseil tenu en Ravenne. Depuis encores condampna les faitz de estienne et conferma formosum. Sergius fut le contraire car il condampna formosum.

Le monastere de clugny saint et fameux est construit par Barnon dit Baguialie a la dicte cite concesse et de guillaume preux prince de bourgoigne lequel apres fut grandement amplye par hugues abbe du dit monastere vers environ lan mille neufcens quatre

¶ Lempyre vne aultre foys est translate a diuise/ car les euesques ne aydoient pas aux eglises que leurs peres auoyent fondees mais les destruyoient et si ne donnoient pas ayde aux rommains contre les lombards qui grandement les infestoient pourquoy dung commun consentement ilz furent mys dehors de lempire/ et les ytaliens en ytalie/ et les alemans en alemaigne commencerent a faire empereurs iusques a othon qui regna en vne partie et en vne aultre et ainsi les francoys sont contraints maintenant de demourer a leurs termes experimentez que toutes choses ont leurs termes et ainsi comme les aultres ilz sont montez sur la roue de fortune et puys descenduz ¶ La pre de blois est commencee et de la noble lignee des normans le premier conte fut gelo.

¶ Empereurs — iii lodouicus aus. vi — .l. berengier ans. iiii — conradus hugues ans. vii

¶ Cestuy loys neut point la benediction papale pour les insolences de ceulx qui dominoient en ytalie lesquelz le prenoient de chasser berangier: mais quant il commenca a regner il fut prins a verone et cestuy qui estoit ennemy de berangier eut les peulx creuez et berangier fut cestuy et est le dernier de la lignee de charles lequel tenoit lempyre

¶ Cestuy berengier fut preudent en armes il eut batailles contre les rommains et auec ledit loys et venceus mystoire hystorial ne fait point mencion de cestuy et ne de ses suyuans iusques a othone

¶ Cestuy conrad fut filz de loys et si nest pas conte entre les empereurs pource quil ne regna pas en ytalie mais aux alemaignes mais seullement ne hugues car il ne regna fy non aux ytaliens

¶ Lan du monde vi.iii.c.xviii.

.l. phalet ... ¶ Rommai. — iii. sergius ans. vii. — ¶ Romain. iii.m. lo. vi. — anastase ans. ii. iii. — ¶ Rommai. — Lando iii. v. lo. mi

¶ Lan de iheucrist — ix.c.x.iii

Cestuy sergius quant il rendit comme pour lacter des siens corps il pris cristoferi et fut assis au siege pour luy et de vengence de ce quil auoit este debouté il fit prendre le corps de formose et tirer dehors du sepulcre puys le fit vestir habitz pontificaulx et mettre au siege et la le fit decoller et puys le fit getter au tybre puis les pescheurs le trouuerent et le porterent en leglise et incontinant quil fut dedens les simulacres ymages visiblement sencilinerent et le saluerent venerable/ment en la presence de tous ceulx qui la estoient mais cestuy sergius cassa et annulla toutes les choses quauoit fait ledit formose.

¶ Alors fut prise vng monstre qui auoit la teste comme vng chien et tout les aultres membres comme vng homme et peult bien signifier lestat de cestuy temps mouuement au quel les hommes estoient sans chief et quil comme chiens habayent conconcoient car la

Odo fut homme saint et premier abbe de clugny lequel reforma la saincte et deuocion monastique en plusieurs monasteres il escript plusieurs choses il abbrega le dialogue de saint gregoire et le reduyst en vng volume cestuy fut pere de plusieurs moynes

¶ Elphredus roy dangleterre fut moult deuocieux il despendoit viii heures en oroysons a lyre et escripre/ hors aux negoces du royaulme/ et diuise a la substantacion de son corps et trop bien dispensa ses rentes.

Estienne euesque du liege estoyt par saincte et science il fit lystoyre de saint lambert et plusieurs aultres comme de la trinite et de linuencion saint estienne.

¶ Les hugres commencerent a gaster comme les aultres biens de leglise / ilz destruyrent toute cassie et tuerent hommes et femmes et emporterent avec eulx la despouille. Item leur roy nomme taxpis eccut de beranger deuxiesme de memoire et furent long temps q tous les ans ilz retournoyent aux parties rommaines lesquelles ilz roboient et pilloyent la cause de ce mal fut lingratitude des rommains / car ilz avoyent dechasse ledit marquis lequel se vengea en ceste maniere car il appella les barbarins comme iadis avoit fait narses au temps de iustin second pape agapit fut tue.

Les sarrazins qui environ ce temps seignourissoyent en pulle furent vaincus par pape iehan et le marquis albericque Empereurs.

beranger ans viij.

¶ De cestuy beranger nous navons pas consonance aux livres en quel temps il a regne les ungz disent q ce fut apres le premier beranger / les aultres q ce fut apres hugues / mais de ceci ne nous fault chaloir car les temps furent assez confus / car qui plus povoit plus valoit.

¶ Saint hubert qui fonda le college gemblacense resplendit en lorraine

¶ A genes fluist une fontaine de sang signifiant la mortalite qui vint tantost apres car les sarrazins la prindrent et tout occirent et emporterent la despouille.

Henry ans xvij.

¶ Cestuy henry fut duc des saxoniens et tout noble entre les empereurs il nest point nombre pource q seulement il regna en almaigne il eut une femme tressaincte nommee mathilde de laquelle il eut deux filz othone henryet. otho luy succeda a lempire / et henry eut en almaigne plusieurs terres puis eut huguet filz nomme bruno lequel [illegible] par de xiij ans fut archevesque de coulongne il fonda le monastere de panthaleon

¶ Lan du monde iiij.m. de cxxxiiij. | vi.m.c.xxxviij. | vi.m.c.xxx

x. Iehan ans xv. | cx. Leo m. vi. | cxj. estienne ans ij. iij. | cxij. Iehan ans iiij. | cxiij. Leo vi. mois iiij. ...

Regne de iheucrist. | dcccc.xxxvij. | dcccc.xxxviij.

¶ Cestuy iehan fut filz de sergius pape tant de sang comme de meurs car il ravit la papalite et finablement il fut tue par les chevaliers de guidon lesquelz luy misrent le coussin du lit sur sa bouche luy estant prisonnier apres luy ung aultre nomme iehan qui fut mis en celle prison mais tantost fut mis dehors / cestuy nest pas mis au cathalogue des papes car il ne le fut pas.

Odo nommes fut saint homme et successeur de saint odo abbe de cluny.

¶ Theobard abbe de saint hebre resplendit

¶ Regino abbe de prume par saincte escripture notable cronica.

¶ Donstanus evesque cantuariensis fut saint homme et fonda plusieurs monasteres le iour de son trespas ange luy dist a dieu rex gencium dominator omnium / et alors il vit la benoite vierge marie.

¶ Boesme est convertie a la foy de iheucrist et en prage fut faicte eglise cathedrale.

¶ Sepeneus duc de boheme est converti a la foy et fut occisi.

¶ Boleslans son filz fut apres luy / mais il fut pervers car apres il tua son frere Wenceslau et le premier an de othone et pour ceci il fut vaincu par ledit othone et gasta toute boheme lespace de xiij ans.

¶ Environ ce temps almaigne commenca a avoir plus de vaillans gens quelle navoit acoustume car en ung estat comme en aultre tant des hommes comme des femmes / et maisons principales / cest assavoir savone / bauiere / haustrie / hassie / et les aultres lesquelles elle illumina de la lumiere de la foy et aussi en sapience et prudence plusieurs y furent renommes lesquelz encore glorieusement sont nommes en tout le monde / et ainsi nous veons une quelle une generacion de gens est commencee sainte est leur / pourquoy ne se glorifie point la chair humaine devant au pere de lumiere duquel par tout bien et tout don parfait. Il est celuy q iadis parloit a samuel et disoit: ego glorificantes me glorificabo et qui me contempnunt erunt ignobiles.

¶ Les danes deposerent ydolatrie/ iusques a ce temps en adorant ihesucrist ilz sacrifioient aussi aux ydoles en disant que les dieux et ydoles estoient plus anciens et plus puyssans que ihesucrist mais survint ung clerc lequel en fait demonstrant le contraire en la decte de foy devant tous il print ung fer tout embrase et le porta en sa main sans avoir aulcune lesion pour quoy ilz furent devenus instruitz.

Ethelstanus roy dangleterre fut homme de grande devocion sa mere fut de humble nacion car elle fut fille dung pasteur lequel vit en vision que la lune partoit de luy/laquelle illuminoit toute angleterre/et ainsi fut car cestuy roy eut tant grande devocion quil ne laissa pas ung monastere qui ne fust suffisanment doue.

¶ La heresie antropomorphitarum commenca en ytalie mais rathericus evesque et les aultres la chasserent dehors

Empereurs. — iiii. berenger ans xii — ii. lothari[us] ans iii

Cestuy berenger regna en ytalie/et en son temps fut grande scisme/et henry mourut et otho commenca a regner en almaigne.

¶ Cestuy lotharius mourut quant otho commenca a regner en almaigne et laissa sa femme dalinde laquelle espousa ledit otho

¶ Charles roy de france fut exille par le conte himbert et fut martirize.

Saincte mathilde femme de henry est renommee de grande saincte et humble et misericordieuse laquelle aquist par sa decte contre la lignee des saxons/cestuy demoura long temps vefue/et fonda plusieurs monasteres et hospitaulx/elle fut en donnance tres pacientte et tant diligente a dieu prier quelle avoit de coustume de dire tout le psaultier devant matines et finablement par esperit de prophecie elle avoit sa mort entendu les pere a ihesucrist et laissa saincte lignee pour la consolacion de toute leglise.

Lan du monde — iiii.m.cxlvi. — iiii.m.clxii.

Pape — Romanus — viii. stienne ans.iii — iiii. martin. ans iii.m — ii. agapit[us] ans. viii — xii Jehan. ans.viii — v. benoist. moys .ii — Leo. v.

Lan de crist — ix.c.xl — ix.c.lv.

¶ Cestuy estienne fut mutile des romains

¶ Au temps de cestuy agapit[us] odo premier abbe de clugny trespassa

¶ Cestuy iehan fut grant deceu[r] et sacrilege/il tenoit femmes publiquement pourquoy il fut depose par othon/mais il ne laissa ches?/mais tous iours plus les delectacions avec une femme/puis il fut frappe du deable et mourut subitement et sans penitence/helas ung bien meschant diffame fut celuy aux premiers/o abisme des iugemens de dieu qui les pourra sonder cestuy ne fut pas dignement esleu mais fut esleu par la puissance de son pere

¶ Cestuy benoist fut esleu par les romains contre leon mais othone le desposa et fut envoye en exil avec les saxons car maulvais commencement a bien tard bonne fin/que fera la sagesse contre le perilz?... Notez a laisser les papes et aler aux empereurs en ce temps comme clerement il appert.

¶ La x scisme de leglise fut entre iehan.xii. et leon.viii. car iehan pourtant que mal estoit entre et excommunie devoit il estre desposse et leon fut subrogue et ordonne par larde de lempereur mais deux fois il fut dechasse.

¶ Maiolus homme saint fut le tiers abbe de clugny il fut dune grande ferveur abstinence et reparateur de discipline monastique.

¶ Wenceslaus prince de boesme et bon pere le meilleure fils fut mort tue par son inique frere/cestuy homme saint fut treshumble et miserico[r]dieux

¶ Bruno archevesque de cologne fut homme saint et frere de othone/le premier tenoit en almaigne et eut lune et lautre iurisdiction en gouvernant le temporalite et spiritualite/ il fonda a cologne le monastere de saint panthaleon et laissa la duchee a son frere/et orna leglises de belles reliques.

L'Empire fut transporte aux alemans/teuthonicques et selon linterpretacion de leur nom sont ditz quasi tous hommes car ilz sont vaillans en armes et ardens deffenseurs de la foy catholique car al en leur langaige vault autant a dire comme tous/man vault dire homme et de la vient aleman cest a dire tous hommes vertueux. Lon ne peut ne ne scaura-il homme trouver/qui puisse estre sans offensifz/ains il a en Dieu ame de prestance perpetuelle.

¶ Ung monstre fut en ytalie/cest assavoir une femme ayant deux testes et les aultres membres entiers au nombril/lune mengoit aulcuneffois et lautre dormoit/et aulcuneffois ne faisoit ne lune ne lautre/longtemps elles vesquirent ensemble et ensemble moururent.

¶ Edugin roy dangleterre chassa tous les moynes de son pais et envoya en flandres saint Dunstan/toutesfois par les merites du saint ledit roy fut desfaict de son siege.

¶ Et garnis roy dangleterre quasi tous les ans fonda ung monastere.

Emperiere

Ung Berenger ans. vi.

C Estuy berenger par sa grant tirannie opprimoit ytalie par quoy le pape et les rommains appellerent otthone affin quil les delivrast/laquelle chose il fist et prist par force berenger et aussi le donna à deux foys/et prist pour femme sa relaissee de lothaire laquelle le tirant avoit meurtrie.

I. ottho. ans. xi. i

¶ Cestuy ottho estoit le premier empereur dalemaigne depuis charlemaigne et comme lautre charles il estoit deffenseur de la foy et de leglise de dieu pour quoy il merita la dignite imperiale. Il convertit plusieurs infideles/il mena avec luy au pais des saxons pape benoist ennemy de leglise ou il mourut en exil/Et apres toutes choses appaisees il mourut remply de bonnes meurs et riche de gloire et de richesses/et de digne lignee/et fut sepulcy a maidbourg en leglise saint maurice/laquelle precieusement il avoit fondee.

¶ Lan du monde | iiii.m. clxiii | iiii.m.clxxv

Ung leon ans. i. m. iiii

viii. Jehan ans. viii

Scisme ans. vi.

ix. benoist. ans. i.

Boniface ans. viii

Romme ans. i. iii. v.

Vi. Boniface ce. m. vi.

¶ Ligne de ihesucrist | ix c. lxiiii. | ix c. lxxvi.

¶ Cestuy leon apres que iehan fut depose fut commencement en son cestuy ordonna que nul ne fust faict pape sans le consentement de lempereur/et fist ceste ordonnance pour la malice des rommains lesquieulx souloient tousiours mettre les leurs/et fust donna a otthone tout ce qui avoit este donne a leglise/par iustinian par charles et les autres affin quil deffendist ytalie et leon. viii. mais leon obtint

¶ Cestuy iehan souffrit grant iniure des rommains car ilz le prindrent et le relaisserent/mais ottho en fut fort desplaisant/Et note quilz sont iii q occis comme en la primitive eglise/car il ny a point pareille mais la cause nest pas pareille

¶ Cestuy benoist fut pape et estrangle au chasteau saint ange cestuy est appelle communement donnus petit regna

Cestuy boniface fut esleu pape apres que benoist fut estrangle/il depreda leglise et senfouyt a constantinoble puis retourna et creva les yeulx a iehan diacre cardinal/et tantost ledit boniface subitement fut destruit.

¶ La. xi. scisme fut entre benoist. viii.

¶ Leglise madeburgensis fut glorieusement construicte et douee par otthonne le premier/et larchevesque est faict primat dalemaigne/et note que au temps dessusdit il y eut ung archevesque nomme udo qui fut prins par la benoiste vierge marie/mais pour sa mauldicte vie horriblement fut dampne pourtant est il escript. Cessa de ludo quia lusisti udo.

¶ Saint odo evesque de trever et de saint brumo de collogne transporterent les corps des sainctz eucher [illegible] avec le baston saint pierre de romme a collogne.

¶ Achenolfus [illegible] evesque beneventensis fut moult de choses.

¶ Osualdus [illegible] evesque de [illegible]/puis apres archevesque de eboracensis [illegible] du le monastere [illegible].

¶ En cestuy temps hongrie commenca estre convertie a la foy/et la premierement prescha saint homme nomme adelbertus euesque de pragüe lequel fut de la nacion de boesme/et premier euesque de prague/et par revelacion divine il vint en pannonie a saint estienne premier roy de hongrie avec plusieurs se baptisa/puis apres conferma a la foy les polouiens/puis apres vint au pays de prussien laquelle est superieure region dalmaigne pres de la mer ou il demoura et prescha et puis la fut martirize.

¶ Estienne premier roy de hongrie fut crestien et saint homme et aussi fut faicte grande grace au peuple barbarique lequel iusques a ceste heure avoit este ydolatre.

¶ Il plut grain du ciel et petis poissons en esbourg.

Empereurs. — ii. ottho ans .x. — ¶ La lignee de charles est mise dehors du royaulme de france/et le court par ung petit le royaulme en aucun ce temps — iii. otto ans .xviii.

¶ Cestuy ottho fut filz du premier ottho/et en toutes choses il fut feal et vaillant deffendeur de leglise/il eut plusieurs batailles contre les infideles mais a la derniere bataille faicte au pays de calabre il perdit quasi toute sa compaignie toutesfois dune tres grande devocion il appella saint pierre en son aide et ainsi il eschappa/il eut la fille de lempereur de constantinoble qui estoit du sang des rommains et fut couronne par pape benoist. Et il mourut a romme et fut honnorablement ensepueli en leglise de saint pierre.

¶ Cestuy ottho par tout fut digne de nom z dempire comme avoit este son pere il fut tres feal a leglise/et fit plusieurs batailles et tousiours fut victorieux et ayma dieu et les saintz honnora fort les eclesiastiques finablement mourut a romme.

Lan du monde — viii.m.clxxxiii. — viii.m.cxcii.

Pape — vii. benoist. ans .x. — Bonifacius — xv. Jehan. ans .viii. — xvi. Jehan iii.m.iii. — xvi. Jehan ans .x. — v. gregoire ans .vi. — xvii. Jehan. iii.m.vi.

Lan de crist — ix.c.lxxxiii. — ix.c.xcii.

¶ Cestuy benoist couronna ottho second/il fist prendre plusieurs rommains/il congrega le conseil de rommains contre le roy de france car il la gilbert ung rommain fut depose z ronulphus fut restitue a son premier degre.

¶ De cestuy cy le pareil fut affame au chasteau saint ange lespace de quatre mois et la mourut et naiere ne dura guieres.

¶ Cestuy Jehan fut bien instruit en armes et plusieurs livres composa cestuy fut fort affligé par cressence patricius car il luy faillit saillir hors de la cite pource quil envoya messagiers a lempereur autrefoys/mais quant les rommains se sceurent ilz se rappellerent et tous se getterent a terre en luy demandant pardon car par aucunes annees ilz avoient experimente le feu des almans. cest assavoir conditio donne de non vouloir abeissant quant ilz ne pevent resister finablement la paix fut faicte z mourut a romme.

¶ Cestuy gregoire fut fait pape a linstance de lempereur othone nepveu et fut venerable home et par cette dicte othone par avant il sappelloit bruno et quant il eut ung peu regne et lempereur sen fut alle de la cite/plusieurs fut mys au siege par cressentii consilier pour argent/et fut appelle iohannes xvii. et pour ung petit de temps fut lesne car lempereur retourna et print cressencion et luy fist couper la teste/et audit iehan fist crever les yeulx/et mutiler les membres ne aucuns ne luy aida car il avoit fait ce quil ne devoit pas faire pourquoy il souffrit ce quil avoit merite/et note que cestuy gregoire avec othone ordonna les electeurs de lempire en almaigne lesquelz y ont demoure iusques a ceste heure/et ainsi peu descoupe les francois/ne autres gens.

¶ La conte de savoye tres noble est commencee et partie des nobles ducz de saxonne lesquelz tenoient lempire en ce temps/et au dit pays eut la seigneurie premierement beroldus qui estoit vaillant en armes lequel dechassa plusieurs mauls du pays.

¶ Les electeurs de lempire furent institues apres othone tiers/non pas pour la coulpe des susdis mais pour eschever les perilz du temps advenir/ceulx si sont sept princes puissans en almaigne/les trois princes sont spirituelz/cestassavoir les archevesques de magonce/de treves et de collogne/et trois seculiers cestassavoir le palatin conte du rin/le marquis de brandebourc/et le duc de saxonnois/et le roy des bohemes est medicateur/dont nous avons deux autorite des hystoires de Vincent

Magontinensis treverensis coloniensis.
Quilibet imperii sit cancellarius horum
¶ Et palentinus dapifer/dux portitor ensis
Marchio prepositus camere pincerna bohemus. Hi statuunt dominum cunctis per secula summum.

¶ Et pour ceste cause comme aulcuns disent langle a perdu plusieurs plumes/mais a la fin elle demourra toute une.

¶ Gille vierge pucelle et seur de lempereur henry/elle fut femme de saint estienne roy dongrie/ceste dame ayda fort a la premiere conversion de hongrie.
¶ Heribertus archevesque de collogne est de grande renommee.

I. Henry ans xxi.

¶ Empereurs

Cestuy henry fut saint homme et duc de baviere/il fut vivne concorde esleu pour lamour de sa grande legalite et saincte renommee/Il eut une seur devotieuse qui se maria a saint estienne roy dongrie/laquelle convertit tout pays de hongrie plainement a la foy/sa femme fut saincte kinegondis avec laquelle il demoura en virginite/et mena vie celestiale/il fist plusieurs batailles contre les rebelles tant en almaigne comme en italie esquelles tousjours il prospera/Il fonda plusieurs esglises et monasteres/et si les dona magnifiquement/finablement vint a sa fin et fut sepulcy en lesglise de bamberge laquelle il avoit fondee et faicte cathedrale/en laquelle il fait miracles/et en la vie de saint laurens est ung exemple de luy et de sa femme

¶ Lan du monde v.m.ii.c.xiii.

II. silvestre ans iiii.
Francoys mois i. jours viii.

xix Jehan ans v.

[illegible]

xviii Jehan ans v.
Romains mois iii.

¶ Ligne de thesucrist m.iiii

¶ Cestuy silvestre est faict pape a laide du dyable auquel il avoit fait hommage et tout luy venoyt a sa voulente il fut appelle gilbert/et premierement luy procura la grace du roy de france pourquoy il fut fait archevesque de reins toutesfois tantost il en fut deschasse par le conseil et par le commandement de pape benoist viii. puis apres il acquist la grace de lempereur et fut fait archevesque de ravenne/puis apres pape/mais son regne tantost eut fin/car il avoit mys son esperance es fallaces du dyable/toutesfois lon a esperance de son salut pour certaines indices de son sepulchre/et pour la penitence quil fit a sa fin/laquelle fut tresgrave car ses membres furent coupes et donnees aux oyseaulx.

¶ Ces deux jehans ensemble furent assis mais le premier peut regna et lautre regna cinq ans/et furent sepulz pres de saint pierre

Eusebius evesque de tours fut moult renomme en ce temps.
¶ Philibertus evesque de chartres pareillement
¶ Elphegus evesque cantuariensis fut martirise par les dannoys.
¶ Odille fut homme saint et abbe de clugny successeur de saint maiol/cestuy institua le jour des ames lendemain de la toussains au temps de pape iehan xvii. laquelle chose puis apres fut approuvee par toute lesglise de dieu.

Ebertus abbe damien fon le tient pour bonne clerc.
Bruno evesque de [illegible] fut martirise par les hongres lesquelz le firent sur une [illegible] et le firent couler dune montaigne a bas.
¶ Herigerus abbe de lobiens et albo abbe floriacensis et plusieurs autres
¶ La glorieuse translacion des sains martirs fut faicte cestassavoir Candoal [illegible] en/en cestuy temps a gand en flandres.

¶ Par la permission diuine de rechief la cite de iherusalē fut prinse et le glorieux sepulchre de nostre saulueur ihesucrist fut en la main des infideles/ꝛ les iuifz estans en plusieurs lieux touchez et furent baptisez.

¶ La lune sapparut conuertie en sang/et fut grant tremblement de terre/vne fouldre cōe vne torche ardāte/et vne fouldre en maniere dune tour tomba auec grande resplēdisseur/et puis vint vne grande famine en lorraine/vne petite fontaine fut conuertie en sang/ꝛ aussi plusieurs signes aduindrent enuiron ce temps. Il fut grande mortalite quasi par tout le monde en telle facon que ceulx qui seuelissoyent les mors furent tant empeschez quilz tomboyēt auec les mors puis apres suiuit vne grande secheresse et ardeur.

¶ Symeon hōme saint siracusi. moyne/est renomme a treues.

Empereurs — Guoto euesque du siege est renōme saige dexperie ꝛ de sapience

¶ Enuiron ce tēps furent aulcuns qui prenoient trop grand plaisir a dancer pourquoy ilz sentirent pugnis de dieu/car tout vng an ilz ne firent q̄ saulter et dācer/leur peche estoit aggraue pour tāt q̄ la veille de noel ilz dācoyent en vng cimitiere/ꝛ empeschoyent vng prestre qui disoit la premiere messe deuotemēt/pourquoy il les mauldit en disant plaist a dieu q̄ tout lan vo⁹ saultiez ainsi/et ainsi fut fait/puis apres ilz furent absoubz par saint hubert/et aulcuns de ceulx tellement se repentirēt et si bien dechanterent quilz furent saintz/ꝛ font miracles. Deson aulcuns ceulx aduint en la ville de saxonie en leglise de saint magni et y auoit vne fille de prestre qui en saultant perdit les bras/ilz furent en nombre .xv. duquel nōbre y auoit trois femmes qui tātost

¶ Sainte kunegōde femme de lempereur henry vierge/perpetuelle/fit plusieurs bonnes oeuures/puis entra en religion ou elle mourut et fit plusieurs miracles.

¶ Henry roy de hongrie vierge/auec son espouse mourut et fait miracles.

Lan du monde	vi.m.ccxvij.	vi.m.ccxviij.

¶ Pape. (.xiiij. sergius. a.ij.iij.) ¶ Tusian (.xiij. Benoist a.xi.iij.) ¶ Romain xi.iours.xxi. (.xx. Iehan. a.ix.)

vi.

Lan de crist	M.xiiij.	M.xxiiij.

¶ Cestuy sergius fut de saincte vie et exemplaire de bonne conuersacion/il est sepulcre en leglise de saint pierre.

¶ Cestuy benoist eut grāde scisme car il fut mis hors de sa dignite ꝛ vng aultre subrogue

¶ Cestuy iehan eut bataille contre les romains.

¶ Cestuy apres sa mort fut veu p vng euesque en vne espece miserable/ꝛ disoit quil estoit miserablement afflige/mais il auoit esperāce en la misericorde de dieu/confessions et que son auoit fait pour luy ne luy auoit point proffite car il auoit este acquis de rapine/mais il enuoya lemissaire a pape iehan disant qͥl priast diuine celle arche vne somme de pecune laquelle il donnast aux poures/ laquelle chose il accomplist et craignent le peril quil auoit veu en lautre et pour pourueoir au temps aduenir il laissa la seneschie et se mist en vng monastere.

¶ Le .xiiij. scisme de leglise fut entre pape benoist .viij. et vng aultre gregoire mis en possession mais benoist obtint ꝛ lautre fut dechasse.

¶ Robert roy de france cōposa sancti spūs assit nobis gracia. ꝛ le respons. o iuda ꝛ iherusalem etc. Cornelius centurio etc. auec les notes. ꝛ alleluya et pe iuc. ꝛ si fut hōe de grande misericorde

¶ Roger euesq̄ dessuaces. tout

¶ Otran euesque de hie . . . hongre fut ne dobscure generacion.

¶ Aldebert saint euesq̄ de metz

¶ Albertus abbe de gemeanis

¶ Campanus vaillāt docte⁹ et benoist ꝛ grant astrologue est renomme. Cestuy trouua vne certaine pierre en la cōsulacion de thosolmee quāt au temps mouuement de la lune establement qui est deux mille. cp. ans lunaires/il deffault vng iour/et le semblablement en aulcunes aultres choses. Il escript vng tant grāt hōme cōme fut tholomee quoy defflault na pas este pour pouureté dengin mais pour deffault de temps principallement quant au mouuement de la .viij. espere a laquelle long temps est requis sa chronique et son compte sont nettoies.

En temps de celluy commenca environ les ans de nostre seigneur mille quarante la foy chrestienne commenca grandement a descroistre et appert sa premiere deception comme il appert en la prophetie saincte hildegardis car en plusieurs regions de la chrestiente nestoient pas gardees les coustumes de saincte eglise ne les sacremens mais se donnoit le peuple a divinacions et a grans malefices et estoit le prestre comme le peuple. mais le createur misericordieux contre les maulx suscita de rechief plusieurs hommes apostolicques pour attraire par leurs bons exemples ceste secheresse dessus dicte et confermant leurs sermons avec signes et miracles supplians et plusieurs ordres accroissirent en grande ferveur a celle fin quilz diminuassent ce temps desmesure et apres est faicte mencion car souventesfois ces reformations ont estes faictes et sen a des aultres advient pour quoy cest une chose facile de determiner que lantecrist viendra en ce temps ou en cellay pour la malice du temps laquelle chose plusieurs ont voulu attempter qui ont estez deceuz par leur folle opinion et la saincte evangille de ihesucrist fait derision et a lexperience du temps reprouve leurs opinions de telles erreurs il est moult certain

Empereurs — .i. Conrad ans .xv.

Cestuy conrad fut duc de franconie qui est partie dalemaigne cestuy fut plusieurs foys et combatit que son gardast paix fut prins de estre deschasse puis le conte lupoldus fut acuse en sentence de sa terre ... a tant qui mourut fut nommee le conte lupoldus par ... et puis ... son filz ... a lempereur par voulente divine contre la voulente de conrad et espousa la fille dudit conrad

Guillaume de dyion
Richard de verdun
Popo stabilens
Elyas de coulongne
Osterius du liege
Estienne du liege
Tous ces venerables abbes regnerent en ce temps

Egelnotus archevesque de conturbie cimoyale bras de sainct augustin en angleterre et ont son epistolaire

Lan du monde — .iiii.m.ccxxii

Cessent

.ix. Benoist ans .xii.

.iii. silvestre ...

.vi. Gregoire ... ans .ii.

moys .iii.

.ii. Clement ...

Lan de christ — .m.xxxiiii

Cestuy benoist fut nepveu de pape benoist .viii. et fut homme luxurieux pour quoy il apparut depuis a ung homme en espece monstrueuse et horrible il avoit la teste et la queue comme ung asne et le remenant du corps comme ung ours et dit que cest homme nayes point de paour saches que iay este homme comme toy mais ie me represente ainsi pour ce que quant iestoye pape iay vescu bestialement en son temps fut scisme moult scandaleuse car il fut degette et puis restitue et puis de rechief gette hors du siege

Philibertus evesque de chartres fut en sa maladie visite par la vierge marie et refecte de son sainct laict.

Cestuy silvestre fut esleu apres que benoist fut deschasse et puis benoist fut restitue et cestuy mis dehors et puis lautre chasse et gregoire fut substitue et pourtant que il estoit rude et ignorant il fist consacrer avec luy ung aultre pape pour faire loffice de leglise et pourtant que cecy ne plaisoit pas a plusieurs il fut mis ung tiers pour supplier le deffault de tous deux. puis apres fut debat entre eulx mais lempereur henry survint lequel les desposa tous et il fist mettre pape clement second et par cestuy se fit couronner et puis les romains luy jurerent que iamais ilz ne esliroient pape sans son consentement et ainsi cinq ensemble et se. Si fut ... confessor de cestuy gregoire gilbertus dit quil fut homme sainct et quil eut guerre avec henry et ... les terres de sainct pierre et que miraculeusement il fut sepveli.

La .xxiii. scisme de leglise scandaleuse et plaine de confusion fut entre benoist .ix. et les aultres comme il apparestra cy apres la cause de ceste scisme fut la mauvaistie de benoist ou son intencion inique. Icy note pelhosomeus que le grant honneur des papes a pour ce mauvaistie fut et cest cause de plusieurs scismes.

Elle fut une devineresse en angleterre cestuy estant en leglise le diable horriblement la tira dehors.

Cestuy clement fut premierement appelle suidegerus ... de ... fut fait pape par lempereur pour ce couronner la ... come dessus est dit

¶ Le corps dung geāt fut trouue a rōme dune merueilleuse grādeur et si nestoit point corrūpu [illegible] auec une lumiere q ne se pouoit estaindre par souffler.

¶ En apulye auoit une statue de marbre de laquelle la teste mōstroit subitemēt le tresor

¶ Ung monstre nasquit au pais des galles deux fēmes ayant tous leurs mēbres [illegible] et [illegible] [illegible] fasoit son oeuure a part/ lune morut et la [illegible] porta [illegible] la morte.

¶ Pelerins pere fut a rōme le quel estoit nygromāciē [illegible] lequel le dyable prīt et emporta [illegible]

¶ Saint [illegible] hōme noble et du pais de france fut reclus en ung hermitage [illegible] et [illegible] estoit de grāde renōmee ¶ [illegible] filz du roy [illegible] fut martirize par sa marrastre

¶ Ermandus roy saint [illegible] fut martirize par les danes

¶ Cestuy henry fut gendre de cōrad et fut ne en une forest et [illegible] po[ur] laisser po[ur] tuer mais moyennāt la grace de dieu il eschappa [illegible] [illegible] fut fait empereur et au lieu de sa natiuite il fit edifier ung noble monastere lequel iusques au iourduy est appelle [illegible] et ceci en peult [illegible] veoir belle histoire en la cronique de martin [illegible] Cestuy cy [illegible]

¶ Empereurs. — .li. Henry ans .xvii.

de sa court tous ses bateleurs et iongleurs et ce que [illegible] donner il donna aux poures Cestuy fut victorieux et entrāt en [illegible] il print [illegible] et [illegible] Il [illegible] le pape [illegible] qui estoit adōc tresplaisant [illegible] les [illegible] et [illegible] peut se monstrer [illegible] en leglise de [illegible] et [illegible] [illegible] [illegible] tout de bataille lequel [illegible] empereur [illegible] ¶ [illegible] hōme saint fut archeuesque de magonce

¶ Lan du monde .iiii.m.cc[illegible] .iii.m.ccciii. (?)

¶ Papes.	.ii. Damasus ii. pres[illegible]	[illegible] .lv. Leo ans .v. m.ii. (?)	.li. Victor [illegible]	¶ [illegible]

¶ Lan de crist .m.xlix. .m.liiii.

Cestuy damasus fut [illegible] de leglise [illegible] [illegible] [illegible] a [illegible] les rōmains [illegible] pape mais il ne fut pas [illegible] car a [illegible] ilz ne pouoiēt estre [illegible] [illegible] par [illegible] [illegible] [illegible] qui saint hōme a [illegible] papalite/ mais apres de ceci il fut cō[illegible] et se resigna [illegible] de [illegible] fut esleu/ cestuy [illegible] [illegible] en son [illegible] lequel de [illegible] il ne trouua pas [illegible] [illegible] qui en [illegible] estoit apparu [illegible] [illegible] [illegible] il morut et fait grās miracles et [illegible] plusieurs choses il estoit [illegible] [illegible] les augres qui disoiēt ego cogito cogitaciones pacis et nō afflictionis dicit dominus

Ote de la pluralite des benefices qui commencza fort en ce temps et depuis a [illegible] [illegible] est [illegible] de la maniere de symonie [illegible] escriptures des saints peres sont [illegible] [illegible] les abbez Et note que [illegible] on a trouue pou[r]ce clercz et docteurs qui ont [illegible] la pluralite des benefices et la pompe des ecclesiastiques [illegible] a tant qu[illegible] [illegible] [illegible] [illegible] laquelle estre [illegible] les a aueuglez. [illegible] [illegible] maistre [illegible] clerc qui grandement disputoit contre les [illegible] des prelatz

¶ Cestuy victor fut bon hōme et venerable [illegible] imperiale il fut fait pape et [illegible] il fut dispose le siege apostolique en ce temps [illegible] [illegible] soubmettre de celle digni[te] [illegible] [illegible] pour [illegible] et [illegible] car ilz se [illegible] de tāt grāt offices/ et aussi ilz [illegible] la tyrannie de [illegible] [illegible] a cela les [illegible] [illegible] qui [illegible] [illegible] [illegible] ilz [illegible] [illegible] [illegible] dieu aussi [illegible] [illegible] Cestuy victor [illegible] [illegible] [illegible] au concile de florence.

EN lan de nostre seigneur .m.lxvj. fut vng noble et animeux en son prelacte . & .i. psyx. ans . & est cestuy en vale pour apreste temps pascal . & de eage en eage en soy mesmes est renouelle sans erreur . & san entierement est le grant nombre des ans contenant en no ble . & .xxxij. ans a la nature de nostre seignr . & a la fin de cestuy sera labeur de lon leur . & selon que dient aucuns il sera commence la de nostre seignr. .m. & .c.xxx.

¶ Edouart saint homme roy dangleterre est renomme dauoir esperit de prophetie . & si ne peult on trouuer en aultres royaulmes tant sains et iustes roys comme en angleterre.

¶ Mathildis contesse tresuaillamment combat les normans & bataille contre lempereur . & glorieusement laboura pour leglise . Et finablement elle offrit tout son patrimoine sur lautel de saint pierre.

BErengier euesque de tours en grant homme dogmatiza du sacrement de lautel / puis apres fut deuotement reforme . & se retracta & puis fut homme de saincte vie mais il ne peult pas conuertir ses disciples . & ainsi sensuiuit vne grande heresie laquelle afflige fort leglise . & par long temps cestuy disoit que le vray corps de iesucrist & le precieux sang nestoit pas au sacrement de leglise mais tant seullement y estoit la figure comme lon peult veoir de conse. di. ij. ego berengarius.

¶ Elburga saincte vierge fut fille du roy edouard

¶ Egina fille du roy egdarius est saincte vierge renommee.

¶ Dualburga saincte vierge fut abbesse

¶ Lanfrancus euesque de cantorbie & maistre anselme escript vng liure par maniere de dyalogue du sacrement & daultres choses

¶ Pierre de damyens docteur renomme escript & de ce eglise fut grandement estime.

¶ Anselme saint euesque de cantorbie & docteur excellent fut deuot de la vierge marie

Adam scribe des cronicques & moyne de fulde florist en ce temps

¶ Lan du monde — vi.m.cclvij

¶ Papes — ix Estienne .iii. xv. lo. — Alemaine de lorraine. mes .xxviij. — x. Benoist .iii. lo. — ij. nicolas ans .ij. .iii. — Bourgoigne — vi. .ro^e. .s. .xx. .

¶ Ligne de iesucrist — m.lxvij.

¶ Cestuy estienne ne vesquit guieres . & cestuy benoist partit la papalite par force . & apres quil eut gouuerne .ix. moys il ceda au benefice

¶ Cestuy nicolas celebra vng concile contre berengier lequel par aucun erreur fut dicte & dogmatiza contre la foy / mais apres il fut corrigie il fut rapelle comme il appert de conse. di. ij. ego berengarius. En ce mesme concile fut fait vng decret de lelection du pape. In nomine domini. di. xxiij.

ET & contre leur hardiesse en disant quil nappertient point dainsi viure quant ces choses furent annoncees a nostre saint pere le pape / il respondit paisiblement demonstrant sur vne bonne patience aucunes de bons benefices . & il sera bien appaise . & ainsi fut fait / & tantost mua sa sentence en disant iamais ie nentendis ceste matiere ainsi maintenant car certes de pouure clergie est fait riche . & damne mesprise il fut fait glorieux . Saint hierosme dit quon doit entrer ceulx qui com me vne pestilence . Et vng aultre dit vne notable parolle qui a vng benefice competant . & desire de cellui legitimement il va directement par le sentier en son pays . & qui en aduouste vng il pert vng oeil de sa conscience et qui encores plus en accepte de tout il est aueugle et descheuant qui prendra . & quel pouurs il sera figure par la malediction damnable insaciable de hieroboam roy disrael lequel combien que par grace diuine il fut paruenu a royaulme / contressois tantost il delaissa le seruice de dieu et fut deux veaulx dor affin que le peuple les adorast et ne alast plus dieu prier au temple et ceste posse fut en coustume et peche dessens iusques les roys qui furent depuis. Dont pestilence et sacrilege en la destruction de leurs royaulmes ainsi fault il doubter de lestat de leglise car les sains hommes dessus a corps ont creu et en plusieurs pays du monde / ce qui desia est accomply car les clercz qui ne deuroient riens posseder si non a souffisance et quelz ne se deuoient entremettre des choses temporelles . tous veullent posseder et gouuerner pourquoy co me dit saint bernard car ilz ne gardent nul ordre ilz se hastent daller la ou habite horreur sem

le

Godeffroy de billon duc de lorraine victoire glorieuse pour le regne de leglise crestienne ait contre charles batailla en toutes pars et print iherusalem ou il fut fait roy / cestuy eut ung frere pareillement victorieux lequel lappelloit baldouyn lequel luy succeda au royaume il estoit homme de grande perfection z faisoit de batailles merveilleuses

¶ Icy est mise la succession des roys dangleterre z guillaume duc de normandie apres que aucuns fut mis ledit guillaume regna pour luy duquel est faicte mencion en lystoire de la conception de la glorieuse vierge marie

¶ A paris ung terrible fait advint dung grant maistre de grande renommee lequel a haulte voix cria. Je suys dampne pour laquelle chose plusieurs solempnelz hommes renoncerent au monde z instituerent diverses religions z ainsi laisserent louable nom en terre

¶ Empereurs

¶ En cestuy temps fut ung homme puissant qui estoit en ung convive, soubdainement fut environne de souris z de ratz lesquieulx lon ne peut chasser iusques a tant que ledit homme eussent devore cesse mesme chose advint a ung roy de polonye/cest merveilleuse chose

¶ La cite cracusane soubstint ung tremblement de terre tellement que la grant eglise tomba le dimenche z tous ceulx qui estoient dedens moururent excepte quatre qui miraculeusement furent saulvez

¶ Ydier euesque fist fonder leglise de saint pierre z la revelation dudit saint pierre en flandres

¶ Mauricius euesque de rouen

¶ La .xvi. scisme de leglise fut entre alexandre z cadulle euesque de palerme mais alexandre obtint combien que lempereur contredist car la maieur part du conseil fut avec luy

¶ Lan du monde — vi.m.cc.xxxiii.

¶ Pape. ¶ Millesimo — ii. Alexander anis — xi. moys. vi. iours. xvi.

¶ Lan de ihesucrist — m.lxiiii

Cestuy alexandre fut saint z ordonna quil ne ouyst messe dung prestre quil scauroit avoir concubine z cecy fut poyne dexcommuniement comme il appert xxxii. di. propter hec. il eut scisme avec ung autre mais puys apres il se purga de symonie au concile celebre a mantue z son adversaire nomme cadulus fut reputé comme invasseur z symoniache

¶ Lordre de grant mont fut commencee en ce temps par ung noble z saint homme estienne de la generation dauvergne

¶ Lordre des chanoynes reguliers assolue en leglise de beaumois lesquieulx premierement par les apostres z puys apres par saint augustin fut institue regulier soubz maistre pierre prevost lequel apres fut euesque de chartres

☞ Si pierre nel iadiz les pharisees se mocquoient de nostre saulveur pourtant quil disputoit contre avarice z si le reputoient hors du sens mais nul certaine nostre seigneur se mocque deulx/ gardez vous en cecy z qui occupe plusieurs benefices quil ne faces pas ainsi affin que tu ne souffre telle peine comme dit saint bernard/ dieu ne peult estre mocque/ car ce que lame semera il accomplira benefices pas chappitre ... perilleuse ne te excuse point de la dispense du pape car en dons que les beaulx dez sont alez z les autres sont mauvez mais quelle necessite ou quelle reverence en cecy est exhibee a dieu en ce que du nombre de ses ministres pres de ceste maniere laumosne est defectee car sil estoit partout que a ung chascun benefice fust donne possesseur le nombre des serviteurs de dieu seroit double le quel maintenant est simplement le conseil de ceulx que la sont au ciel convoicter avec dieu a ceste fin quant les beaulx dez ne soyes fondu z bas le en enfer z que proffite avoir eslevé de plusieurs benefices quant nous voyons que communement les simples habondent en saincte z honneste

E N cellui temps aduindrent plusieurs grans perils cest assauoir grandes tribula-
cions & maulx qui fut innumerable dommaige / la volatille domestique & sauuaige mou
rut. Vne grande pestilence a plusieurs furent consumes p le feu quon appelle sacre
tellement que les membres deuenoient sechz & noirs comme charbons. En angleterre
ce fut grant tremblement de terre tant grant quil abbatoit les edifices & vng tant furieux q en vne
ville il z abbatirent .lx. maisons. Il fut grande famine & mortalite & esclarcist oultre maniere & p
lespace de .xv. iours flue vne fontaine de sang & en vne ville le diable visiblement sapparut &
publiquement parla aux hommes

¶ Empereurs

¶ La translacion saint nicolas fut faicte de mirre aux barrois. Et le corps de saint clement le p
mier euesque de metz fut trouue auecq lequel les enfances se recommence & en ce temps p.iii. pe
lerins furent tuez en iherusalem par les arabbes .

¶ Arnol saint abbe puis archeuesque de lion ordonna lordre de vie reguliere

¶ Cono euesque de treues au tps de cestuy plusieurs corps de martyrs sont trouuez lesquelz
tous cetronatus auoit occis

¶ Hugue homme de cressance & chaste vie fut euesque de grenoble & en .liii. ans il ne vit nul/
le face de femme excepte vne pource combien que tous les iours a plusieurs il donnast conseil et
ainsi en oyant aussi cofessions / cestuy fut coacteur de lordre des chartreux & puys receupt labbit de
la main de saint bruno & fut audit ordre grant exemplaire

¶ La .xvi. scisme de leglise fut entre gregoire .vii. & larceuesque de rauenne & la cau
se fut la rancune de lempereur & la deposicion daulcuns euesques mais fut propose a toutes & vira
la dicte scisme iusques a vrbain second.

¶ Lan du monde vi.m.cc.lxxxiii

¶ Papes | vii Gregoi re .viii. | Cluniacens. xii.iii.i.o.iii

¶ Ligne de ihucrist ii.lxxxiii

C Estuy gregoire fut hõe saint & po^r garder iustice il souffrit
gr&des peynes premierement il sappelloit hildebrandus prieur
de clugny. Il fut legat aux gaules & durement proceda cõ/
tre les symoniacles & deuant vng euesque de symonie miraculeuse
ment car il ne peult dyre spiritualiteis puys fut fait pape & celebra
vng seue & semblablement proceda contre lesditz symoniacles & p
tre les prestres mariez en leur estant du diuin office / car il se gou
ua de tresrigue^r de iustice pourquoy plusieurs sesleuerent contre
luy & pareillement centius filz du preuost le print le iour de la na
tiuite en celebrant la premiere messe a sainct pudentienne en vne tour/
mais les rommains rompirent ladicte tour & deliurerent le pape & chas
serent ledit centius hors de la cite / puis apres il excommunia
lempereur po^r ses meffaictz lequel vint a luy & demoura plusieurs
iournees piedz nudz sur la glace & a peyne ne peust impetrer ab/
solution mais ledit empere^r ne perseuera pas en humble obedience
mais celebra vng concil en lombardie contre le pape en voulant in-
stituer vng aultre au lieu de luy lequel il fit estre par les euesques
& ainsi long temps scisme fut en leglise & de rechief il fut emprisonne au chasteau saint ange par
lempereur henry la tierce foys auec ses cardinaulx mais il fut deliure par le roy de puille fiable
ment deuoue en apulie ou il fait plusieurs miracles

¶ Lordre des chartreux cõmẽca durãt ce tẽps p bruno saint hõe de la nacion dalemaigne lequel auo
it este maistre en theologie auec .vi. venerables hõmes & pmẽca ledit ordre en lenesche de greno
ble cestuy ordre cõe dit saint bernard entre toutes les ordres ecclesiastiques tient le souuerain lieu

En ce tẽps la terre saīte fut recouuree ẽt a la plusgrãt ptie q̃ fut desiuree de la main des sarrazins le saīt sepulcre de nostre seig[r] auec plusie[r]s citez q̃ en passe oultre la mer du nõbre des crestiẽs. CCC.M. z bien q grãde fut laud[r] des crestiens pour pfaire ceste oeuure z de de tous estatz ieunes z vieulx pouures z riches couroient a passer la mer/mil ne pouuoit recomp ter sans larmes ne aussi dyre ne ouyr/ce passaige fut de la vierge marie laquelle mena z ramena z deffendit les combatans comme il auoit este monstre en vne vision z en pesse bataille furent plusieurs princes comme godefroy de billon qui eut le royaulme auec luy furent ses freres eustasse z baudouin z boesmondus duc de apulye z hugues le frere du roy de france z plusieurs aultres qui abandonnoiẽt po[r] lam[r] de la foy de ihesucrist z si eurẽt glorieuse victoi re z acquirent maintes batailles cõtinuel vers hystoire de vincent au miroer hystorial

¶ Empereur

iiij
henry al lemant

¶ Cestuy henry fut asses mal gracieux z donna les afflictiõs a gre goire pape. Du premierement il demanda pardon z merita dauoir absolution mais il ne perseuera pas mais de nouueau esleua vng cõtrepape cõtre luy puis lexcõ tre luy z de rechief gregoire le excommunia z les electeurs de lempire esleurent le duc de saxo/ ine au lieu de luy lequel henry le vainquit en vne cruelle bataille puis fut vaincu auec son contrepape z persecuta tresment ledit gregoire auec ses cardinaulx mais tantost vint robert roy de apulye lequel le chassa z deliura le pape auec ses cardinaulx/touteffois il fut dõc au lemel met il fit .lxij. batailles mais finablement il finist mal sa vie/car il fut emprisonne par son pro pre filz z la mourut z ainsi comme il auoit fait il luy fut faict

¶ Lan du monde vj.m.cclxxij.

¶ Pape.

iij
Victor ãs .i.m̃.

Abbe cassinens

iiij. iours .iiij.

ij
Vrbai ãs .xij.

¶ Cluniacens

¶ Lan de ihesucrist m.lxxxij.

¶ Cestuy victor en son siege vit q̃ dieu en vng lieu solitai re faisoit vne habi/ tation de chartreux q̃ dit lon que il auo it esperit de prophe tie. cestuy habitacle fut epouse p de tum mys ẽ son calice

Vrbain qui auant estoit appelle od dõ fut moyne de clugny z grãde/ ment laboura po[r] leglise de dieu il excõmunia le roy de france p[r]. tant q̃l estoit adulteire il celebra vng cõcile a clermont auquel il ordõna q̃ lon dist les heures de nostre dame tous les io[r]s z que le samedy son fist office solempnel lon dit q̃ cecy fut reuele p la vierge marie aux freres estãs en la chartreuse. il celebra vng aultre concile a tours pour recouurer la ter re saincte il admonesta le peuple occidental a passer la mer lequel peuple auec la faueur de dieu triumpha z brun fut son maistre lequel fut premier prieur de la chartreuse lequel bruno le pape mist a son conseil z laccompaigna a la papaulte z ainsi furent plusieurs biens a leglise de dieu.

¶ Lordre de citeaux fut commence p labbe robert z pasteriens son successe[r] il semble q̃ ceulx ouurirẽt les secondes reformacions de lordre saīt benoist ceulx qui tint la droicte regle de saint benoist ilz condampnerent plusieurs aumosnes et abbayes/et commencerẽt a viure selõ sainte regle en brief tẽps ilz eurẽt merueilleusemẽt z p tout eurẽt plusie[r]s beaux lieux

Lordre p raison quil aït este au plus pfait ainsi tient le lieu de religie[r] pourquoy il la appelle cleres couronne de leglise mais po[r] la trop grãde abstinence peu de gens le pouoiẽt supporter q affin quil ne appetissat il fut modere p leglise z si na point ledit ordre laisse son propos/mais p la grace du saint esprit il est preserue iusques au iourdhuy

En ce temps deux soleilz se apparurent il fut grant tremblement de terre tant vng so-
bre estoille fort resplendissant apparut en pratie il plouyt sang en anthioche la terre ab-
batist plusieurs edifices et vng porceau naisquit qui auoit teste humaine et vng pous-
sin qui auoit quatre piedz et vne femme enfanta vng monstre par deuant lequel monstre
estoit come homme et par derrier auoit vne face de chien auec les aultres membres comme.

¶ La lance de nostre seigneur fut trouuee en antioche par vng homme auquel saint andrieu sappa-
rut et luy monstra le lieu auquel fut trouuee auec xiii. piedz de fer laquel reiouist tout lexercite/
car il fut preserue de toute lesion come il fut testifie par ledit saint andrieu qui luy apparut

¶ Elmandus euesque de laon fut renomme en ce temps

¶ La noble cite de chosetre fut en ce temps ostee de la main des sar/
razins par le roy alfonce le .viii. an de son siege

¶ Empereurs — iiii Henry ans .xx

¶ Cestuy henry en aulcunes choses fut excessif et premierement
au regard de son pere lequel il print et le fist mourir en prison aussi con-
tre les papes de romme pourtant quilz deffendoient exiger la inuestiture des euesques et des abbez la
quelle chose il ne vouloit faire aussi comme auoit fait son pere/toutesfois il se tourna et obeyt a le
glise en restituant plusieurs dommaiges quil auoit fait aux dictes eglises et finablement par iuste iu-
gement de dieu il mourut sans generation pourtant quil auoit deshonneste son pere laquelle chose
souuentesfois aduient a plusieurs aultres il fut ensepuely en leglise spirensis pres du ieu aue ho
les aultres roys. Et en son epytaphe fut escript le vers qui sensuyt. ¶ Filius hic pater hic auus
hic proauus iacet istic

¶ Lan du monde — vi.m.cc.ii.

¶ Papes — Pascal ii. ans .xviii.

¶ Tresoni.

¶ Ligne de ihesucrist — xi.c.

Cestuy pascalis laboura diligentement pour leglise contre les empereurs et contre les ro-
ys sur la resignation de la inuestiture des euesques et des abbez et grandement il proffita il
endura plusieurs persecutions par les faulx freres car lempereur le prist auec les cardinaulx
et le tint lespace de deux moys et ainsy eut fatigue/toutesfois il triumpha de tous et eut
glorieuse et pacifique fin et fut sepuely a romme en leglise saincte laurens et aussi leglise deuotement
est comparee a la lune laquelle croist et decroist et semble quelle faille mais elle reuient a sa plenitu-
de par la illumination du soleil eternel qui est ihesucrist son vray espoux

La .xviii. scisme de leglise fut contre pascal second et troys plusieurs cestassauoir albert amolf
et theodoric lesquelz sesleuerent a la faueur de lempereur mais ilz mourent de mau-
uaise mort et ainsi pascal obtint car il auoit este iustement esleu et aussi bien fut pour luy

¶ Yues euesque de chartres et abbreuiateur des
liures de decret apostolique a ysidore et apres luy
¶ Hugues de castelongue apres lequel fut gracien.

¶ Lordre de cureaux commencea
soubz herbertus abbe et iacoit que les ordres
ne commencerent pas egallement.

Hugues abbe de clugny fut homme saint et parfait par reuelacion diuine il ampli[fi]a le
temple du monastere de clugny et icelluy par deuant humaine comme son pere prese-
dent cestuy fut pere de plusieurs monasteres qui alors estoient construictz en plu-
sieurs parties du monde lesquelz il faisoit subiectz a labbaye de clugny pour la re-
nommee et sainctete des sains moynes qui leans habitoient cestuy aussi eut plusieurs vaillans
disciples entre lesquelz fut Wilhelmus lequel fut enuoye en alemaigne pour la refor-
mation de la discipline monachale cestuy fait plusieurs miracles.

¶ Le monastere de eggemont fut fonde par les habitans de ce lieu
et depuis fut done par Guillaume conte de gruyere. — li iii

Cyrus est pris pour les crestiens & le siege est attaint par plusieurs playes & tremble-
ment de terre et baudoin roy de iherusalem est pris et grandes compaignies de gens
darmes sont apparues avecques la tunicque de nicolle fut suspendue de son corps et plusi-
eurs aultres choses furent monstrees lesquelles pourroient monstrer la tyrannie des
tartars laquelle estoit a advenir il fut ung vent qui abbatoit les tours et les maisons

¶ Guillaume roy dangleterre fut tresmauvais & moult frappe de la main de dieu pour tant que
il ne permist que son filz aulcun couvent

¶ Pierre alfonse fut notable docteur & premierement fut iuif mais apres il fut converty Et sina-
mement il escript aulcunes choses elegantes

¶ Empereurs

¶ Ocheres de come au monastere saint laurent avoit ung moyne q doubtoit de la resurrection
de iesucrist. cestuy fut le & puys sus nat dhomme desir & puys onyt une voix qui va dire Ecce pu-
tris & ps clausis prodire sepulcro

¶ Malachias saint homme archevesque de ybernie est de grant renommee lequel resonna toutes
les gens de ce pays saint bernard escript la vie dudit malachias.

¶ Flandres en partie fut noyee

¶ Hugues de saint victor est renomme a paris lequel fut de la nacion daslemaigne de sapience il
fut grant docteur tellement que en son temps lon disoit que cestoit ung aultre augustin

¶ Saint Gerard archevesque de bourges & saint anselme evesque de la cite de laon fist les glo-
ses du psaultier interlineales

¶ Saint bernard commenca a resluire en sa ieunesse puis entra en lordre de cisteaux puis fut
fait abbe & fonda clervaulx cestuy estoit ung docteur & fut homme apostolique & finablement fist
tant de miracles que lon ne croioit point quil fust ung semblable comme il appert en sa vie il fut
pere de .clx. monasteres & ainsi par tout estoit repute comme aultre moyse

¶ Lan du monde	vi.m.ccc.xiij.	vi.m.ccc.xxxij

¶ Campanus ¶ Bourgoigne.

¶ Pape.

(ij Ge-lasi⁹ dcc ij.io.d)

(ii Ca-lixt⁹ dcc d.m.x.)

lotres xi.

Lan de iehesucrist	m.c.xviij	m.c.xxxij

¶ Cestuy gelasius sen ala en grece avec ses cardi-
naulx pour traicter de lempereur henry puys apres
sen vint en bourgoigne & morut a clugny & la fut
ensepvelis. Ja de le precedent fut scisme contre luy car
ung espaignol qui sappelloit benoist laisne scisme
fut continuer avec calixte

¶ La .xviij. scisme de leglise fut en ce temps car
benoist a la faveur de lempereur se leva contre gela-
sius & contre calixte mais il perit miserablement et
ceulx qui iustement avoient estez esleuz obeirent
a la maniere acoustumee

¶ Lordre des templiers commenca en ce temps
lesquelz premierement vivoient de mendicite et
puis par dessus portoient une croix rouge & hu-
gues & geoffroy furent les premiers fondateurs & saint
bernard composa leur reigle

¶ Lordre des premonstres commenca par lomme
de dieu nobertum Richard de saint victor prieur &
prestre & docteur florist en ce temps

¶ Cestuy calixtus fut filz du conte de bourgoi-
gne & fut esleu au lieu de gelase & quant il tenoit
a romme il print benoist dessusdit & si le faisoit
chevaucher devant luy villainement sur une
mule tellement quil avoit la face tournee devers
le cul & au lieu de la bride il tenoit la queue et
quant ilz furent en la cite il le fist getter en une pri-
son & ainsi le pape & lempereur furent paix ense-
mble il celebra la feste a tholose auquel compaignie
anselme saignans estre religieux seulement pu-
bliquement & secretement servoit pere les sa-
crifices & les biens de leglise cestuy fit ung pe-
tit livre des miracles de saint iacques il ordo-
na aussi le livre de charles escript par saint tur-
pin archevesque de reins il fonda le monaste-
re de bonnevaulx de lordre de cisteaux

¶ Estienne homme venerable fut le tiers ab-
be de cisteaux lequel receupt en lordre saint ber-
nard avec ses freres

Les tartariens par permission diuine enuiron ce temps sortirent dehors dune montaigne en laquelle ilz furent enclos en misere et famine car ilz estoient trop multipliez et estoient gens villes et steriles ilz furent vne grande playe au monde en subiugant toutes choses a eulx soubz la parolle de moyse qui dit ¶ Ingerere fiusta serrabo illos cest vne chose merueilleuse comme ceulx qui auoient estez en grande seruitute toutes choses auoient tuez tins a leurs pellices et bastons et comme eulx dominans sur tout cecy sont les ingemens de dieu aussi que iadiz les assyriens medes et pharisiens grecz et rommains gotz vandales et sarrazins arabbes et bulgariens affricques et francz allemans turcz et espaignolz ont estez les fleaulx de ire de dieu vengeresse en son temps pour ce que lomme nauoit pas obey a dieu

¶ Vne secheresse tant grande fut que les fleunes les lacz les fontaines et les puys secherent et le feu entra en la terre lespace de deux ans lequel ne se pouuoit estaindre pour eaue et fut vne playe horrible et en cestuy temps vne femme enfanta quatre filz masles dune ventree

¶ Empereurs — ii Lothaire de .xij.

¶ Cestuy lothaire fut duc de saxonne et estoit bon homme et loyal a leglise et fut couronne par innocent pape second auquel aussi il arda fiablement contre pierre leon/ cestuy eut saint bernard en grande reuerence et aussi les aultres religieux pourquoy il se glorifioit en disant quil auoit eu grandes victoires pour les merites desditz religieux especiallement contre rogier qui estoit vinaseur du royaulme de cecille lequel il chassa et soubstint vng autre de la commission de voulente de nostre saint pere le pape

¶ Pierre abbelardus fut vaillant docteur mais il tomba en heresie pourquoy pape Innocent la condampna/ cestuy traicta de pas de nostre redemption.

¶ Sebhelo fut homme saint au diocese de treues lequel au temps de henry premier les neges allat tout nu

¶ Richard de saint victor prestre et vaillant docteur est renomme

¶ Lan du monde — vi.m.ccc.xxxij.

¶ Papes — ii Honore de .v. iii — Bolonnois ii. souriz. viij. — iij Innocent de .xiij. — ¶ Romain iii. vij. io. viij.

¶ Ligne de ihucrist — m.c.xxxiij

Honore print en grace rogier et le vestit de la duchie de apulle apres quil eut fait hommaige lequel aussi fut roy de cecille il fit grandes choses pour la foy cestuy despoza deux patriarches celuy daquilee et celuy de venize pour tant quil les trouua fauorables aux scismatiques finablement il mourut a romme et fut sepulcy en leglise de latram et mesmes rogier fut despose puis par innocent pource quil luy auoit este contraire

¶ Lordre de saint iehan baptiste hierosolimitain est commence en ce temps par le venerable raymond homme merueilleux et creut grandement es fes religieux voluntiers et faire aux pouures

Innocent fut homme fort deuot et aussi tresdes gentil homme en sa compaignie cestuy eut scisme lespace de sept ans contre pierre leon qui se nomma anaclete et print la papalite par force a laide des romains laquelle chose voyant innocent print deux galleres et se sauua en galles ou il fut glorieusement receu par saint bernard lequel eut en ses mains les roys et les princes et les greces de retourner le pape en son siege et plusieurs choses sont racomptees de luy en la vie saint bernard et apres que toutes choses furent appaisees par ingemens diuin cessnent ses aduersaires il demoura paisiblement en leglise et fe...nt der... puis mourut et fut sepulcy a saint iehan de lateran es ... docteur et sainctete.

¶ Obastrains saint pere de la nation dalemaigne de corisme fut vierge a la maison de dieu et fut moyne de clugny lequel fait plusieurs miracles il fut enuoye par saint hugues au pape des fourches et premierement fonda le monastere de mont rogier qui est a deux lieues pres de bernedin dont luculdi de cuttingen et le fonda en noyre forest ou malement il repouse lequel cestuy qui premierement monstra en alemaigne les semblables et constitucions de lordre de clugny.

¶ Jehan de temps moine qui auoit deuant ... ans/il fut homme deuot & chastes & durant ... en ce temps.

¶ Ung grant passage est fait contre les sarrazins lothaire & loys prindrent la croix & saint bernard inspire du saint esperit prescha ceste croisee & prouoca plusieurs daller contre les mescreans mais il naduint pas aux crestiens comme ilz esperoient car les grecz leur firent une grande trayson car ilz leurs meslerent chaux auecques farine & ainsi empoisonnerent lost.

¶ Rogier roy de cecille gasta les grecz iusques a constantinoble & loys roy de france deliura de sa prison.

¶ Visions saintes furent faictes en ce temps a saincte helizabeth.

¶ Empereurs — ¶ Conrad ans xv

¶ Visions horribles sont faictes a tondale en ybernie.

¶ Vision fut faicte a treues a une vierge nommee hildegardis en esperit de prophetie.

¶ Jehan du pin escripe ung liure en francois par maniere de vision.

Cestuy conrad fut noble feal & vaillant prince pour tant que en lestat de leglise auoit bon gouuernement et tresbon regime les princes temporelz estoient tresbons grandement obeyssans a leglise pour le bon exemple des prelatz pourquoy le roy print la croisee par la main de saint bernard & passa la mer & de la fit plusieurs miraculeuses batailles pour accroistre la seigneurie de la crestiente en la terre saincte en la quelle il souffreta mouls de dommaiges par la trayson des grecz.

¶ Loys piteux roy de france fit grandes choses pour la foy il print la croix de la main saint bernard & en passant oultre la mer fut prins dont il souffrit plusieurs grans maulx & fit glorieuses batailles son frere henry fut fait moyne & puis euesque.

¶ Sibilla qui iadiz souloit estre appellee cage des merles qui tousiours auoit este inuisible & fallace fut destruicte en ce temps.

¶ Lan du monde — vi.m.ccc.xlviii.

¶ Pape. — ¶ Celestin .ii. .iii. sepmaine .v. — ¶ Lucius .ii. .xi. mois .iiii. — ¶ Eugene .iii. ans .viii.

Lan de iheucrist — m.c.xliii

¶ La .xxx. scisme de leglise fut entre innocent second & pierre leon pour la discorde des electeurs & innocent obtint/car la plus grande partie estoit auec lui mais de legliese saint bernard labourant ... ans.

¶ Cel ... guerent ... car tant deux moururent de la peste lence & furent sepueliz a saint iehan de lateran.

¶ Cestuy eugenes pape fut moyne de saint bernard & de la religion de cisteaulx & fut enuoye par saint bernard a romme auec les autres pour la restauration du monastere saint anastase et la fut abbe & tantost apres sans auoir pense a la papalite il fut esleu pape pour tant que cestuy estoit homme simple dieu le remplist de eloquence & de merueilleuse grace/& aussi saint bernard escript ce solennel liure de consideration lequel il luy enuoya/les romains a leur maniere acoustumee firent une grande sedicion pourquoy le saint homme donna lieu a leur ire & sen alla au pays des galles & vint a son premier lieu de clereuaulx le quel il visita benignement & parla aux freres & non pas sans larmes/car il auoit souuent de la doulx repos quil auoit perdu/auec les pouures il entremesloit grans souspirs il admonnestoit & consolait les religieux & estoit entre eulx non pas comme seigneur mais comme frere et compaignon il faisoit chose difficille car en une personne il estoit une propriete de diuerses gens/car aucuns de luy son mettoit choses delicieuses et precieuses comme gros oreilliers sarrasinois et son lit couuert de grans draps dor couuertures precieuses tout au tour/mais quant eust bien reuolue toutes les couuertures son trouuoit ... ses linceulx de laine dessus sur la paille et au lieu doreilliers et de coussins torchons de pailles et ainsi lomme voit en la face et dieu voit dedens le cueur cestuy deuste dieu et deuant les bons pour raison de la chose exterieure & a tous ensemble & religieux laissoit bon exemple puis apres pellerinage de ses religieux en plourant et sen retourna a romme ou il fut glorieusement receu et prins ...

Desiderée fut q̃ lon appelle le feu sacre/et ung enfant fut delivre du feu lequel par trois ou quatre toutes histoires du mõde/le texte de leuangile/sacre des apostres cõme il est escript au livre.

¶ Hugues de saint victor notable docteur mourut en ce tẽps et en trãsissãt a la mort voiant quil ne pouoit riens retenir/ses freres luy baillerẽt au lieu du corps de ihesucrist une simple hostie/et cestuy en esperit congnoissant q̃ ce nestoit pas le corps de ihesucrist le. Dieu vous pardoint mes freres dieu vous vueille pardonner pour quoy mavez vous voulu deceuoir/et aussi furent fort esbahis et luy apporterent le vray corps de dieu/et luy voyãt quil ne le pouoit receuoir il leua les mains et les yeulx au ciel en disant. Je te supplie q̃ le filz monte au pere/et lesperit au seigneur qui la fait et entre ces parolles il rendit lesperit et subitement le corps de ihesucrist euanoit.

¶ Pierre de charentres et euesque homme de vraye religion.

¶ Ung enfant nõme guillaume en angleterre fut p les iuifz crucifie le iour du vendredi saint/et adonc estoit en ce lieu ung chault lequel dit enfer.

L. frederic ẽpͤrer

on.

¶ Cestuy frederic fut hõe de grãdes oeuures tellemẽt q̃ aucuns disẽt q̃ apres charlemagne son sẽblable na pas este trouue au mõde. Ce note q̃ lõ doit moderer telles cõparaisons et ne doit on pas prendre simplemẽt/cõme il est coustume de dire de salomon le saige/car se pourra faire q̃ ung simple cheualier en aucune oeuure se portera si magnifiquement que dorenauant lon po'ra dire de luy/que iamais en celle oeuure/il ne neust son semblable/mais lon na pas ainsi dit de toutes oeuures/ainsi cestuy frederic par ung crime macula sa gloire/pourtant il eut altercacion cõtre alexãdre/et cõtre raison il vouloit fauoriser aux scismaticques/toutesfois apres il se repẽtit et demãda pardon et print la croisee pour faire satisfaction de ses pechies et passa oultre la mer et apres grãs triũphes par folle inaduertãce il se noya en ung fleuue.

Lan du monde | v. m. ccc. lx.

Lommain | L iij. anastasi us de. ij | mois iiij. iours

Lan de ihesucrist. | m. c. liiij.

¶ Cestuy anastasius fut abbe de saint ruth de valence premieremẽt il fut fait cardinal et puis esleu pape. cestuy a construit ung palais nouueau a nostre dame la ronde/ puis mourut et fut sepuely a lateran.

¶ Gracian moyne en ce tẽps cõpila le decret lequel approua eugene tiers/et puis fut fait euesque de chiuse dont il estoit natif.

¶ Pierre lombard fut son frere et euesque de paris lequel compila les quatre liures des sentences et les gloses du psaultier.

¶ Pierre cõmestor fut frere de gracien et de pierre lombard lequel cõpila lystoire scolastique et plusieurs aultres choses.

¶ Le conte de monracinie fut faict hũble conuers en la chartreuse.

¶ Tibault cõte de champaigne fut hõme plein de misericorde.

¶ Hugues folict escripit le liure du chasteau de lame.

¶ Guillaume cerfaint bernard florissoit environ ce temps lequel iadis auoit este duc dacquitaine et conte de poytiers/cestuy en sa ieunesse fut vacabonde et dissolu/mais saint bernard luy fut enuoye pour le reduire/mais cestuy en toutes manieres refusoit a soy reduyre/lhõme de dieu ung iour sen alla a lautel pour celebrer et le duc cõme excõmunie attendoit a la porte et quãt il vit quil fut au lieu de la messe ou lõ dit. Pax domini il print la platine et lemporta auecq luy ayant la face enflãbee/et cõme les yeulx courroucies et dit au duc. Nous te auons prie et tu nous as mesprise et mauldit cõe qui est venu le filz de la vierge marie qui est seigneur de leglise laquelle tu persecutes/et incõtinent cõme ung aultre saint pol en trẽblant il tomba a terre et depuis deuint le hũble au soubz la chere iuue et grãs crioyent. Benedictus qui venit in nomine domini. Et finablement mourut en saincte/et illumina cõme par plusieurs miracles il fut sepuely en leglise saint pierre/et en celle mesme annee saint bernard mourut.

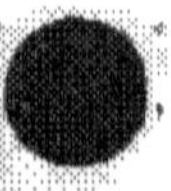

Le soleil fut obscurci en ce temps et survint une grande famine puis apres fut grant tremblement de terre/les cites dantioche de tripol de damascon tomberent et cinquante mille hommes furent noyes/la mer se retourna a rebours/troys lunes sapparurent au ciel et au milieu le signe de la saincte croix/puis furent deux trois soleilz/puis de rechief le soleil fut obscurci depuis heure de .vi. iusques a none.

Une vision horrible fut faicte a leuesque de langres par ung hermite qui estoit trespasse/en disant/que le iour quil mourut/mourut .xxx. m. hommes entre lesquelz sainct bernard esuola au ciel et trois descendirent en purgatoire/et tous les aultres descendirent au puis denfer ou eternellement seront tourmentes.

Empereurs.

Boesme fut faicte royaulme qui par avant estoit duchee.
Norwegie qui est la inferieure partie dalemaigne est convertie a la foy/et la premiere ment prescha adrian qui estoit legat et cardinal albanois/puis apres fut pape.
¶ Sainct thomas archeuesque de conturbie fut martirize en ce temps en angleterre deuant leglise pour maintenir leglise en lieu sainct et en ce temps sacre entre les regions des presbtres et des religieux/et quant son vouloit faire son sepulcre et que les presbtres vouloient chanter requiem eternam/incontinent les anges a haulte voix commencerent a chanter loffice des martirs. Letabitur iustus. Cestuy fit plusieurs miracles/et henry roy dangleterre envoya une solennelle ambassade au pape pour soy excuser du meurtre/et aussi print la croisee apres trois ans et tantost apres sainct thomas fut canonize par pape alexandre.

Lan du monde

Papes. Angloys iiij adrian. ans .v.

Lan de crist.

Cestuy adrian fut de la nacion dangleterre et euesque dalbonance et fut homme de grant couraige lequel prescha seurement dune grant amour la parolle de dieu/il fist paix entre le roy de cecille et les romains avec censures ecclesiasticques car il fut legat au pais de norwegie/et convertit les gens barbarieques/puis apres il fut esleu pape et honnora son office. Il se dit quil fut le premier pape qui avec sa iustice dominera en la cite dicelle. Cestuy fit une place en radicophone et la fortifia de bonnes tours et acheta plusieurs choses des corps au pres du lieu de saincte cristine/puis mourut et fut sepulcre in vaticano.
¶ Lerecie des vauldoys ou des povres de lyon commenca environ ce temps a furmence diceste fut ung nomme vauldoys bourgoys de lyon lequel estant riche homme voulut delaisser toutes garder povrete evangelique/et fit escripre aulcuns livres de la bible en vulgal avecques aulcunes auctorites des sains docteurs lesquelles escriptures il ne entendoit point/et faulcement voulut usurper loffice des apostres il prescha par tout et envoya prescher en tous lieux ses erreurs/puis furent admonnestes de laisser celles sectes/et ilz respondirent que lon doit mieulx obeir a dieu que aux hommes/et meprisoient prelatz et clercz finablement ilz furent contumax et puis excommuniez et chassez hors du pais/et puis au concille furent denuncez hereticques/et ceste fut ung tresgrant mal et domaige aux simples gens et aux devotes personnes et esclandre a la crestiente et plusieurs dieu que au tout brief en fut la fin.
¶ Iadis la saincte foy catholique par les puissans princes par les philosophes argumentatifz par les subtilz herzges et aultres hommes avoit este impugnee et maintenue.

¶ Les alemans qui demouroyent a tusculan pour lempereur invaderent les romains et tant en tuerent et desconfirent depuis nonne iusques a vespres q̃ lon ne sceut point q̃ cõe de multitude de romains avoit este tues tõbien quau temps de hanibal tãt en furent tues que trois coffins furẽt rẽplis des aneaulx que lon avoit tire des doys des chevaliers tues/ de ceulx plusieurs furent ensepulis a saint estienne et a saint laurẽt et ont ung tel epitaphe. Mille decẽ decies-sex decies quoque sex.

¶ Saint richart en ce tẽps fut martirize a paris par la main des iuifz. et lesditz iuifz furent expellis hors du royaulme de france.

En ce temps les corps saintz des trois rois sont transportes de millan a coulogne par venerable raynolde archevesque de coulogne /ces corps furẽt premierement par helene mere de constantin trouues et apportes dinde a cõstantinoble / lesquelz puis furent transportes a milan par eustorge evesque de la dicte cite de millã ou il ont demoure iusques en ce temps/ mais quãt frederic lempereur vint avec une cõpaignie quasi innumerable assieger millan/ et puis la prendre par force/ ledit archevesque estoit en la compaignie de lempereur lequel a grandes prieres impetra que les corps des sains roys luy fussent donnes lesquelz il obtint et les amena a coulogne et y sont deposes.

¶ Saint bernard fut canonize par alexandre et pour la multitude des grans miracles quil faisoit devant au corps saint ung peuple innumerable/ laquelle chose voiant labbe de cleres deffendit audit saint que plus ne fist de miracles. laquelle chose il fist en quoy lon peult cognoistre cõme les vifz doivent obeir a leur prelat veu que le mort y a obey.

Laage du monde v.m.ccc.lviii.

Empereurs — iii. alexan= dre — ans.xxi. mois xi. iours xix.

Ligne de iheſucriſt. m. clxiii. m.clxxviii.

¶ Cestuy alexandre fut homme vaillant et eut une scisme longue qui dura .xvii. ans il vainquist quatre scismatiques successivemẽt et si les excõmunia et aussi tous moururent de mauvaise mort/ il vint au dessus de lempereur et si le reduisit a union/ il celebra deux concilez ung a tours et lautre a rõme/ et apres que en grãt labeur il eut tant dispose et bataille contre ung tel roy en grãt honneur sen retourna a rõme ceulx qui par leurs persecuteurs avoiẽt este dechassez/ lesditz alexandre les restitua en leurs estres/ il mourut et fut sepvely avec ses peres et cestuy mesme pape conferma lordre des chartreux avec la subscription de tous les cardinaulx en les prenãt soubz la protection de saint pierre et de lesglise en leurs donnant aucuns privileges/ et puis apres viii. papes leur en ont adiouste/ et fonde les monasteres.

¶ La .xx. scisme de lesglise fut entre alexandre et quatre scismatiques/ mais alexandre obtint et dura .xvii. ans.

¶ Lordre des guillemins print son nom et son commencemẽt de guillaume hermite qui iadis avoit este une vaillant/ son disciple fut saint albert hermite lequel nourrist cest ordre en ses iours celle a este troublee et impugnee par diverses iuges et pouvres laiz/ et peult dire lesglise de ceulx ie dois estre affligee et endurer ne cessant a moy tribouler lesquelz semble estre indigne de vie et desquelz la conversacion est odieuse a dieu et aux hõmes et qui ne valent rien sinõ a menger/ et sont semblãs de moy a piller pour plusieurs nuyre neantmoins apres eulx sont venuz aucuns subtilz heretiques qui se perforcerent de deffendre ceste secte et vauldois lesquelz ont deceu plusieurs royaulmes et plusieurs peuples avec lesquelz miserablemẽt sont exterminez et periz.

Bertold duc de zeringe filz de conrad iadis second empereur qui dominoit depuis la cite argentine iusques a berlin fonda plusieurs forteresses contre la mauluaistie qui en ce temps opprimoit le peuple quant il eut edifie fribourg en bourgongne/il edifia le second fribourg en uechtlande contre les sauoyens qui est une place inpugnable et fut conferme lan de nostreseigneur m.c.lxxix. et xii. ans apres il edifia berne.

¶ Le liege est puis en ce temps prise et gaste femmes et vierges prises par force contre leurs religieuses et celles qui doubtoyent dieu furent merueilleusement preseruees sans auoir une seule tache de pollution ainsi que nostreseigneur lauoit monstre a saincte marie de ognies comme son dit en sa vie.

Empereurs.

Derechief iherusalem est prise par la permission diuine par les sarrazins auec le glorieulx sepulchre et la saincte croix pour le peche des crestiens especialement pour le peche de luxure et de gloutonnie car peu y auoit ne religieulx ne laiz qui ne fussent entaches de ces vices/et pourtant que la saincte terre estoit maculee par lesditz pechez dieu chassa son peuple et luy donnant plusieurs tribulacions affin quil contrist et entendit toutesuoyes a luy.

¶ Ung grant passaige fut ordonne en ce temps et fut fait au temps de clement tiers/et frederic qui empereur print la croix et plusieurs princes auec luy et fut fait ung grant bruit / mais ilz ne prouffiterent gueres et ne recouurerent riens fors que la seule acthon.

¶ Saincte alpes vierge reluist par sa saincte laquelle humblement fut nee de basse condicion et le dhom de grace spirituelle et non pas de corporelle et si auoit moult belle face/ceste vierge eut plusieurs reuelacions.

Lan du monde v.m.ccclxxxvii.

Pape

iii. lucius. al. viii. ioc — Tuscan — ii. xviii.

iii. vrbain. al. i. m. p — Millannois. — iours xxvi

viii gregoire iii. ii.

Lan de crist m.clxxxvii.

¶ Cestuy lucius fut euesque dostie lequel puis apres mourut a veronne et a ung tel epitaphe

¶ Luca dedit lucem tibi luci pontificatum. Ostia papatum Roma Verona mori. Immo Verona dedit tibi vere commercia lucis Roma exilium. cura. ostia. lita mori. Deliset versus quod quod dum apologeticum &c.

¶ Cestuy Vrbain fut ne en la cite de millan/et a luy vint ioachim de calabre auquel il ouyt que iherusalem estoit prinse par les sarrazins il eut une grande douleur quil mourut et fut ensepueli a ferrare.

¶ Cestuy gregoire fut de nacion beneuentain/il eut grant amour a la terre saincte et commenca a prescher la maniere comment son pourroyt recouurer ladite terre mais tantost il mourut a pise.

¶ Sainct hugues euesque de lincolne fut de lordre des chartreux et en fit plusieurs miracles en angleterre.

¶ Sainct bertold du mont du carme.

¶ Labbe ioachim qui escript et predit plusieurs choses et en aucunes choses a erre comme il appert au commencement des decretales/les princes le interroguerent deux filz deuoit aler a la terre saincte et il dit que non.

¶ Saint anthelme euesque de bles de lordre des chartreux/reluist par bonne vie.

Plusieurs signes apparurent entre clermont et le puis de dome car il tomba pierres carrees de la grosseur dung oeuf/et tomberent nelles/et apparurent corbeaulx qui portoyent charbons embrasez en leurs becz par lesquelz estoient bruslees les villes et maisons et plusieurs perirent po[ur] les innumerables corps qui descendoient du ciel. ceci lon peult veoir in speculo vincencii.

¶ Le royaulme des tartarins commenca et eurent grandeuance et insignes au tombay est plus grande en la cite lesquelz furent grande playe au monde.

¶ Lyvonie est une region en septentrion grande/laquelle est convertie quant a la foy de ihucrist.

v. henry a. 6. viij

¶ Cestuy henry fut filz de frederic/il espousa constance fille du roy de cecille a la occasion de laquelle il subiuga tout le royaulme dapulie et dechassa/ceulx qui tenoyent ledit royaulme.

philippe a. xij

Apres la mort de henry se leva schisme car aulcuns eslevrent philippe duc de suisse frere dudit henry et les aultres eslevrent othonien filz du duc des saxons/et aussi fut faicte grande alteration et batailles au pais des almaignes/mais finablement eut victoire car pape innocent tenoit sa partie/mais philippe tantost fist paix avec othon et fut par grant deception occis par lantgrave et aussi otho obtint et vint a romme fut couronne par innocent contre le conseil de plusieurs et contre le[ur] voulence et aussi la benediction fut tournee en malediction car ce mesme iour lempereur cassa son serment et commenca a rebeller contre leglise sollennellement pour laquelle chose il fut excommunie et depose/et finablement fut mort coursay.

L aage du monde   vi.m. ccciij.

iij. clement a. iij io[urs]   Rommain. xvi.

iij. celestin a. vi. m. viij.   Rommain iours. xi

Regne de ihesucrist.   m. c. xciij.

¶ Cestuy clement edifia ung monastere dehors des murailles de romme qui est appelle le monastere saint laurent et avec aulcuns aultres edifices en son temps fut fait grant passage po[ur] aler en la terresaincte auquel contredisoit labbe ioachim en disant que le temps en estoy loing et noit aller nestoit pas encore venu.

¶ Cestuy celestin fut couronne le iour de pasques et le iour apres il couronna lempereur henry et puis fut faite le palais de saint pierre.

¶ Lordre des freres dalmaigne commenca environ ce temps au pais de prusse soubz celestin pape tiers et avoit son commencement de lordre de saint iehan ierosolimitain.

¶ Lordre aussi de la saincte Trinite commenca environ ce temps.

Berne cite imperiale fut fondee lan de nostreseigneur m. c. xi. bercol duc zeringen fut prince magnifique et hault apres quil eut edifie plusie[ur]s monasteres et chasteaulx de nouveau vint en ce lieu plain de bois et vit quil estoit convenable pour habiter les hommes en allant par dedans il trouva ung ours moult beau lequel il print en sa chasse duquel il imposa le nom du lieu dessusdit car en la langue dalmaigne ours vault autant adire comme berne/dont ceste cite a cou[m]ste [...] de nouveaulx hommes puissans et fors lesquelz confederez en bonne iustice par la vertu de- ne ont vaincu plusieurs tirans.

Empereurs . iiii.
otthō
ano.

rie auec saint pierre q
quenlx ne se vouloi
feudit et accōplist los
estoit marchant et pa
se auoit receu en sa m
de ces choses mistei
te desme estoit tenue
dieu deuant ceste fen
par la grande voulen
ce et quit par la mor
laquelle partie estoit
Lan du monde

Pape ii.

¶ Le dyable par sa machinacion deceut des enfans dalemaigne plus de .xx.m. en leur monstrant quil estoit dieu / et que par leur moyen vouloit recouurer la terre saincte alleguãt ledit du prophete. Ex ore infancium et lactancium. Et ainsi leur fist prendre la croix pour entrer en la terre saincte mais quãt ilz vindrẽt au riuaige de la mer les corsaires les receurent et leur firent entendre quilz les meneroyẽt iusques en iherusalẽ mais ilz les deceurent car les vngz ilz getterẽt en la mer et les autres vendirẽt aux sarrazins / et pour cecy il appert cõme vne autresfois lon ne se doit fier en semblable cas.

¶ Les pasteurs despaigne se assemblerent en vne grande cõpaignie et vindrẽt a paris lesquelz gasterent les biens du clergie dont le peuple se resiouist / mais puis apres ilz prindrent les biẽs des laiz / mais tantost ilz furent tuez en quoy il appert cõme le dyable autresfois assembla sa croisee.

.ii. Frederic dus .xv.

¶ Cestuy frederic fut filz de henry dessus dit lequel fut esleu cõtre othone affin aussi le cõbatist laquelle chose il fist et adonc il cõmenca a destruire leglise pourquoy il fut excõie et fut deuis par honorius lequel lauoit couronne et il fist plusieurs maulx car long temps il demoura contumax et puis mourut sans les sacremẽs de leglise / et fut tue par son propre filz et en cecy a nous exẽple cõme les persecuteurs de leglise sont pugnis miserablemẽt aussi auoit il deffaict son filz henry / pourquoy il fut deffaict en sa maladie par son autre filz au temps de innocent pape quart.

Symon conte de monfort triũpha cõtre les heretiques cõme se ce fust vng autre charles / et auecques euesques et abbes ensemble sainct dominique lequel autresfois chassa cent mille heretiques luy estant a compaignie de peu de gens cõme seulement vng nõbre de .viii.m. croisez.

le cõcil de laterã en la cite de .m. cc.xv. pres [illegible] laez

L'an du monde .vi.m. ccc[illegible].

Formain .viii. iours .xviii.

.iii. honorius .x.iii.

Regne de iesucrist. [illegible].

¶ Cestuy honore honnora plusieurs gens et conuerma plusieurs sains / il couronna frederic et puis le despousa car il se trouua rebelle et si retourna leglise de laterant dehors de la muraille de rõme / et la basilique qui sappelle sancta sanctorũ / il cõposa decretales / il conferma lordre des prescheurs et des freres mineurs puis mourut et fut sepulch a rõme en leglise saincte marie maiour.

¶ Lordre des croisez fut certaine cauteon ce temps par innocent pape .iii. lan de sa põtificature .xviii. apres que lesdictes croisees eurẽt dãnee lerezie des albanoys / lon dit que sainte qriace euesq de iherusalẽ fut des premiers de cest ordre apres q saincte helene eut trouue la saincte croix mais enfin apostat cãa ledit quiriace auec ses freres / et ainsi ledit ordre long tẽps fut aboli et puis au tẽps de innocẽt .iiii. au cõcille de lyon cõmẽca a croistre et luy donna ledit pape aucũs preuileges.

¶ Les .iiii. ordres des mendiãs furẽt cõfermes par ledit hõnore / cest assauoir Augustins carmes prescheurs et mineurs. Les deux premiers augustins et carmes ont precede / pour quoy ilz demourerent en leur estable ferme / et les autres deux subsequẽtes furẽt approues et confermes / toutesfois les predicateurs sont mis deuãt aux lectres papales pourtãt q deux mois furẽt cõfermes deuãt les mineurs.

Loys filz du roy de castille en ce tẽps fut fait de lordre des mineurs / et est

¶ Iherusalẽ fut destruit [illegible] sainct hõc. iusques au seul excepte le tẽple et la porte de dauid par conradin filz staphe.

¶ Estienne fut saint pere et le premier de la maison [illegible] de lordre des chartreux [illegible] et puis fut euesque digens.

¶ Guillaume euesque de neuers fut hõme saint et grãt clerc au tẽps dune grande famine tous les iours repaissoit deux mille pouures.

Au monastere de saincte gabriel tomba vne grande pierre en laquelle estoit le signe de la saincte croix et emprainte limage de ihesucrist et au dessus estoit escripte de lettre dor. Jhesus nazarenus rex iudeorum. Et la aduint vng aueugle lequel par la grace de dieu fut illumine.

¶ En ce temps seuille fut toute noyee par la fluctuacion de la mer et alors perirent plus de cent mille hommes et fut ceste lieu pour la irreuerence que vng homme dampnes fit au sainct sacrement. Et puis apres fut relecue par la vierge marie et en ce mesme lieu fut edifie vne eglise en laquelle honnorerent les hosties et alors cessa la tribulacion.

¶ Les tartariens horriblement gasterent hongrie et poulaine par laquelle chose fut crestiente espouentee/mais pour la priere des saintz ilz furent empeches et ne peurent proceder plus auant.

¶ Empereurs.

Lempire vaqua moult long temps apres la mort de frederic pourquoy plusieurs des annees sont attribuees aux dit frederic combien que peu dannees il aye regne en lobedience de leglise/et apres luy ne fut pas vng autre tantost esleu.

¶ Au pais de bourgoigne vne grande montaigne est diuisee et court par plusieurs milliers et tua .v.m. hommes/et se ioignit merueilleusement aux autres montaignes.

¶ Les decretales furent compilees par raymond de lordre des prescheurs par le commandement de gregoire pape .ix. lesquelles furent enuoyees pour lire aux estudes.

¶ Saincte elisabeth dame et fille du roy de hongrie plaine de toutes vertus reluist par sainte vie.

¶ Thomas dacquin sainct docteur.

¶ Albert le grant euesque de ratispanen. duquel sont dit merueilles.

¶ Eustasius qui fut appelle bonne aduenture est docteur deuost.

¶ Alexandre de halles docteur irrefragable.

¶ Vincent collecteur de toutes matieres temporelles furent en son temps.

Lan du monde — .v.m.cccc.xxxiij. — .v.m.cccc.xxxvij.

Pape — Continuation

ix. gregoire ans xij.

iiij. Celestin .xvij. iours — Millanois

Lan de crist — .ccxxxiij. — .ccxxxvij.

Cestuy gregoire canoniza plusieurs sains et constamment deffendit leglise contre frederic il fit vne procession en laquelle il porta le chief de sainct pierre et de sainct pol et alors reuoca les romains lesquelz auoyent estes corrompuz a force dargent tellement que quasi tous prindrent la croix contre frederic pour laquelle chose frederic sen ala loing de la cite.

¶ Sainct ciuille grec nestorian prieur des carmes et docteur fut de saincte vie. et estoit quasi esprit de prophecie/et escripst plusieurs choses pour la verite des hommes et si fist choses merueilleuses.

¶ Pierre de tharenthese qui puis apres fut pape. et plusieurs autres sains de diuerses parties du monde furent enuoyes par la diuine bonte pour la defension de la foy aultrement la foy fust quasi peris pour la subtilite puissance et multiplicacion des heretiques.

¶ Cestuy celestin est louable en vie et en science/puis mourut vieux et debile et puis fut sepulti en leglise sainct pierre fut premierement cardinal de saincte sabine.

¶ Sainct ange therosolimitain y carme fut homme digne destre nomme auec les sains car il fut nomme de son nom car il fut comme la mer arousante dieu quil prescha en plusieurs lieux et gaigna plusieurs ames a iesucrist/puis espancha son sang en rendant a iesucrist ce quil auoit faict pour luy.

¶ Hugues cardinal fist postille sur toute la bible.

¶ Maistre Jourdain sainct docteur merueilleux.

¶ Maistre ouilin disciple de albert.

Au pays despaigne en la cite de tholette ung iuif en labourant la terre trouua ung
pierre de dans laquelle estoit ung liure moult beau et bien anciel estoit ainsi escript
Au tiers mōde le filz de dieu naistra de la vierge marie & souffrera pour le salut des
hommes / & que ce liure debuoit estre trouue en ce temps cest assauoir au temps de
ferrande & de la vierge de castelle & incontinant le iuif se fit baptiser auecqs toute sa maison

Loys roy de france saincte personne print la croix & passa la mer & la fut pris & de ce
temps sont plusieurs choses escriptes a sa louenge aucunes diuinations et sacrileges
furent faictes en defaut que leuangile de iħucrist & le sacrement de leglise cesseroit & que
ceste diuination faicte deuant les ans de no
stre seigneur m. CC. xl. mais experience

Empereurs	Le Henry ans. iiij	Conte de holandes. esleu roy	Guillaume	depuis ce temps a este fait ainsi & plusieurs telles choses mensongieres de ceulx trouuees & diuers
Langrauius				

Cestuy langraue fut bon crestien & vail/ lant en turquie & fist plusieurs miracles

Ces deux furent esleuz par le commandement de nostre seigneur sainct pere successiuement contre frederic/ mais ilz ne peurent point vaincre sa cruaulte car il estoit trop puissant & ne furent pas couronnez car la mort les souspriant le dernier de ceulx qui fut tue par les frisons lequel auoit premierement este conte dolande

Ung prelat de la vierge marie fut secretement pris au diocese dangiers & tantost le cousteau du meurtrier distilla de sang & ne cessa de degoutter sang iusques a tant que le meurtrier fust pendu
Edmond arcevesque de conturbie fut canonize par innocent.
Pierre nouueau martyr fut tue par les herretiques lequel fait plusieurs miracles
Stanislaus euesque de cracouie fut tue par ung mauuais homme

Lan du monde	v. m. cccc. xliiij		v. m. cccc. lvj.
Papes	Innocent iiij / Innocent ans. xi		iiij Alexandre ans. vij
Ligne de iħucrist	m. cc. xliiij		m. cc. lv

Cestuy innocent canoniza plusieurs sainctz & plusieurs escrips & premierement deffinitiue response fredric & si le anathematiza cōe enemy de leglise le priuant de sa pontificalite il eut aide des gentiulx finablement apres la mort de fredric de ce mesme pape entra en pouille auec grande puissance & peu de temps apres mourut a naples

Alexandre diacre lequel a este esleu roy de castille homme magnifique & cō... ne deux liures parlans ... maledicte / & contre leuangile de iħucrist ... pais fut le pape alexandre mourut a viterbe & la fut enseuely

Martin abbreuia les croniques
Alexandre de la ville dieu qui composa le doctrinal fut fait homme docteur en theologie
Saincte clere fut canonizee par alexandre quatre cinq ans de nostre seigneur m. CC. liiij
Les sieges des cardinaulx long temps ont este vacans pour apres sont restaurez par innocent ... persones de diuerses pars du monde par les freres assaulx desquelz les fu... de nostre dame du mont de carmes sont transferez dela la mer ou ilz sont multipliez en diuers lieux comme testifie vincent en son miroer hystorial

A Paris fut faicte une solennelle disputation lan m. CC. xxxviij. contre ceulx qui tien nent plusieurs benefices en laquelle disputation fut determine par les sains docteurs que nul ne peult point deux benefices quant il en a ung souffisant pour sa vie sans peche mortel & aucuns estoient qui estoient aueuglez pour auarice seigneurie ... prelature / mais la diuine iustice horriblement les condampna / & de ceci sont plusieurs choses ... pres & plusieurs exemples en diuers lieux / dit aucun saint docteur que la moitie des ministres de dieu est delaissee par ceste auarice par laquelle lon quiert que ung aye plusieurs benefices / qui est cellui qui peult dignement administrer a ung ou satisfaire pour les propres pechez

¶ Les haultes parties dalemaigne qui sappellēt suysses estoiēt de petit noble lignage et de bien chasserent hors de leurs pays plusieurs nobles qui estoient tyrans et qui leurs faisoient exactions iniustes. et puis firēt ensemble une aliance fraternelle et ont fait plusieurs batailles merveilleuses en deffendans les eglises povres orphelins et femmes vefues dont ilz sont renommez par tout le monde.

¶ Le temps et le commencement de lordinre de alphonse selon les astrologiens est depuis lan de iesucrist .m.cc.l. et est notablement mise ceste computacion car elle sert a astrologie.

¶ Empereurs — Alphon se ans xx — Richard

¶ Ung grant passage fut fait oultre la mer auquel fut saint loys roy de france mais riens ne proffita guieres

¶ Apres longs temps que leglise eut vacqué les electeurs se mesparterent en deux et ainsi furent ces deux eslectz cest assavoir alphonse roy de castille et richard conte de cornubie frere du roy dangleterre et ce fut le schisme long temps. Et finablement richard mourut et puis alphonse pour avoir paix se dit de saint gregoire pape .x. et de sa voulente renonca a tout droit quil pouvoit avoir il estoit homme par dessus grant astrologien il fit tables celestines lesquelles sont compendieuses

¶ La feste du sacrement fut constituee par urbain pape quatriesme avecques plusieurs indulgences

☞ [illegible] aultres prelatz environ .m. et fut celebre par gregoire pape .x. auquel les grecz et aucuns tartarins sollennellement furent baptisez

Le concile de lion .d. evesques .l. abbes. ☞

¶ Lan du monde — v.m.ccccl.xi.

¶ Francoys.

¶ Pape. — iiij Urbai. ans .iij. — [illegible] — iiij Clemens ans .iiij. — [illegible] — x. gregoire ans .iiij. — [illegible]

Lan de iesucrist — m.cc.lxiij.

¶ Cestuy urbain chassa lerreur des sarrazins par le moyen de une croisee et de mainfroy qui enuoya contre leglise et si donna le royaulme de secille au conte de provence qui fut frere du roy de france a celle fin quil chassast ledit mainfroy. Et finablement il mourut a perouse et la fut sepulcre et puis apres charles print mainfroy ou royaulme et de [illegible]

¶ Clement ordonna a la requeste de saint loys roy de france que quiconques feroit ou diroit les paroles qui sensuyvent gaigneroit troys ans de vray indulgence cest assavoir Benedictum sit dulce nomen domini nostri iesu xpristi et gloriosissime virginis marie matris eius in eternum et ultra amen. Nos eciam prole pia benedicat virgo maria

¶ Le mirouel hystorial de vincent est icy fait

¶ Cestuy clement fut saint homme et par ung esprit de prophetie il prophetiza que les chevaliers de leglise se perdroient comme la france pourroit [illegible] estre que par eux ne estoit [illegible] apparsa plusieurs tribulacions cestuy pareillement [illegible] enfans.

¶ Cestuy gregoire fut accidentalement en la papalite car luy estant archediacre alla oultre la mer pour sa devotion et luy estant de par dela il fut esleu pape dont telz vers sont escriptz Papatus munus tulit archidiaconus unus Quem patrem patrum fecit discordia fratrum. Il ne fault point doubter que ceci ne fust fait par la grace du saint esprit car il se porta moult bien et nentendoit pas a gaigner ne a amasser tresors mais a entendre a aulmosnes et faire oeuvres charitables. Il fit une ordonnance de la entree des cardinaulx tresraisonnable laquelle ordonnance ont depuis [illegible] et honnestes personnes et puis mourut a arrete et la honnorablement fut ensepvely

Ung poisson de mer qui estoit a la semblance dung lion fut pris le premier an de pape martin/ceste beste dunoit plains horribles & fut amene en la cite de sicille a fut mostre a Charles/cu pourtant que ce monstre selon linterpretacion du peuple estoit signe de aulcune grande chose advenir comme occision ou perdicion de gens laquelle chose fut faicte/car tantost apres ceulx du royaulme de cecille tuerent les estrangiers & les enfans des femmes de leurs meres & ne voulut plus celuy peuple estre subiect a charles son roy & par plainte de leglise & pourchacerent pour roy pierre arragonoys don moult de mauly sensuyvent & en la cite se leva une grande pestilence/car les vasins contre les ambassles ne fut pas sans grande effusion de sang Jean entre les sarrazins furent moult de milliers dhommes tuez/et nest doncques pas merveille se ala maniere acoustumee le patrimoine de leglise souffre/car il est temps que le vengement conmence a leglise de dieu Il est chose digne que charles dung

¶ Empereurs — Rodulphus aus pdini — pere devant martin trespassa lequel avoit este defendeur de toutes ses besoignes & Innocent receupt le saint sacrement de lautel mais pierre le arragonois filz de inobedience mourut miserablement par une playe quil avoit prinse en la bataille & ainsi luy en a prins comme aux persecuteurs de leglise car cest chose folle a lomme de vouloir recalcitrer contre laguillon de dieu.

Cestuy Rodulphus fut conte de habspurg & fut preux & vaillant en armes & fut esleu a basle/cestuy mist le siege devant la ville de pme & la prist a laide des bernois & apres aulcunes diverses parlemens nobles ennemys de paix fut esmeu contre les bernois & mist le siege devant berne & aulcun qui mourut avec luy en levant le siege regarda berne & dit que par ung esperit de prophetie quelle seroit dame de tout le pays Et finablement le dit empereur print la croix pour faire guerre a la terre saincte

¶ Lan du monde — vi.m.cccc.xviii. — Dela.ccc.lxxxiiij.

¶ Papes — iii. Innocece iiii.c.io.st — Concilie de — v. Adria iii.c.io.st iv. — iv. Jehan iii.xi.iii. iv. — iii. Nicolas iii. c.iii.iv. — iii. Martin iiii.c.

Ligne de ihucrist — iii.cc.lxviii — iii.cclxxiii

¶ Cestuy innocent fut le premier de lordre des prescheurs & docteur renomme & pourchassa lappellation pierre de charenthese/tantost mourut a rome & fut ensepueli a latran

¶ Cestuy Adrian fut neveu de innocent pape quart lequel tantost mourut a viterbe & la fut sepuely

¶ Cestuy iehan fut en sciences scavant & estoit mais il nestoit pas de bonnes meurs & toutesfois il estoit comme a tous cestuy disoit que longuement il vivroit/mais tantost tomba avec une chambre nouvelle & mourut a viterbe

¶ Cestuy nicolas fut homme magnificque en faisans grans edifices & en son temps gouvernoit bien la cite & le pape/et a de son regne fist lordre des cardinaulx et le se...

Cestuy martin fut amateur des religieux & fort entendu aux ... de ...fessor de/Cestuy excommunia le pere de constantinoble pour/tant quil ne stoit pas retourne a la foy comme il avoit promis au concille de lion pourquoy il souffrit beaucoup contre leglise aussi il excommunia pierre roy darragon pourtant quil avoit invade le royaulme de cecille. Finablement apres plusieurs batailles faictes & disposees contre les faulx ... et infidelles il mourut a perouse & fit plusieurs miracles

... con ay il mourut dont les cardinaulx les romains furent troublez pour le pays des vasins & des hanybalois qui furent grans homicides

¶ Jordain de alamaigne fut docteur solempnel et second maistre en lordre des freres prescheurs & saincte personne.

Une comette apparut qui estoit signe de grans maulx aussi furuindrent plusieurs maulx a la crestiente car les tartarins prindrent le royaulme de constantinoble et occuperent une grant partie de lempire et firent ung martire indicible

¶ La cite de tripolanne fut prinse par les sarrazins et le nom de ihesucrist il fut efface

M Chone cestte forte et inexpugnable cite fut prise par le souldan et par les sarrazins pour la discorde et pour les vices des nations qui demouroient en icelle et fut toute destruicte et semblablement toute la terre saincte fut occupee par les sarrazins pour les trop grans pechez des crestiens qui illecques demouroient. Aussi en ce temps pendirent avec acre .xv. nobles citez et .xvi. chasteaulx et furent tuez .xxx.m. hommes des crestiens/laquelle chose advint car il y avoit diverses seignories et diverses citez qui ne concordoient point ensemble aussi

¶ Empereurs ¶ la fosse des croisees

¶ Une grande guerre fut entre les genevois et les pisennois pour loccasion de lisle de corsegue. Et finablement les pisennois furent vaincuz en la mer et pris plus de .xx.m. hommes qui furent tuez et si perdirent plusieurs galleres excepte aultres navieres lesquelles qui furent noyees en la mer et si furent grans tremblemens de terre en tuscie signifiant mousle de maulx qui vindrent en ce pays la.

¶ Francoys petrarche poete et hermite fut en ce temps renomme car il escripst plusieurs choses en beau stille.

¶ Lan du monde vi.m.cccc.lxxxvi.

¶ Pape.

iiii Honorie ans .ii.

¶ Tournay.

iiii Nicolas ans .iiii. m.

¶ Lombars

v Celestin m. vi.

¶ Lan de ihesucrist m.cc.lxxxvii.

¶ Cestuy honnore fut homme attrempe et homme de grande dilection il avoit paix et ne blessoit personne cestuy fit prescher la croisee contre pierre daragon du royaulme de sicille et en ce temps les carmes laisserent les manteaulx de diverses couleurs et prindrent les chappes blanches.

¶ Cestuy nicolas paravant sappelloit frere ihcrosme et fut ministre general des freres mineurs et contient quil fut bon homme toutesfois par plusieurs informations en son temps advindrent en leglise et plusieurs batailles fort grandes car la cite pour son occasion car plus il estoit favorable en une partie que en lautre et dura ce debat .iii. ans et demy.

¶ Cestuy celestin fut homme et pourtant que les cardinaulx furent .ii. ans et demy sans pouoir concorder ilz appellerent ledit celestin dung hermitage et le esleurent pape et tost il vit les grans charges de celle dignite il resigna la papalite et depuis est nomme lordre des celestins il fut le premier canonize par clemens soubz le nom de saint pierre confesseur duquel lon celebre la feste le .xix. iour de may.

¶ Lordre des celestins fut commancee par pape celestin et a persevere iusques au iourdhuy.

N Icolas de lyra fut docteur en theologie a paris. Cestuy fut de la nation des iuifz et puis converty a la foy et puis proffita grandement en lordre des mineurs et escript sur toute la bible et sur lay de nostre seigneur. M.CCC.xxx. les aultres dient quil fut de brabant et de parens crestiens et que pource quil estoit pouvre il visita les escolles des iuifz et quil apprist ebrieu auquel hebrieu il fut instruit.

Apparut vne comette .i. chaoft apres dont la guerre de flandres ou moult la fleur de chevalerie de france lan de nostre seigneur .m.ccci. fut aussi tremblement de terre tant grant que les hommes nosoient pas habiter aux citez .i. pape boniface donnoit au pres

¶ Wernherus vng enfant saint .i. filz dung laboureur il fut martyrize par les iuifz .i. repose en becaco / en ce mesme temps cestassavoir .m.cc.lxxxvi. vng autre saint nomme acuol fut pareillement martyrize p les faulx iuifz .i. est a berne le ql fist plusieurs miracles .i. pour ceste cause les bernois myrent les iuifz a mort Et pour ceste occasion lempereur acuol assembla .xxx.m. combatans .i. assiega berne mais il ny proffita gueres

¶ Empereurs — Adulphus .dc. .xi.

¶ Cestuy adulphus fut conte de nazone .i. ne fut pas couronne du pape car il fut tue en la bataille quil eut contre le duc dautriche

Par les sarrazins fut destruicte la noble cite dacone .i. le monastere des carmes qui estoit a quatre milles pres fut brusle .i. les freres furent tous detrenchez .i. alors lordre des carmes perdit ce beau lieu auquel il avoit este mis au temps des prophetes de helye .i. helisee lequel desia avoit dure .ii.m.cc.i.xxi.an.

¶ Sainct loys iadiz roy de france est canonize en ce temps par boniface pape .viii.

Alain docteur universel clarifie en bourgoigne cestuy escript peine de taciturnite audit plusieurs pourtant que au commancement de son sermon il navoit pas premierement invoque laide de dieu a la maniere acoustumee

¶ Lan du monde — vi.m.cccc.viii.

¶ Papes — viii. Boniface .viii. .iii. x. — x. benoist .xi. viii. .io.xvii.

Ligne de ihesucrist — m.cc.xciii.

Cestuy boniface fut homme tresexperimente es choses qui appartiennent a la court .i. pourtant quil navoit point son semblable il print tant grande arrogance en luy quil se disoit seigneur de tout le monde tant en la spiritualite comme en la temporalite .i. fist plusieurs choses magnificquement lesquelles finablement faillirent inhabilement il donna exemple a tous prelatz quilz ne querissent point les choses haultes mais que plus estudiassent de faire ames de leurs subiectz .i. dudit pez cestuy est escript de moy il dit quil entra comme regnard / et regna comme lyon .i. puis mourut comme chien .i. puis fut sepulchre a romme

¶ Lan iubile de cent ans en cent ans fut institue par boniface .i. fut le premier iubile lan .m.ccc.

¶ Le .vi. livre des decretales est publie .i. fut envoye aux universitez par boniface pape .viii.

¶ Les festes des quatre evangelistes .i. des quatre docteurs cestassavoir ihecrosme augustin ambroise .i. gregoire furent instituez

¶ Saint albert de trapano carme fut homme de grand merite .i. grand doctrine .i. exemple de perfection il mourut le .vii. des ydes daoust

Apres cestuy boniface benoist fut saint homme .i. de lordre des prescheurs et ne regna gueres il mourut a perouse .i. fut sepulchre en leglise des prescheurs ou il fait miracles cestuy appaisa le debat qui fut entre le roy de france et boniface .i. restitua les privileges .i. libertez au roy .i. vacca le siege lan ensuyvant par la discorde des cardinaulx

¶ Jehan lescot fut en ce temps

¶ Jehan andre grant iuriste clarifioit a boulogne lequel escript plusieurs choses solemnellement

¶ Lisle de rhodes est prinse et ostee de la main des turcz par les chevaliers de saint iehan iherosolimitain avec ceulx aultres adiacens et dura la bataille quatre ans et finablement les crestiens furent victorieux

¶ Les templiers soubdainement furent destruictz dont tous sesmerveillerent comment ceulx seigneurs si subitement furent perilz et le maistre dudit ordre fut bruslé a paris

¶ La cause de leur destruction fut pour apres plusieurs que fut dicte daulcune profession avec [illegible] de [illegible] et aussi come plusieurs de eulx confesserent ilz crachoient sur la saincte croix en opprobre et dirision du crucifix et renioient cest ordre en son entree. M.ccc.viii. ans

¶ Les iuifz furent expellis du royaulme de france et tous leurs biens confisquez ne iamais ne doibvent retourner audit royaulme

¶ Empereurs

Albert ans .x.

¶ Cestui albert fut duc daustrie et filz du rodolphe dessusdit. cestui fut premierement reprouvé par boniface et depuis ledit boniface confer me pour lamour du roy de france lequel alors estoit ennemy de leglise et le pape subiuga ledit royaulme de france au dessusdit albert comme les aultres royaulmes mais il ne prouffita car finablement il fut tue de son nepueu.

Henry .vii. ans .v.

¶ Cestuy henry fut conte de lucembourg et fut vaillant en armes et si se scavoit mettre paix en camp et en terre il fut glorieux victorieux et bellicqueux tellement quil ne pouvoit estre vaincu et si fut couronne par clement pape cinquiesme. Et fut [illegible]

Le concille de vienne en quoy preside le pape clement.

¶ En cestuy concille furent moult de choses ordonnees pour le gouvernement de leglise et pour extirper les heresies et les mineurs faisans brigue entre eulx furent concordez luite des paix sur dicte les spirituelz et laultre neut point de nom

¶ Lan du monde. | vi.m.v.c.iii.

¶ Pape.

S. Clemens .v. ans .viii.

Iehan .xxii. ans .xviii.

¶ Lan de incarnacion | m.ccc.xiii.

¶ Cestuy clemens en expedient les besoignes de leglise fut de tresgrande prerogative que en son absence il fut esleu pape. cestuy celebra le concille de vienne et le .vi. livre des decretales qui commencent son appelle les clementines il fit compiller et si grandz indignacions contre les templiers il damna tous les beneficiers et declara la regle des freres mineurs et damna les templiers et exaulsa les religieux de lordre saint iehan iherosolomitain et leurs donna tous les biens des templiers et depuis quil eut fait plusieurs choses louables il mourut et le siege apostolique vacqua deux ans et .iii. moys

¶ Girard de bologne de lordre de saincte marie maieur carme fut docteur a pérouse lequel compila plusieurs livres et puis mourut en avignon

Cestuy iehan fut tout glorieux quant aux choses qui se doibvent exercer en la vie active il purifia les provinces chrestiennes et les lieux a ce contraires il confirma plusieurs sains et les eveschez qui estoient trop grandes il divisa en deux et contre la pluralite des benefices ordonna moult de bonnes choses et si condampna plusieurs heretiques mais luy estant encore en nom dicte ne pouvoit vouloir entendre a ses especiaulx serviteurs il fonda aussi la maison de bon pas de lordre des chartreux sur la durance pres davignon

¶ La .xvi. scisme fut entre iehan .xxii. et ung nomme pierre de corbarie de lordre des freres mineurs la cause de ceste scisme fut la epistre de loys lequel se porta comme de rompre la union de leglise pourtant que ledit pape lavoit excommunie pourquoy il esleva cestuy pierre et posa contre et grandement le honnora mais il ne prouffita rien car tantost cessa et ledit pierre vint aux piedz du pape iehan et luy demanda pardon lequel luy concessa ce denuictz tous les iours de sa vie

¶ Dulcinus prince de lheresie nommee avec margarite sa femme prelesse de ladicte heresie avec leurs complices furent bruslez mais avant ce les membres couppez et apres fut preschee la croisee

Les pouures de lion lesquelz se disent la tierce rigle saint francois furẽt condampnez et bruslez en plusieurs lieux et plusieurs fois auec leurs articles erronees lung des articles estoit que ihesucrist et ses apostres nevrent riens propre ne en commun quilz tenissent point de droit en ce que lescripture leur attribue droit

Plusieurs picars furent bruslez a paris pour la heresie des dessusditz pouures de lion/ et pourtant que soubz espece de bien ilz se parforcoient de susciter plusieurs maulx et ne admonnoit le general des freres mineurs auec ses aterans fut prouue heretiq̃

¶ Le nombre de ceulx qui furẽt bruslez tãt de ceulx de leurs ordres comme des autres fut .c.l.xiiii.

¶ Thomas dacquin saint docteur fut canonizé le .v.ã apres son trespas

¶ Loys euesq̃ de tholose filz du roy de cecille et de lordre des mineurs est canonizé

¶ Empereurs — iiij Loys de .xvj.

Cestuy loys fut duc de bauiere et nespris la couronnatio du pape pourquoy il fut depose par le pape et aussi luy suruint/ dont moult de grans perilz et de larrecins il se efforca aussi de rompre lunion de leglise et puis daucun fredric duc daustrie qui estoit esleu contre luy en la tribulation et continuasse il demora obstine et ainsi a la fin et aussi emporta grant peril a son ame et en apres charles fut esleu contre luy lequel obtint et loys tumba de dessus son cheual et aussi mourut soubdainement

Clement il fut empoisonné en prenant la sacree hostie ceulx sont les aux freres et la prinse et nommee est que lesdictes poisons luy furent donnees par vng de lordre des preschieurs et par vng nommee frere bernardin de moute pellicano/ mais lordre de ceulx est excusee par aucunes lectres testimoniales q̃ disent auoir este enuoyees q̃ bonne de ceulx estoit infame et aille au maistre en theologie dudit ordre

¶ Lan du monde. — vi.m.v.c.xvij — vi.m.v.c.xviij

¶ Papes — xvj Benoist de .xvij.

¶ Le liure des clementines fut commãde a estre publie aux estu/ des et vniuersitees p nostre sait pere le pape Jehan .xxij.

¶ Lan de ihesucrist — .m.ccc.xiij. — m.ccc.xxiiii

Il fut declare par iehan pape .xxij. et sain et des prelatz estre chose heretique affermer que ihesucrist ne ses apostres nont riens ne en propre ne en commun ass declara ledit pape que affermer que ihesucrist et ses apostres ẽ ce q̃ la saincte escripture certifie quilz eurẽt que a eulx ne competoit de vser ne les choses donner ou de les distribuer q̃ ceste chose erronee et heretique Item ledit pape iehan reuisita des liures de ses predecesseurs de lordre saint benoist qui auoit estez faictz canonisez et le nombre de plusieurs prelatz qui sont compris es parolles suyuans,

¶ Mirus a iunice xpi deens benedicte

¶ In celo fisit cot fratres promeruisti ¶ Quigẽtos quinquaginta .v. m. quingz. ¶ Ad te translatos patres omnes canonizatos

¶ Pape sũt bis duodeni/ cardinales bis nouem in mũdi ierarchia

¶ Archiepi bini/ septem milia creati in fide catholica

¶ Quindecim milia digni pietate benigni scribuntur episcopi

¶ Ac inclicti quinq̃ dem abbates septingenti cũ quadragino nueto

¶ O quplures sine numero extitere inde circa prelati ecclesie

¶ Quotquot fraternitatis ꝯfere et sodales degunt socialiter

¶ Non est nostre facultatis/ ꝯpcta dicta sanctos ac filios differere

¶ Sed quos aliter ꝯfessos/ secũ ducunt celum choro perli palacia

Cestuy benoist fut de lordre de cyteaux/ et des monasteres de bollace et premierement sappelloit iaques du four de son enfance fut de bonne vie et maistre en theologie Et quant il fut fait pape il reforma lordre saint benoist et de cyteaux laquelle chose fut necessaire. Item il fut dur a donner benefices et si fut dire decretale a cette fin que les benifices ne fussent donnez aux indignes laquelle cõmence ainsi ✠ Benedictus deus in donis suis, et plusieurs prince de leurs benefices / il fut ardent en la foy et iustice/ et pour ceste fut moult cher a plusieurs/ il fut de grande sagesse que et propre volut congnoistre ceulx de son sang en disant que le pape na nulz parens.

Jehan mandeuille docteur en medicine et cheualier en armes fut de la nacion dangleterre il fut vng merueilleux pelegrinateur car il circuit quasi tout le monde et es/cript les merueilles quil auoit veues en troys langues

A Paris en ce temps furent de tres grans astrologues cest assauoir iehan de saxoine iehan de ligmeres iehan de muris et bertrand grant philosophe qui trouua la vie aux modernes.

¶ Vng grant vent fut qui abbatit les terres et les ... nes et abbatit plusieurs e/difices.

Lespece de ... vne tresse plu/sieurs choses en la cite ... et commune/ et de ceste vng beau liure escript/ vne grande inundacion deaues fut non pas de plu/yes mais sortit de veynes de la terre et fit dommaiges infinis par tout le monde.

¶ Empereurs

iiii Charles ans xxxii

Cestuy charles fut roy de boheme et fut homme prudent et fin bien/ cestuy par le commandement de clement fut esleu encores viuant loys contumace et inobedient pourtant quil demandoit la beneiction de saint pierre et estre confirme par le pape ala maniere des aultres. Pour ce pourquoy en tous ses faitz il fut bien adire et eut victoire contre tous ses aduersaires il fit plusieurs statutz et specialement la loy sauorable pour les personnes et biens spirituelz laquelle encores sappelle la karoline. Finablement il mourut plein de richesses et de gloire et fut sepulcy a prague

Entre philippe roy de france et edouard roy dangleterre eut tant grant homicide que la mer de flandres par aucuns iours deuint rouge

¶ Il fut vne grande pestilence et telle que les vifz nestoient point souffisans pour enseuelyr les mors. et aussi plusieurs villes par long temps en demourerent vacques

¶ Lan du monde. vi.m.v.c.xxxxi vi.m.v.c.lviii.

¶ Deshoges

¶ Papes

vi Clement ans x.m.

vi soites xvi.

¶ Lan de ihesucrist m.ccc.xxxxiiii m.ccc.lviii.

Cestuy clemens fut de sale et de nom tout debonnaire/ il mitigua plusieurs choses rigou/reuses que auoit ordonnees pape benoist et les vestemens anciens qui estoient prinez louable fut la rigueur de benoist/ mais plus aimable la benignite de clement/ cestuy estoit tres/bien lettre et grant prescheur et ... plusieurs sermons iamais personne ne sen alla de luy de/sole/ il fut esleu lan de ihesucrist. M.CCC.xliii.

¶ Les iuifz furent bruslez par toute alemaigne pour ce quilz auoient empoisonne les puys et les fontaines comme plusieurs deulx confesserent

¶ Il fut declare par pape benoist que les saintes ames qui nont riens a purger que tantost apres la mort voient la face de dieu et quautrement croyre ou tenyr est chose heretique

¶ Lordre des nouueaulx cheualiers de ihesucrist fut instituee en portigal par pape iehan xxii. a lencontre des sarrazins

¶ Lan de nostre seigneur. M.CCC.xxxv. fut fondee la maison de saincte barbe de lordre des chartreux a coloigne agrippine au lieu comment precedentement lon croyt la ou iadis saint seue/rin vit porter lame de saint martin au ciel accompaigne de multitude dangels

Oderique homme saint et de lordre des freres mineurs en preschant en asie et inde fit plusieurs miracles et se transporta par la mer infinies et inde la souueraine/ les corps des quatre sainctz martyrs depuis la cite de bonnes insules a la cite de ... et trouua sans grans miracles et plus escripte sa peregrination

¶ Vne multitude de vaillans hommes qui assiegerent le chasteau de ... auec ... au pictons et m. et cc. hommes de cheual furent chassez par deux mille ... et furent tuez quatre mille combatans et troys contes lan de ihesucrist m.CCC.xxxix

¶ Ung signe de feu a este veu lequel les philosophes appellent chandelles tournees et semblable-
ment au se esleverent mille trois cens et cinquante ung en maniere de penitenciers ceste secte mauldi-
cte se esleva en la haulte partie dalmaigne et puis descendit au bas / puis apres sen vindrent
au pays des galles et a ceste secte venoyent nobles et non nobles clercs et ignorans ensemble se bat-
toyent avec cordes nouees et aguillons ainsi par dessus / et se le pape neust deffendue ceste secte ilz
eussent attraictes plusieurs maulx.
¶ Saint yve de bretaigne est docteur en droit et canoniste car il fut advocat des pouvres et de
saincte vie entre les maistres modernes / il est tout seul compte saint.
¶ Taliardus cardinal de saint pierre advincula fut ung prelat devost et amy des religieux et
fut promoteur des bons.
¶ Une piteuse vision fut monstree a ung hermite en la presence de innocent pape, le luy estre
encore cardinal car il disoit / Jay veu descendre les ames en enfer come neges espesses et ay veu
descendre plusieurs en purgatoire come nege clere / mais je nen ay veu sinon trois qui sont entres
en paradis / cest assavoir saint bernard evesque et dune abbesse de romme / et ung prieur des chartreux
lesquelles choses il trouva puis apres veritables et des celle heure ledit innocent eut grant amour
et devocion aux deux religieux / et en especial il a prins ceulx de lordre de clugny et des chartreux
et si privilegia grandement ces deux ordres car il les exempta de tous patriarches / archevesques
evesques et de tous prelatz come de visitacion et de toutes aultres exactions / laquelle chose il vouloit
estre observee sur sentence dexcommuniement et les mist dessoubz sa protectio de saint pierre et du
saint siege apostolicque.
¶ Gibert de terre alemant et jehan wolffigerd angloys et de lordre des carmes sont nombres en-
tre les vaillans pour les sciences et doctrines quilz ont communiques.

Lan du mõde vi. m. d[illegible].

Pape — Vi. Innocent vie p. — De limo geo

Lignie de ihesucrist. m. ccc. liij.

¶ Cestuy innocent fut amy des religieux et fit edifier au royaulme de france pour amour de sa
ame aupres davignon ung monastere de lordre des chartreux et leur donna plusieurs pri-
vileges et finablement fut sepulcre audit monastere et estoit ledit pape grant canoniste.

¶ Jehanne royne de france fut tresnoble et devote et piteusement son croist que celle est sainte elle mourut lan de nostre seigneur mille. ccc. lx.

¶ Lestude de prague est instituee et douee de privileges par innocent. vi. a la peticion de lempereur charles.

¶ Il estoit ung liseur qui avoit nõ [illegible] et soubstenoit que la vierge marie navoit pas este concue sans peche originel lequel soubdainement tomba et mourut avant quil eut fait son sermon cõe testifie maistre henry de hessia laquelle chose espanterent plusieurs qui estrivoyent de ceste matiere / ceci fut fait car trop curieusement il vouloit enquerre le secret de dieu

¶ Lan iubile fut mise par pape clement de cinquante ans en cinquante ans pour lamour de la briefvete de la vie humaine.

¶ Jehan de bachone de lordre des carmes docteur en theologie fut regent a paris et puis en angleterre

Tremblemens de terre furent par diuers lieux/et basse rome quasi toute auec plusieurs chasteaux qui estoiēt alentour et alors les hommes demourerēt aux bois cōme bestes car ilz nosoient entrer aux citez/ilz furēt aussi plusieurs guerres pestilences et famines en plusieurs lieux/la terre engloutist lenne blanche a plaisance laquelle fit tomber plusieurs lieux et chasteaux fors et q̄ plus est furēt tāt perilleux pour lamour des heresies et sectes qui se esleuerēt ... regnas fut vng peuple ... et trop legier dont au liure de saincte brigide premier et au chapitre .xl.v. il est dit que selon la rigueur de iustice q̄ droictement le monde deuoit perir car le monde estoit pire q̄ au temps du deluge/mais pour la priere des saints la misericorde de dieu pardonne.

¶ Vne eclipse fut au commencement du mois de may et dura enuiron deux heures.

Empereurs.

¶ Enuiron ces temps charles permist q̄ les electeurs de lempereur auroient bancques et peages imperiaulx lesquelx furent mis en leur terre ainsi fut grande disputacion pour vne partie et pour aultre, car les vngz disoient pource q̄ cela nest point licite en disant quil nappartient de ainsi exposer lempire qui na point de force a resister contre les aduersaires/les aultres au contraire disoient que cela estoit fait raisonnablement a ceste fin q̄ les electeurs ne fussent greuez par aulcuns princes violans q̄ pource q̄ souuent aulcuneux princes ne chassent des seruices imperiales pourquoy doncques lesditz electeurs deuoient prendre exactions. Peu quelz nauoyent qui les deffendist/toutesfois laquelle de ses raisons est meilleure ien remetz la determinacion a ceulx q̄ il appartient/et aussi de ceulx entre aultres le rescrit a traicte plus a plain en listoire des bohemes mais quelq̄ chose quel cōclue la disputacion il fault dire que ce monde ne tendra pas la bonne et establete a confirmer car cōme dit le sage/Nichil stabile sub sole cū cuncta subiacent vanitati.

Lan du mōde vi.m.v.c.lxxij.

Pape — V. Vrbani. de.vth

Lan de ihesucrist. m.ccc.lxvij.

¶ Cestuy fut premierement de lordre de saint benoist et abbe de marseille et fut docteur en decret/il fit prescher vne croysee cōtre les turcs et ordonna le passage ihesucrist a lui fut enuoyee saincte brigide pour la cōfirmacion de la reigle/et finablement il fut empoysonne et mourut.

¶ La cōstitucion in vinea fut a rōme publiee le ... du pape vrbain et en leglise de saint pierre alencontre de la faulse et de simonie.

¶ Brigide fut vne saincte vefue du royaulme de suece laquelle eut plusieurs reuelacions informatiues de tous les estatz de leglise et elle institua vng ordre duquel elle est patronne sa feste est celebree le .xxiij. de iuillet.

¶ Lordre saluatoris qui cōmunement lon appelle lordre saincte brigide enuiron ce temps fut cōmencee laquelle reigle se nōme saluatoris dicta.

¶ Katherine de sene fut vierge de saintete incōparable/sa vie fut escripte par maistre iehan de lordre des prescheurs lequel estoit son confesseur elle mourut lan.m.ccc.lxxx. elle instiga moult la partie de vrbain sixte en disant quil estoit vray pape/et fut prophetisse de la scisme elle eut auec elle la vierge saincte katherine fille de saincte brigide/et plusieurs aultres venerables personnes hommes et femmes.

¶ Iehan de roche taillee/de lordre des freres mineurs predist plusieurs choses qui estoyēt aduenir cōme de deux antecrist et de la desolacion des terres et de la generale cōculcacion du clerge et de la reduction de tout le monde a la foy de ihesucrist car il lui furent plusieurs choses reuelees par nostre redempteur enuiron lan.m.ccc.lxv. lesquelles choses naduindrent point pourquoy il fut tenu en prison aussi escript beaucop de choses aduenir. Et note q̄ quasi despuis le commencement de la foy/ont este plusieurs pronosticateurs lesquelz ont voulu parler des sectes que dieu mette en sa puissance/pourquoy ilz sont deceuz et a ceulx on ne doit adiouster foy.

¶ Les angloys & les bretons & plusieurs aultres peuples barbariens en nombre plus de xl.m. invaderent le pays de alsace et lingamie et prindrent citez et chasteaulx lesquelles citez ilz destruirent et si violerent eglises et monasteres et puis apres plusieurs treomes ilz attempterent de prendre les terres des bernois/mais vne grande multitude apres leur vne furent tuez par les bernois en leur chemin et les aultres furent affaillys par les suisses et ainsi moururent les dessus ditz miserablement lan .m.ccc.lxxv. et le conte sauue estienne prothonotaire.

¶ La secte des danczans passa lan .m.ccc.lxxiiii. et fut le ciel grant incomparablement.

Wenceslaus .xxxiiii.

Partholet.

¶ Il de furent en ce temps grans legistes.

¶ Cestuy wenceslaus fut filz du dessus dit charles roy de boheme et voulut le pere qu'il fust esleu roy et encore estant enfant et ne luy chaloit de lempire / et pourtant apres plusieurs admonicions il fut depose/le noble conte leopolt fut pris par dire suyvant ce et aussi la fut pris sans honneur/il fut fort degenerant des meurs et bonne vie de son pere ne iamais ne fut couronne ne vrayement de lempire/mais le pere prudent et saige mist au lieu de cestuy la son frere sigismonde comme il apparestra apres/

Lan du monde vi.m.vi.c.lxxviiii.

.xi. gregoire .xi.

Urbain vi. ans .ix.

Clement vii. ans .xv.

Lan de lincarnation .m.ccc.lxxviii.

¶ Cestuy gregoire premierement fut appelle pierre de bellefort du diocese de limoges et fut cardinal diacre/il mourut a romme apres luy vne vice tribulacion que nostreseigneur pardist avoir monstre a saincte brigide et fut de ce ladicte tribulacion pour les pechez du clerge/

¶ Vne femme eut les playes de ihesucrist es piedz et es mains laquelle demoura en vne petite ville nommee delftes parties de holandie.

¶ Cestuy urbain fut esleu a romme par la force des rommains car les cardinaulx le esleurent par force . et ainsi pas pour avoir pourquoy ilz se transportent en vne cite par dela et dirent que cestuy nestoit point pape et esleurent au lieu de cestuy dont robert de geneve et le nomme au quel avoit este esleu le dit clement et ie commencera vne lamentable scisme.

¶ La xvi. scisme fut plus maulvaise et plus suberle que toutes aultres precedentes tellement que tous les grans clercs et hommes plains de conscience ne povoyent discerner auquel lon devoit plus adherer et continua .xl. ans avec grans esclandres de tout le clerge et grant domage aux ames/pour amour des heresies et des aultres deturbacions qui adoncques commencerent pourtant quil ny avoit point de discipline en leglise et pour ce depuis cestuy urbain iusques a martin quinte ieux seulz qui fut pape.

¶ Alexandrie est vne cite en egipte/tresriche/laquelle est prise par les crestiens.

¶ La cause de la malice humaine est assignee par plusieurs docteurs et entre les aultres causes ilz disent que cest pourtant que les enfans ne sont pas instruictz en disciplines mais pourtant les parens quilz vivent es delices et plaisances/et leur acoustumance passe en nature et vivent sans honte ne vergoigne infames a tant que par pouvretes/guerre et labeurs les molestent pourquoy nous pouvons dire que flagellum ergo sibi preparat qui filios non castigat

Leupolde duc daustrie auec vne grande compaignie de nobles et de cheualiers est vaincu par le conseil des nobles il vint assaillir auec les suisses en grant puissance et par gens de bataille pour sempacher/ toutesfois que combien que ceulx fussent peu gens et non pas oultre le nombre de .m.v.c. Innocentement le nom de dieu a leur protection et ayde/ ilz chasserent toute celle grande puissance et tuerent le duc auec huit contes et cent et vng cheualier et quatre mille combatans auec plusieurs nobles qui estoyent venus daustrie et des aultres pays circonuoisins qui estoient venuz a la bataille et des suisses moururent tant seullement .c.xx.ii. Et fut fait ce cy lan .m.ccc.lxxxvi. le .ix. iour de iuillet/ et apres deux ans les nobles qui estoient demourez retournerent auec .vi.m. combatans mais .cc. hommes de glaronne les mirent en fuyte et en furent tues .ii.m.cccc.

Empereurs.

empereur. ans .ix.

¶ Cestuy empereur autrement dit robert fut duc de bauieres et conte palatin fut homme iuste et catholique et fut couronne par boniface .ix. cestuy auec vne grande armee entra en ytalie contre iehan galeace mais il sen retourna a une grande playe et fut chose iuste quil souffrist par iustice diuine.

¶ Henry oyte maistre en theologie renomme.

¶ Henry de asie docteur en theologie furent de vienne deux lumieres de leglise.

¶ Jehan rusbruch fut homme renomme et deuost lequel laissa plusieurs escriptures en aluiant.

¶ Vincent de valence autrement de ferra /fist plusieurs miracles et fut canonize par calixte tiers laquelle chose il dist par auant et en esperit de prophetie

¶ Bernard son disciple.

Lan du monde .v.m.dlxxxiii. .vi.m.dcxiii.

boniface. ix. ans .xv.

Pape

benoist. xiii. ans .xxi.

Lan de crist. .m.ccc.lxxxix.

¶ Cestuy boniface fut esleu a romme au lieu de vrbain et sappelloit parauant perrus de thomacellus cestui est commence la solemnite La feste de la visitacion nostre dame fut instituee par vrbain sexte a la forme de la feste du corps de dieu affin que par ses merites de la vierge marie fust impetree vnion/

¶ Cestuy benoist fut esleu en auignon au lieu de clement il sappelloit pierre de la lune et huit ans auant au concille de constance il abdiqua benoist esleu/ mais tousiours demoura pertinax/ Et finablement mourut au royaulme darragon et commanda a ses cardinaulx que apres luy tantost esleussent vng aultre en son lieu laquelle chose ilz firent mais ilz esleurent vne personne lequel ilz appellerent clement viii mais finablement il ne prouffita riens

Une peruerse heresie dicte de iehan wiclef commenca en angleterre et de iehan hus en boesme et de iherosme de prague et fut celle en plusieurs lieux et par icelle plusieurs furent infaitz a reconciliee. Une secte et simple soubz labit de beghins car ilz entendoyent de subuertir tout lestat de saincte eglise mais vng maulditz temps seuradiant pour la sainte fondalerise.

¶ La heresie adamitarum commenca a sortir en boesme/ mais tantost fut destainte car elle estoit trop grosse et honteuse car ilz alloyent tous nudz et indifferentement habitoient auec les femmes.

¶ Petrus thome fut saint et fut euesque et patriarche de constantinoble et bailla dextant et porta la banniere du souuerain roy/ et batailla auec les ennemis de la croix tant spirituellement comme corporellement et esclarcit plusieurs lieux et fist plusieurs miracles en saincte guise qui est du royaulme de cypre et rendit lesperit le iour de lepiphanie.

Une comete apparut asses singuliere laquelle avoit sa come et ses raiez le contremont du ciel et sa teste pendoit a bas devers occident passant vers septentrion/les astrologiens ont dit que entre les cometes qui ont acoustume dapparoistre ceste est tresmerveilleuse/mais pourtant quelle napparut pas au matin mais devers le vespre quelle signifioit q cela/quelle menasse communement dict droict tard son doit bien tard que ceulx qui veullent prophetiser les influences du ciel disent verite/car des choses qui sont a advenir nul ne peult bien determiner la verite sans faillir et aussi cestuy qui toutes choses a creees peut facilement pour ses amys les choses muer. Et pourtant dit le prophete/Opera manuum tuarum sunt celi/et sicut opertorium mutabis eos/Et combien que les estoilles et les planetes causent generations et corruptions en les choses inferieures come dit aristote au second de phisique toutesfois ceste ne se estent pas aux oeuvres des hommes comme sont guerres et dissencions et passions de gens et combien q a telles choses les hommes aucunesfois soyent enclins par les influences du ciel / touteffois ilz ne sont pas necessitez ou contrains ou autrement il fauldroit dire que lomme navoit pas son liberal arbitre/pourtant tholomeus dit. vir sapiens dominabitur astris cest a dire/que lomme peult resister a linfluence celestielle.

Devant ces temps france avoit este long temps en fleur/mais en ce temps elle fut en douleur et fut contrainte selon la maniere et variablete de temps/Et note q les francois dechoirs de leurs pais/cestassavoir en turquie en ce temps tomberent miserablement en bataille pourtant quilz ne voulurent pas croyre le conseil du treshault roy sigismonde/et la fut pris le duc de bourgongne et furent tues plus de cent mille crestiens/lan.m.ccc.xcvi.

¶ Loys duc dorleans frere du roy de france fut tue a paris deceptivablement lan.m.cccc.vii. Et fut cause de maulx infinis.

Lan du monde vi.m.vi.c.[illegible]

gregoire xxiii. ans.xii. — jehan. xxiiii. ans.iiii.

inocent. vii. an.ii. — alexandre v. an.i.

Ligne de ihesucrist. m.cccc.iiii.

¶ Cestuy innocent fut esleu a romme au lieu de boniface/et sa perdition par anciens cosmatus de pe[illegible]ese.

¶ Cestuy gregoire fut esleu a romme au lieu de innocent et sa perdition par anges augelus corarii et orda a constance

¶ Cestuy alexandre fut esleu au concille de pise par avant et la perdition pierre de candie et aussi fut adionste schismatique car ilz estoient trois qui se disoyent papes.

Cestuy iehan succeda a alexandre et premierement il commenca bien pour la. dicton car il fut au concille de constance et se offrit de faire cession de la papaulte mais il devant chose maulsiuais car secretement il sen fouyt et si ne luy prouffita riens/car il fut pris et par force fit cession et fut remis cardinal et puis fut sepulchre a florence.

¶ Il y a trois temps lesquielz communement sensuivent et selon cest ordre per tout estat et toute condicion se gouverne/le premier est estat dabondance/le second de indigence/et le tiers de attrempance quant en labondance des biens temporelz prosperent les hommes en telle facon sont courageux quilz veulent grande chose entreprendre/et pensent q leurs tresors soyent ditz toutstemps et si les nourrissent delicieusement et pompeusement et de telle de legier sensuit discorde/car lung ne daigne faire place a lautre iusques a tant q guerre est entre eulx/laquelle amene souveraine pouvrete.

¶ Iron quant nous avons indigence et que nous experimentons moleste nous devenons prudens et sages et ouvrons et encore non pas comme nous voulons mais comme il nous est permis et disposes de divine experience/puis vient le temps tempere lequel de rechief et comme premierement commence a ceindre le cueur gros/et commence quasi a contraindre le cueur a une instablete selon le commun proverbe. Divicie pariunt animositates/animositates bella/bella paupertatem.

¶ Une comete apparut lan m.cccc.viij. a decontinët apres les liegeois feurent tues par le duc de bourgoigne plus de .xl.m. et la cite est brulee avec esglises et monasteres lesquelz furët aussi tuees prestres femmes et enfans en grant nombre lan m.cccc.viij. la cause de ce mal fut car leur evesque estoit de puissante maison et noble mais aussi ne stoit pas de meurs et de devotion/car il vouloit avoir la dignite episcopale sans lordre de prestrise/pour laquelle chose les bourgois et habitans de la ville le misrent dehors de la cite et leur eurent ung prince pourquoy le duc de bourgoigne con[illegible]

¶ Les seigneurs de prusse eurët bataille cötre le roy de polonie. mais ilz furent vaincus et en moururët .xl.m.

Sigismundus .xxviij.

Empereurs.

¶ Cestuy sigismonde roy de hongrie et filz de charles/cestuy treschrestien fut humble et devost et dignement devoyt estre canonize selon lopinion daulcuns/car quant leglise fut affligee et desolee il luy secourut par sa grande sapience et tresdiligente/ Et si ne spar. narres. ainsi jusques a tant quil fut faicte pleine union il eut .ix. batailles cötre les turcs mais tousjours victorieux et quoy plus toutes les choses dignes de louenge que lon attribue a theodose/a charles/a otthone et aux aultres empereurs seurement lon peult appliquer et attribuer a cestuy/ Il fut esleu lan m.cccc.x. et quant il eut regne .xxvij. ans il fut en hongrie couronne par ung herie.

Le concille de constance de lan m.cccc.xvi.

¶ En cestuy concille la foy catholique q quasi deffaillie fut fort refermee car la scisme q avoit dure .xl. ans fut terminee et les heresies condempnees et deux princes de heresie/cestassavoir jehan hus et hieronime furët brulez cest scevoir plusieurs bieus instituez. Il determina aussi ladicte sexie q le concil legitimement congregue represente [illegible]

Lan du monde [illegible] vi.m.de.xij.

Pape.

S. Martin .v. .viij.

Pontificats

Lan de crist m.cccc.xij.

¶ Une grand multitude de pleurs quasi incenguez qui estoyent conviez en la grandeur dung paisant soubz de galles pres de beme et tenoyent de long environ ung mille et de large ung quart de mille et tantost apres sigismonde vint avec ung moult noble compaignie.

¶ Conscience pure fut laissee aux prelatz de leglise les saulneurs gouverneur louablement leglise de ihesucrist tant par leur bonnestie comme par bon exemple/ mais par succession de temps leglise est abondee en richesses et les prelatz ont oblie conscience et science qui fait plusieurs gens cesser et creer faire plusieurs presider a leglise lesquelz ont par leur science palie la saincte escripture et par les delices de la chair/non pas doubte de fauser la justice de dieu et si sengendrent plusieurs sectes en heresie

¶ Cestuy martin fut esleu par le conseil de constance et les aultres qui estoyent en contencion furët deposes lesquelz long temps avoyent eu scisme et ainsi retourna la union long temps desiree et necessaire pour la deffension de la foy. cestuy fut pape tresmisdaic riche et fut grant justicier/il reediffia les passages/ il effacza les heresies/il fit plusieurs biens a layde du prince sigismonde/et pour recouvrer la terre saincte/ il congrega grans tresors mais la mort le surprint et leuvre fut empeschee/ Il demanda q devant sa mort le concille fut congregue a basle

Paupertas mediocritate mediocritas divicias/ divicie iterü ammositates [et]c. Et ce cy est ce que dit le prophete david au psalme. In circuitu impii ambulant. [illegible]

Boesme est gastee par sigismonde et par les princes dalemaigne pour une heresie quilz tenoyent et fut la croisee donnee et preschee contre eulx.

¶ Le noble royaulme de france fut miserablement gaste par henry roy dangleterre lequel ne pouoit souffrir les siens estre en delices mais quant il eut afflige les aultres/il ne demoura pas impugni/car dune mauldicte maladie il finit ses iours.

¶ Item iehan duc de bourgoigne desira pareillement ledit royaulme/et puis apres fut ledit duc tue qui a este occasion de maulx infinis/puis apres le cardinal de saincte croix de lordre des chartreux trouva moyen de paix entre eulx laquelle paix les angloys ne voulurent point mais tant seulement les bourguignons furent contens de paix.

Empereurs.

Jehan duc de bourgoigne fut tue a montereau en la presence du roy de france tantost apres les tresves dont sensuyvirent plusieurs maulx et par longtemps.

¶ Leglise universelle et qui la faict moyen/puissance de iesuchrist auquel tout estat papal mesmement doibt obeir quant a ce qui est de la generale reformacion de leglise/ establissoit en bonne foy et en bonnes meurs tant au chief comme aux membres. Item ordonna que le concille fut celebre de dix en dix ans/et si fit plusieurs aultres decretz.

¶ En la presence de sigismonde deux amans furent tellement liez ensemble que depuis quilz ne pouoyent longue de leurs amours a leurs voulentes furent frappes de si grande maladie que la fente tantost moururent lune a peine peult querre en quoy appert le grant mal de ceste folye.

Lan du monde De.iii.[illegible]

[illegible]

iiii eugene. xvi.

Lan de iesucrist. m.cccc.xxxi.

Cestuy eugene fut eslit a rome paisiblement apres la mort de martin et sans nulle doubte fut pape/mais puis apres fut expulse de romme tellement quil sen fouyt nud et puis fut cite au concille de basle et aussi depose/mais il ne luy en chaloit et le derechief felix succeda/laquelle dura iusques a sa mort et ceulx qui luy estoient favorables dirent plusieurs biens de luy/et par le contraire ses adversaires dirent plusieurs maulx/toutesfoys quelle chose que ce soit doubte quil partit de ceste dignite il fut homme de tresbonne vie et de bonne conscience/aussi il recouvra comme a lapostolique ses benefices et eut plus grand obeissance.

¶ Et assembloient plusieurs grans benefices moyennant la dispensation du pape/toutesfoys anciennement par les exemples avec conscience pure/car ilz estoient enluminez de saincte science et prouffitz a plusieurs aultres ont este enseigne iustice/lesquieulx aussi splendeur du firmament sont tenus en la felicite eternelle/mais doulcement ie puis dire que en ces temps conscience est rasee/et que seullement ceulx qui ont deffault de science et de foy gouvernent lespouse de iesucrist et sans honte de dieu ne de ses saintz dissipent benefices/et que plus est nous voyons les lais qui admodient parroches et monasteres combien que le patrimoine soit depute aux ministres de leglise pour administrer aux povres/mais au iour duy il est devenu aux tirans et au usaige meretrical tellement que les eglises et sacres monasteres sont destruictz aux lieux desertes pour quoy viennent guerres mortelles destruction de citez et royaulmes et moult lamentables et innumerables [illegible] et que plus est devant nous yeulx voyons maulx infinis lesquieulx viennent pour la pompe des eglises et pour la insaciable avarice des prelatz.

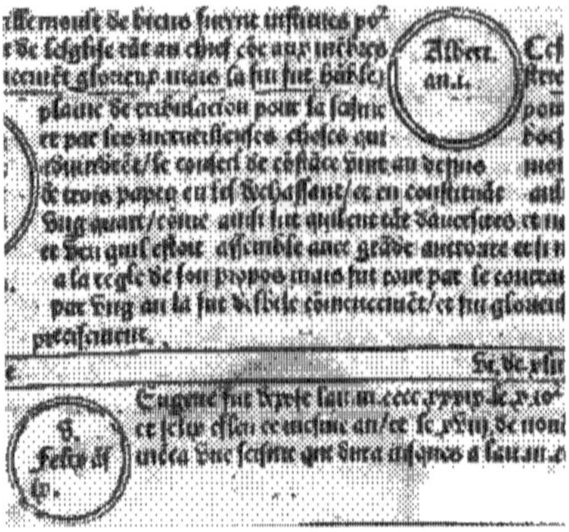
ſemonſt de biens furent inſtitues po
de leglyſe tāt au chief cōe aux mēbres
ureuſe glorieux mais ſa fin fut baſle
plaine de tribulacion pour le ſciſme
et par ſes inreuerſſieuſes choſes qui
cōmuniées/le conſeil de cōſtāce vint au depos
de trois papes en lui ſe chaſſant/et en conſtituāt
vng quart/côme auſſi fut quilenie de lauerſite et
et dieu quil eſtoit aſſemble auec grāde auctorite
a la regle de ſon propos mais fut tout par le contra
par vng qui la fut deſſiele cōmencement/et fin glorieu
preceſſeurs.
Le de
Eugene fut depoſe lan m.cccc.xxxix. le x.io
et felix eſleu ce meſme an/et le xiiii de nou
uecea vne ſciſme qui dura iuſques a lan m.
Albert. an.i.
S. Felix ii.
Ce
Pre
pou
doc
mo
au

Constantinoble cite imperiale fut prinse par les infideles turcs et destruicte par ung genevois lequel fut constitue roy par lespace de trois iours combien les turcs luy a-voient promis et le quart iour fut decolle/alors fut faicte plainete a grande paour en toute la crestiente car plusieurs crestiens furent tues iuifs et ung innumerable nombre vendus par la vengeance du turc le corps de lempereur decolla mort fut deschire et ainsi la foy pe-

¶ Batailles en diverses lieux ont estes commises specialement en saxonie/ducie et en grece picardie/ flandre paris/savoye/boeme et specialement en angleterre grant homicide.

(iii. Frederic)

¶ Cestuy frederic duc daustriche fut esleu roy dalemaigne et differa long temps de estre couronne par la main du pape a cause de la scisme/mais quant la union fut faicte il fut couronne a romme par nicolas en grant triumphe et en grant gloire. il fut homme pacifique et de grande patience ne iamais ne greva le clerge/il espousa la fil-le du roy de portingal. Et lan.m.cccclxxi.il fit grande congregacion de princes en ratispone a cau-se des turcs et proposa auxditz princes que devant.xx.ans la crestiente estoit diminuee a cent lieues a la ronde et ainsi les admonnesta a resister contre lesditz infideles.

Albert ce cestuy fut esleu a franquefort roy dalemaigne Lan.m.ccccxxxviii. et le.xxiii. de mars tantost il fut empoisonne et mourut/Les aultres disent que ce fut du flux de ventre/il fut homme totallement vertueux et tant piteux que le peuple disoit que le monde nestoit pas digne quil parlast/Il laissa ung petit filz auquel semblablement advint avec deux filles.

Lan du monde	vi.m.vc.xiiii.	vi.m.vc.lxiiii.

Papes (v. nicolas des .v.) De nez noff — (iii Calixte s iii.m) Castelani De

Lan de iesucrist.	m. cccclviii.	m. cccclviii

¶ Cestuy nicolas fut esleu a romme lan.m.cccc.xlvii au lieu de eugene estant encore scisme/ mais petit a petit il obtint obedience par tout/il fut tout le mon de esbay comment ung homme de basse et petite nacion peult parvenir contre ung tant noble et puissant prin ce comme le duc de savoye qui estoit affin quasi a tous les princes de crestiente/mais ledit felix pour lunion de leglise ceda a la dignite papalle/et ainsi ce fut le bon plaisir de dieu de glorifier son nom par les abiectes du monde /cestuy nicolas fut maistre en theologie et fort actif a conception/il reedifia plusieurs choses destruictes et autour de palais de romme fut commence grande muraille/et refist la muraille de romme pour la crainte des turcs/Il fut parfaict ung vers a romme. Lors fuisit ainsi cessit felix nicolas/Cessassarce lan.m.cccclviii

¶ Cestuy calixte fut homme fort ancien et esleu lan.m.cccclv. et fut continuellement malade et ne peult pas accomplir le vo-eu quil avoit contre les turcs a cause de sa viellesse et de la mort qui le surprist/il mou-rut lan.m.cccclviii.le tiers de iuillet lequel tiers il avoit institue la feste de la transfiguracion nostreseigneur au iour pre-cedant.

¶ Frere iehan capistran apres le trespas de calixte fut a la reformacion nouvelle et faict mira-cles et mourut lan.m.cccclvi. et apres la victoire des turcs/

¶ Le iubile fut celebre devotement par toute la crestiente et vint une merveilleuse multitude de peuple visiter les corps de saint pierre et de saint pol/aussi nostre saint pere le pape envoya la rose consacree la dimenche de letare a tresexcellent prince lansgraue de hassie qui estoit remply de vertus lequel estoit le.vi.de la lignee de saincte elisabeth

¶ La feste de la transfiguracion de nostreseigneur fut instituee par pape calixte pour rendre gra-ces a dieu de la miraculeuse victoire que les crestiens eurent contre le turc en hongrie. au

Une victoire miraculeuse fut donnee du ciel aux crestiens et au pays de hongrie contre le grant turc lequel perdit grant nombre de gens et son fort. Diuturnellement combien que nul ne le fuiuist car la seule main de dieu lespouenta le roin & saint frere mil.cccc.lvi. et ainsi fut faicte grande vengeance/ et saint iehan capistran donna couraige aux crestiens tellement que les turcs disoient que ung si grant nombre de gens darmes les suiuoient que a peines estoient regardez derriere eulx toutesfois nul ne les chassoit sinon iustice diuine et les anges de dieu.

¶ Les enfans en ce temps seulx aloient en grandes compaignies a saint michel et estoit en grant paour que le mauluais esperit ne les agitast/ mais tantost cessa cecy par lenuy du grant chemin et de la famine quilz enduroient lan mil.cccc.lvii. et lan precedent fut grant tremblement de terre a naples tellement quil perit .xl. mille hommes.

¶ Limpression des liures qui est une science tressubtile et ung art qui iamais nauoit este veu fut trouuee enuiron ce temps en la cite de magonce/ ceste science est art des arts science des sciences laquelle pour la celerite de son exercice est ung tresor desiderable de sapience et de science lesquelles les hommes desirent a obtenir par instinct de nature/ lequel art si est sailly de la profondite de tenebres et de obscurite et est venu en ce maling monde lequel enrichist et enlumine/ la vertu infinie des liures laquelle iadis estoit a athenes et a paris et aux autres estudes a maintenant estre manifestee aux pouures indigens estudians escoliers/ ceste multitude est diuulguee entre tous peuples langues et nations tellement que doresenauant nous pourrons regarder et dire ce qui est escript au premier chapitre des prouerbes. sapientia foris predicat/ cest a dire que par la vertu de ceste science et art dimpression/ sapience preschee par dehors quant en toutes places comme sa voix et que aux portes des cites profere ses parolles et dit/ enfans a quant petit peuple a mectez en enfance &c. et mesprisent les marguerites/ toutesfois en cecy nest pas blessee sapience du saige/ qui achete les marguerites a ses pourceaux.

¶ Lan du monde vi.m.vi.c.lvii

¶ Papes. ij. Pius .ij. Tuscan de sene — ij. Paulus .ij. Venicien

¶ Lan de iesucrist m.cccc.lviii.

¶ Cestuy pie fut esleu lan mil.cccc.lviii. et parauant sappelloit eneas il estoit homme eloquent grant orateur et poete laureatus/ par ainsi quil fut embassadeur de lempereur au concille de basle et escript ung beau traicte de lauctorite diceluy/ il canoniza saincte katherine de sene lan mil.cccc.lxi. cestuy desirant a ordonner le passaige oultre la mer quant plusieurs alemans furent venus il les renuoya auec sa benediction pource quilz nestoient pas souffisans a tant grande entreprinse et finablement il mourut lan mil.cccc.lxiiii. le .xiiii. iour daoust

¶ Les turcs par traison et par fraude prindrent le royaulme bossenoys et la duchee despotes et plusieurs autres lieux et royaulmes es parties oultre la mer comme la prouince achaye et lisle de methelaine et fut cecy faict lan mil.cccc.lviii.

¶ Magonce est prinse lan mil.cccc.lxi.

¶ Cestuy paulus fut esleu lan mil.lxiiii. lequel tantost approuua la feste de la presentation nostre dame comme aucuns dient/ cestuy fut bien meur en assigner les supplications/ et fort de iustice et disoit quil valoit mieulx peu donner/ et cela fermement garder que de plusieurs assigner. et tantost tout cecy il fist construire ung grant palays a saint marc/ mais auant quil fust acomply il mourut lan mil.cccc.lxx. le .xxi. de iuillet

¶ Lan iubile fut mis pour le salut des ames par paule de .xxv. ans en .xxv. ans et aussi pource que la grant habondance iniquite croissoit par dessus habonder.

¶ Grande reformation de plusieurs monasteres a este faicte en plusieurs parties du monde. Et non ce que lon dist que ces reformacions plusieurs fois ont estees faictes/ mais a paine il ya ung deulx qui par succession de temps ne soit retournee a son premier mal/ incontinent apres la mort des venerables peres.

¶ La cite de [illegible] que antreciste on appelle [illegible] fut prise par les turcz lan mil CCCC septante

A U commencement de lan mil CCCC septante et ung enuy/ ron la feste saincte agnes sapparut une comette q pas/ sa fut coloigne en opposite du signe libra y aiant une grande queue [illegible] quasi comme trente degrez laquel le demoura en occident a la feste sainct blaise/ et demora au signe

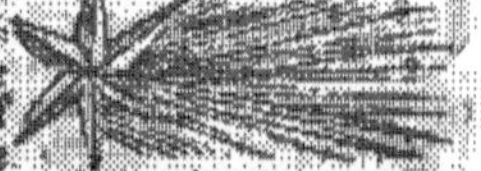

de aries [illegible] la queue [illegible] orient [illegible] ainsi esloignement [illegible] elle estoit blan che aucunesfois enflammee [illegible] / puis apres furent diverses batailles et epidimies en plusieurs parties [illegible] fut ung este tres ferude [illegible] une secheresse [illegible] en aucunes terres fut le feu par [illegible] a [illegible] a lorraine

¶ Au pays des suysses fut ung [illegible] homme q demora en grande [illegible] sans [illegible] le corps de nostre seigneur [illegible] ans sans [illegible] autre viande

L An mil CCCC lxviii Charles duc de bourgongne entra au pays du liege et la fut cruelle bataille contre les [illegible] liegois [illegible] la noble [illegible] cite de liege [illegible] se deffendirent contre ledit pays/ et apres lan mil CCCC [illegible] il entra en la terre [illegible] et la obtint toute la duche [illegible] la duche de lorraine [illegible] victorieux [illegible] une grande puissance [illegible] ung [illegible] puis apres [illegible] grant [illegible] sur les frontieres des suysses et la fut assailly par [illegible] mille [illegible] au pres de [illegible] et la fut [illegible] le duc/ [illegible] il retourna pour assieger la ville de morat ou il fut derechief [illegible] chasse [illegible] lan mille cccc lxxvi [illegible] semblablement il vint assieger la ville de nancy en lorraine et la en aspre bataille [illegible] lan mille CCCC septante et sept et son epitaphe fut fait en la maniere qui sensuyt

¶ Te piguit pacis [illegible] ¶ Hic iaceo [illegible] tibi

¶ Lan du monde. | vi.m.[illegible] | vi.m.[illegible]

¶ [illegible] | iiii Sixte. | ¶ [illegible] | viii Innocent

¶ Lan de lincarnacion | m.cccc.lxxi | m.cccc.lxxxiiii

S Ixte auquel il fust cardinal [illegible] gene [illegible] il fut esleu lan mil. cccc lxxi. par avant il sappelloit francoys de savonne [illegible] et estoit homme de bonne [illegible] et [illegible] il fut appelle a la dignite cardinale [illegible] Ce mesme an il fut fait pape [illegible] Ce mesme an il fut fait pape [illegible] diacre de [illegible] le turc [illegible] la [illegible] et [illegible] vingt [illegible] CC [illegible] peuple tant de hommes comme de femmes [illegible] [illegible] se disposast a ce [illegible] contre les turcz

I Nnocens pape viii genevoys [illegible] pere fut nomme [illegible] chevalier de famille q par avant [illegible] Iehan baptista Et apres pape [illegible] esleu cardinal [illegible] le titre de [illegible] auquel [illegible] il fut esleu pape Et comme entre ses autres le plus povre [illegible] plus [illegible] se tenoit [illegible] pour sa grande hu/ milite [illegible] humilite il merita destre esleu pape [illegible] en conseil estoit tres prudent [illegible] de grant couraige comme il fut [illegible] quant il fut [illegible] [illegible] si bien [illegible] sagesse [illegible] couraige aux seigneurs cardinaulx quil fut esleu/ [illegible] en [illegible] remission de ses pe/ chez il [illegible] nostre seigneur [illegible] tresor de leglise tres liberallement

¶ Mathieu roy dongrie osta austrie de la main de lempereur Frederic puis en [illegible] a [illegible] Lan mille quatre cens [illegible]

¶ Le benoist symon enfant de [illegible] ans moys fut martyrise par les iuifz en la cite de trente lan mille cccc septante cinq le iendy saint devant pasque/ les iuifz firent de son sang [illegible] en le crucifiant [illegible] de son corps le sang [illegible]

Une ieune fille nommee stine es parties de Westphalie et en la ville qui sappelle borcecen diaponict les enseignes des benoistes playes de nostre saulveur ihesu crist es piez es mains et au coste et estoit vierge nouvellement convertie cest assavoir lan mille CCCC lxxiii. et apres lespace de .xv. sepmaines et environ la feste du sacrement de lautel devant tous elle monstra ses playes devant .x. ou .xii. tesmoingz et si leur dit que dedans deux heures elles retourneroient a leur premier estat ne les verroient point et ainsi fut fait car les lieux desdictes playes estoient gueris.

Empereur — Maximilien

Cestuy maximilian archiduc daustrice et duc de bourgoigne filz de federic tiers empereur romain nommee est homme de si grant vertu et prudence anobli avec la science de chevalerie qui de sa ieunesse na pas este sans labeurs de guerres infinies ou il a este bien fortune et victorieux lequel pour la louange de ses vertus les gens electeurs du sainct empire dalemaigne lont esleu roy des rommains presens son dit pere en francfort lan de nostre seigneur Mil.CCCC.lxxxvi. Et tantost apres en la cite de aix imperiale dicte aquisgrane lont couronne a leur usaige selon la coustume en dict roy et empereur. Il a eu lequel a prins a femme marie fille de charles duc de bourgoigne pour sa fin et de guerres et batailles dignes de memoires.

Lan du monde

Lan de ihesucrist

Le second an de sa duche de bourgoigne au pays de flandres il a heues grandes guerres avec les gallicans par lesquelles a soustenu la puissance des francoys. En ceste honnorable election moult en francfort tresnoble prince electeur albert marquis de brandebourg homme ancien qui avoit lelection a ladministration de la magestie imperiale deuement gouvernee. Semblablement mourut en ce lieu le venerable et devot prince le conte iehan de hoerdenberg evesque augustensis qui estoit venu a francfort pour ladicte election.

Jean maximilien roy des rommains lequel avoit faict manifestement ceulx de gant et de bruges estre alez par serement sur ceulx et estre prins ensemble et en partie occis ceulx qui a leur bonne foy se confioient de sa magestie laquelle leur avoit fait grace et donne remission soubz pugnir

Des vertuz du treschrestien roy loys et de ses anciens predecesseurs le superscdicts et imprimez en ce present traicte veu que les croniques en font tant grandes et diffuses que cestuy ne pourroit souffrir a escripre les grandes prouesses et vertuz cy presentes inferees. Ne autre chose pour le present le presumons de dire fors que ce present livre a este translate de latin en francoys par venerable et discrete personne Maistre pierre farget docteur en saincte theologie de lordre des augustins du couvent de lyon Lan mil.CCCC.lxxxiii. Regnant ledit loys paisiblement en france et lan de son regne xxii. Explicit

Imprime a Geneve le xxviii iour davril Lan M.CCCC.xcv

Cy apres sensuyt vne table briefue & vtile des oeuures precedentes & presente liure fa fascicule des temps au quel sont comprins tant ecclesiastiques comme laiz pour trouuer promptement les hystoires & choses memorables escriptes depuis le premier homme Adam iusques au temps de pape innocent. viij. & de charles par la grace de dieu roy de france.

¶ Cy finit la table de ce present liure appelle les fleurs et manieres des temps passes et des faitz merueilleux de dieu tant en lancien testament cõme ou nouueau. Et des premiers seigneurs princes gouuerneurs spirituelz et temporelz en cestuy monde & leurs gestes et successeurs iusques au present.

www.ingramcontent.com/pod-product-compliance
Lightning Source LLC
Chambersburg PA
CBHW032146160426
43197CB00008B/792
9783742801067